珍藏本·增订本
纪念版

汉译世界学术名著丛书

哲学原理

〔法〕笛卡尔 著

张卜天 鲁博林 译

商務印書館
The Commercial Press
SINCE 1897

René Descartes

PRINCIPIA PHILOSOPHIÆ

勒内·笛卡尔(1596—1650)

(雅克·鲁宾[Jacques Lubin]绘,来自 Austrian National Library)

RENATI

DES-CARTES

PRINCIPIA

PHILOSOPHIÆ.

AMSTELODAMI,

APUD LUDOVICUM ELZEVIRIUM,

ANNO CIↃ IↃC XLIV.

Cum Privilegiis.

《哲学原理》首版扉页

汉译世界学术名著丛书
（120 年纪念版·珍藏本）
增订本出版说明

2017 年 10 月，为纪念商务印书馆创立 120 周年，本馆推出“汉译世界学术名著丛书”（120 年纪念版·珍藏本），计七百种。近五六年来，仰赖学界同人倾力支持，订正旧译，增补新译，拓展新著，积累日多。为满足读者需要，本馆在七百种的基础上，继续推出“汉译世界学术名著丛书”（120 年纪念版·珍藏本·增订本）三百种。至此，“汉译世界学术名著丛书”累计出版已达千种。

今后，本馆将继续推进丛书的翻译出版工作，在积累单本名著的基础上陆续分辑刊行，汇印出版。为促进中外文明互鉴、推动我国学术发展，使“汉译世界学术名著丛书”这项对我国学术文化有基本建设意义的重大工程发挥更大作用，诚望海内外学术界、翻译界继续给予支持，帮助我们把这套丛书出得更好。

商务印书馆编辑部

2024 年 2 月

汉译世界学术名著丛书
（120 年纪念版·珍藏本）
出 版 说 明

2017 年 2 月 11 日，商务印书馆迎来 120 岁的生日。120 年前，商务印书馆前贤怀揣文化救国的理想，抱持“昌明教育，开启民智”的使命，立足本土，放眼寰宇，以出版为津梁，沟通中西，为中国、为世界提供最富智慧的思想文化成果。无论世事白云苍狗，潮流左右激荡，甚至战火硝烟弥漫，始终践行学术报国之志，无改初心。

逐译世界各国学术名著，即其一端。早在 20 世纪初年便出版《原富》《天演论》等影响至今的代表性著作，1950 年代后更致力于外国哲学和社会科学经典的译介，及至 1980 年代，辑为“汉译世界学术名著丛书”，汇涓为流，蔚为大观。丛书自 1981 年开始出版，历时三十余年，迄今已推出七百种，是我国现代出版史上规模最大、最为重要的学术翻译工程。

丛书所选之书，立场观点不囿于一派，学科领域不限于一门，皆为文明开启以来，各时代、各国家、各民族的思想与文化精粹，代表着人类已经到达过的精神境界。丛书系统译介世界学术经典，引领时代思想，为本土原创学术的发展提供丰富的文化滋养，为推动中国现代学术和现代化进程做出了突出的贡献。

为纪念商务印书馆成立120周年，我们整体推出“汉译世界学术名著丛书”120年纪念版的珍藏本，寄望既利于文化积累，又便于研读查考，同时向长期支持丛书出版的译者、编者和读者致以敬意。

两甲子后的今天，商务印书馆又站在了一个新的历史时间节点上。我们不仅要铭记先辈的身影和足迹，更须让我们的步伐充满新的时代精神。这是商务人代代相传的事业，更是与国家和民族的命运始终紧密相连的事业。我们责无旁贷，必须做好我们这代人的传承与创造，让我们的努力和成果不仅凝聚成民族文化的记忆，还能成为后来人可以接续的事业。唯此，才能不负前贤，无愧来者。

商务印书馆编辑部

2017年10月

中 译 本 序

亚里士多德的物理学经由伊斯兰学者传到基督教欧洲，与基督教神学教义相结合形成了经院自然哲学，统治了中世纪后期欧洲学术界四百年。16、17 世纪科学革命的一大成就是彻底否定亚里士多德的旧物理学，孕育了全新的新物理学。新物理学的第一个版本在笛卡尔的《哲学原理》(1644) 中隆重推出。笛卡尔作为现代首屈一指的科学革命家的主要革命性理论，也体现在这部著作中。

笛卡尔思想的这部集大成之作分为四个部分。第一部分 “论人类认识原理”共 76 节，是笛卡尔“哲学之树”的树根“形而上学”部分，是对他之前《谈谈方法》(1637) 和《第一哲学沉思集》(1641) 的概括总结。这部分运用普遍怀疑的方法，演绎地推导出了若干基本的哲学原理。余下三部分可视为笛卡尔 “哲学之树” 的树干 “物理学” 的组成部分，占全书篇幅的五分之四，是本书的主体。这部《哲学原理》实则《自然哲学原理》。

第二部分 “论物质事物的原理” 共 64 节，提出了新物理学的若干基本原理，包括我们熟知的 “世界是物质的” 、“物质是运动的” 、“物质的本性是广延” 、“虚空不存在” 等原理。特别值得指出的是，第 22 节提出的“天地无别”原理，第 37 节和 39 节提出的“惯性运动”原理，是牛顿力学的基本原理，也是现代科学世界观的基础。第 64

节申明，唯有数学原理才能被接受，这奠定了新物理学的“数学”品格。与亚里士多德“质性”的旧物理学不同，新物理学本质上是“数学物理学”。

第三部分“论可见的宇宙”共157节，综合了哥白尼-开普勒-伽利略的新天文学成就，形成了诸如“太阳比地球大”、“地球和行星一样不发光但反射太阳光”、“太阳是恒星，自己发光”等今天的天文学常识。由于哥白尼日心说已在1616年受到天主教会指责，笛卡尔对地动日心说采取了“运动相对性”的含糊立场，回避明确主张地动还是地静。他在第26节说地球在它的天里是静止的，但又说地球仍然被其天携带着运动，实际上是接受了开普勒模型。第谷发现彗星来自月上天以及开普勒发现的行星椭圆轨道，打碎了自古希腊以来西方天文学的基本预设“天球”，从而也带来了行星失序问题：如果天球不存在，地球及诸行星为何绕太阳旋转？笛卡尔引入了宇宙“涡旋”（vortex）来解决这一问题。宇宙涡旋理论虽然后来被牛顿的万有引力理论所取代，但却是近代以来第一个直观、清晰的机械宇宙模型，在全盘取代亚里士多德层层相套的等级式宇宙模型方面居功至伟。

第四部分“论地球”共207节，运用笛卡尔自己的涡旋微粒理论解释地球以及地表的形成、重物的下落、空气和水的本性、潮汐和风的成因、矿物的成因、地震与火山、磁石、感知觉等诸多自然现象。笛卡尔的解释充满了猜测和想象，但他系统地罗列自然现象，并给出统一的微粒论解释，实现了理论体系的“完备性”。笛卡尔的这部分研究，成了后来地质学、地理学、热学、化学、电磁学、矿物学的先导。

牛顿《自然哲学的数学原理》于 1687 年的出版,使笛卡尔的《哲学原理》很快相形见绌。牛顿在他《原理》的第一卷中提出牛顿三定律和万有引力定律之后，专门用了整个第二卷的篇幅来证明笛卡尔的宇宙“涡旋”的不存在。牛顿表明，万有引力足以解释开普勒三定律，而以太涡旋的存在肯定会产生阻力，使得行星运动偏离开普勒三定律。由于牛顿力学的巨大成功，笛卡尔的宇宙“涡旋”连同他的新物理学 1.0 版一起逐渐被人遗弃。然而我们必须知道，牛顿力学一方面取代了笛卡尔的宇宙涡旋理论，另一方面保留和继承了笛卡尔的“天地无别原理”、“惯性运动原理”和“自然数学化原理”：牛顿的万有引力定律基于笛卡尔的“天地无别原理”，牛顿第一定律实则笛卡尔惯性定律，牛顿“自然哲学的数学原理”恰恰是笛卡尔自然数学化纲领的最辉煌成就。牛顿有言“如果说我看得比别人更远，那是因为我站在巨人的肩上”，笛卡尔肯定就是这里的“巨人”之一，不管牛顿说这话的时候是否意识到了这一点。

笛卡尔的数学物理学纲领不只是为牛顿力学奠基，还拥有超出牛顿力学的“普遍数学”抱负，即用数学“一揽子”解决全部物理学问题。在笛卡尔的时代，自然数学化运动刚刚由伽利略发起。能被卓有成效地进行数学化处理的自然现象实在不多，笛卡尔的一揽子计划当然过于鲁莽和不切实际，但当时时机的不成熟并不意味着计划本身无意义。事实上，爱因斯坦的广义相对论就在某种意义上实现了笛卡尔的数学化理想，把引力重新还原为某种几何曲率。

牛顿物理学的横空出世，使笛卡尔物理学昙花一现，也连累了笛卡尔这部巨著的翻译和传播——直到 1850 年才有英文节选本，1984 年才有英文全译本问世,直到 2024 年才有中文全译本的出版。

我相信，如果缺失对笛卡尔《哲学原理》的研究，既不可能完全理解笛卡尔的哲学，也不可能完全理解错综复杂的现代早期科学思想史。我相信，张卜天和鲁博林译本的出版必将有助于弥补中国学界在这两方面的缺失。是为序。

吴国盛

2023年12月20日于清华荷清苑

简　目

［致伊丽莎白公主的献辞］…………………………………………1
［法文版序言］……………………………………………………4

第一部分　论人类认识原理 ……………………………………17
第二部分　论物质事物的原理 …………………………………59
第三部分　论可见的宇宙 ………………………………………107
第四部分　论地球 ………………………………………………221

本书插图集……………………………………………………359
译后记 ………………………………………………………373

各部详目

[致伊丽莎白公主的献辞]

[法文版序言] 作者致本书译者的信

第一部分 论人类认识原理

1. 追求真理的人在其一生中，必须尽可能地把所有事物都怀疑一遍。
2. 可疑的事物甚至应被视为虚假的。
3. 这种怀疑不应同时被用于实际生活。
4. 我们为什么能够怀疑可感知的事物。
5. 我们为什么也能怀疑数学证明。
6. 我们有自由意志，使我们能够拒绝赞同可疑的事物，从而避免错误。
7. 我们在怀疑的时候我们存在，这是不可能怀疑的。这是我们井井有条地做哲学时首先知道的事情。
8. 由此我们理解了灵魂与身体的区分，或者正在思想的东西与物质的东西的区分。
9. 什么是“思想”。
10. 那些非常简单和自明的事物会被逻辑定义弄得更加晦涩难解；而且这些东西不应算作通过努力获得的知识。
11. 我们的心灵在多大程度上比我们的身体被更好地认识。
12. 为什么这一点没有被所有人同样地知晓。
13. 在什么意义上〈可以说〉，对所有其他事物的认识依赖于对上帝的认识。
14. 由我们的上帝概念中包含着必然存在，可以正当地推出上帝存在。

15. 我们关于其他事物的概念并非以同样的方式包含必然存在，而只包含偶然存在。
16. 先入之见阻碍了上帝的必然存在性被所有人清楚地认识到。
17. 我们任一观念的客观完美性越大，其原因〈的完美性〉就必定越大。
18. 由此又可以断言上帝存在。
19. 即使我们没有领会上帝的本性，比起任何其他事物，我们对他的完美性知道得也更清楚。
20. 我们不是由自己造的，而是由上帝造的，因此他存在。
21. 我们存在的延续足以证明上帝的存在。
22. 我们认识上帝存在的方式，也使我们同时认识了可被心灵的自然能力所认识的上帝的所有其他属性。
23. 上帝是没有形体的，不像我们那样通过感官来感知；他不愿有罪恶。
24. 通过记得上帝是无限的、我们是有限的，可以从对上帝的认识过渡到对受造物的认识。
25. 我们必须相信上帝所揭示的一切，即使它们可能超出了我们的领会能力。
26. 我们绝不应该就无限进行争论，而只需把那些我们注意不到界限的东西视为无定限的，比如世界的广延、物质部分的可分性、星星的数目，等等。
27. 无定限与无限之间的区别是什么。
28. 我们必须考察的不是受造物的目的因，而是其动力因。
29. 上帝并非错误的原因。
30. 因此，凡我们清晰知觉到的东西都是真的，如此便消除了上述种种怀疑。
31. 我们的错误，相对于上帝而言仅仅是否定，相对于我们而言则是缺乏。
32. 我们只有两种思想样式，即理智的知觉和意志的运作。
33. 我们不会犯错，除非是对没有被充分知觉的事物做出判断。
34. 做出判断不仅需要理智，而且需要意志。
35. 意志扩展得比理智更广，这就是错误的原因。
36. 我们的错误不能归咎于上帝。
37. 人最高的完美性就在于他自由地行动或通过意志行动；正是这一点使他值得赞扬或责备。
38. 我们犯错是我们行为上的缺陷，而不是我们本性上的缺陷；下级的过错往往可以归咎于其他主人，但绝不能归咎于上帝。
39. 意志的自由是自明的。
40. 同样可以肯定的是，一切都被上帝预定了。
41. 如何调和我们的意志自由与上帝的预定。
42. 虽然我们不愿犯错，但我们是凭着自己的意志而犯错的。
43. 当我们只赞同我们清晰分明地知觉到的东西时，我们永远不会犯错。
44. 当我们赞同那些未被清晰知觉的事物时，我们的判断即使偶然遇到了真理，也总是糟糕的；这之所以有时会发生，是因为我们以为这些事物曾经被我们充分地知觉到。
45. 什么是清晰的知觉，什么是分明的知觉。
46. 疼痛的例子表明，知觉可以清晰而不分明，但不能分明而不清晰。
47. 为了纠正我们童年时期的偏见，我们必须思考简单观念，以及每一个观念中哪些要素是清晰的。
48. 我们知觉到的所有对象，要么被看成事物或事物的性质，要么被看成永恒真理。前者列在这里。
49. 永恒真理是不可能这样列举的，但也不是必需的。
50. 永恒真理是被清晰地知觉到的，但由于偏见，并非所有永恒真理都被所有人清晰地〈知觉到〉。
51. 什么是实体，以及这个词并非单义地适用于上帝和受造物。
52. “实体”一词单义地适用于心灵和物体，以及实体本身是如何被认识的。
53. 每一个实体都有一个主要属性，例如就心灵而言是思想，就物体而言是广延。
54. 我们如何才能拥有关于思想实体、物质实体和上帝的清晰分明的观念。
55. 绵延、秩序和数目如何也能被分明地理解。
56. 什么是样式、性质和属性。
57. 一些属性在事物中，另一些属性在思想中。什么是绵延和时间。
58. 数和所有普遍观念都只是思想样式。
59. 普遍观念是如何产生的；以及什么是五个一般的普遍观念：属、种、种差、固有属性、偶性。
60. 关于区分，首先是关于实际区分。
61. 关于样式区分。
62. 关于思想区分。
63. 如何能够分明地认识到，思想构成了心灵的本性，广延构成了物体的本性。
64. 如何也能分明地认识到，思想和

广延是实体的样式。

65. 如何认识思想和广延的样式。

66. 如何清晰地认识感觉、情感和欲望，尽管我们常常对它们做出错误的判断。

67. 即使是对疼痛的判断，我们也常常犯错。

68. 在这些事情上如何区分我们清晰认识的东西和使我们误入歧途的东西。

69. 我们对大小、形状等的认识方式与对颜色、疼痛等的认识方式大不相同。

70. 我们判断可感知的事物可以有两种方式：一种方式使我们避免错误，另一种方式使我们陷入错误。

71. 错误的主要原因源于我们童年时期的偏见。

72. 错误的第二个原因是我们无法忘记自己的偏见。

73. 错误的第三个原因是，在专注于那些不呈现于感官面前的事物时，我们会感到疲倦；因此在判定这些事物时，我们往往会基于先入之见而非当下的知觉。

74. 错误的第四个原因是，我们将我们的概念附于与事物并非准确对应的语词上。

75. 总结正确地做哲学所要遵守的规则。

76. 必须把上帝的权威置于我们自己的知觉之前；但除了上帝的权威，哲学家应当只赞同他所知觉到的东西。

第二部分　论物质事物的原理

1. 我们为什么确定地知道物质事物的存在。

2. 我们为什么知道人体与心灵是紧密结合在一起的。

3. 感官知觉并不显示事物中真实存在着什么，而只显示什么东西对人的结合体有益或有害。

4. 物体的本性不在于重量、硬度、颜色等，而只在于广延。

5. 关于稀化和虚空的偏见掩盖了这个〈关于〉物体本性〈的真理〉。

6. 稀化是如何发生的。

7. 稀化没有其他可理解的解释方式。

8. 量或数与有量或数的事物之间只有概念上的区别。

9. 物质实体若与它的量〈或广延〉区别开来，会被混乱地构想为仿佛是非物质的。

10. 什么是空间或内部处所。

11. 空间与物质实体实际上并无区别。

12. 空间与物质实体的区别在于构想它们的方式。

13. 什么是外部处所。
14. 处所与空间有哪些方面的区别。
15. 外部处所如何可以被正确地看成包围物体的表面。
16. 若说存在着虚空或者其中绝对无物的东西，这是矛盾的。
17. 在通常的使用中，“虚空”这个词并不排除所有物体。
18. 如何纠正我们对绝对虚空的偏见。
19. 这证实了我们关于稀化的说法。
20. 这也表明原子是不可能存在的。
21. 这也表明，世界的广延是无定限的。
22. 这也表明，天与地的物质是完全相同的；而且不可能有多个世界。
23. 物质的所有变化，或者其形式的一切多样性，都取决于运动。
24. 什么是通常意义上的运动。
25. 什么是严格意义上的运动。
26. 运动所需的作用并不多于静止所需的作用。
27. 运动和静止仅仅是运动物体所处于的不同样式。
28. 严格意义上的运动只涉及与运动物体相邻的物体。
29. 它只涉及那些被视为静止的相邻物体。
30. 为什么使两个相邻物体彼此分开的运动应归于其中一个物体而不是另一个物体。
31. 同一个物体如何可能有无数不同的运动。
32. 严格说来，每一个物体所特有的单一运动如何也能被视为多个运动。
33. 如何在所有运动中都有完整的一圈物体在同时运动。
34. 由此可知，物质被分成的微粒其实是无定限的，尽管这是我们所无法理解的。
35. 这种分割是如何发生的；它无疑发生了，即使我们无法理解它。
36. 上帝是运动的首要原因；他总是维持着宇宙中相同的运动的量。
37. 自然的第一定律：每一个东西总是尽其所能地保持相同的状态；因此，它一旦运动起来，就总会继续运动。
38. 抛射体的运动。〈为什么抛出去的物体离开手之后会继续运动。〉
39. 自然的第二定律：所有运动本身都是直线的；因此，任何做圆周运动的物体总是倾向于远离它所描出的圆的中心。
40. 第三定律：当一个物体撞上另一个更强的物体时，它不会失去任何运动；而当它撞上一个更弱的物体时，它失去的运动将同转移给那个更弱物体的一样多。
41. 对这条规则第一部分的证明。
42. 对这条规则第二部分的证明。
43. 每一物体中用以作用于或抵抗其

他物体的力是什么。

44. 运动的对立面不是运动，而是静止；运动沿某一方向的运动倾向的对立面是它沿相反方向的运动倾向。

45. 如何确定某个物体因为与其他物体碰撞而改变了多少运动；这可以通过以下规则来进行。

46. 第一条规则。

47. 第二条规则。

48. 第三条规则。

49. 第四条规则。

50. 第五条规则。

51. 第六条规则。

52. 第七条规则。

53. 这些规则很难运用，因为每一个物体都同时与许多物体接触。

54. 什么是坚硬的物体，什么是流动的物体。

55. 除了它们〈相对于彼此〉的静止，没有其他粘合剂能把坚硬物体的各个部分粘合在一起。

56. 流体微粒〈倾向于〉以相等的力沿各个方向运动；用最小的力就能使浸在流体中的坚硬物体运动。

57. 对这一点的证明。

58. 如果这些流体微粒比处于其中的坚硬物体运动得更慢，则这部分流体的行为将不像流体。

59. 如果一个坚硬物体被另一个坚硬物体所推动，则前者并非从后者那里获得所有运动，而是也从周围的流体中获得部分运动。

60. 然而，这个坚硬物体从这种流体中获得的速度不能比推动它的另一个坚硬物体给予的速度更大。

61. 当整个流体同时沿某个方向运动时，它必然携带着其中包含的任何坚硬物体。

62. 被流体以这种方式携带的坚硬物体并不因此而运动。

63. 为什么有些物体如此坚硬，虽然很小，却不容易被我们的手分开。

64. 在物理学中，我只接受或希望得到几何学或抽象数学中的原理；因为所有自然现象都能以这种方式得到解释，而且能够给出关于它们的确定的证明。

第三部分　论可见的宇宙

1. 上帝作品的伟大怎样认为都不为过。

2. 我们必须谨防自视甚高，以为自己明白上帝创造世界的目的。

3. 在什么意义上可以说，万物是为人而创造的。

4. 论现象或实验及其在哲学中的用处。

5. 太阳、地球和月亮之间的距离与大小之比。
6. 其余行星与太阳的距离。
7. 认为恒星的距离多远都不为过。
8. 如果从天上看，那么地球看起来就像一颗比木星或土星还小的行星。
9. 太阳和恒星靠自己的光发光。
10. 月亮和其他行星的光来自太阳。
11. 就光而言，地球和行星类似。
12. 新月被地球照亮。
13. 太阳可列为恒星，地球可列为行星。
14. 恒星彼此之间的位置总是保持不变，而行星却不是这样。
15. 可以用各种假说来解释行星现象。
16. 托勒密的假说与现象不符。
17. 哥白尼和第谷的假说如果仅仅被视为假说，就没有区别。
18. 第谷的假说赋予地球的运动实际比哥白尼的假说更多，尽管口头上似乎更少。
19. 我比哥白尼更仔细、比第谷更真实地否认地球的运动。
20. 我们必须假设恒星离土星非常遥远。
21. 太阳和火一样由极易移动的物质所组成，但并不因此〈整个〉从一个处所移到另一个处所。
22. 太阳并不像火那样需要原料。
23. 恒星并非都在同一个天球上旋转，而是每颗恒星周围都有一个没有其他恒星的巨大空间。
24. 天是流动的。
25. 天携带着它所包含的所有物体。
26. 地球在它的天里是静止的，但仍由天携带着。
27. 所有行星都应如此。
28. 严格说来，地球和任何行星都是不动的，尽管它们由天携带着。
29. 同样，按照通常的用法以及在不严格的意义上，我们不能将运动归于地球，而只能将运动归于其他行星。
30. 所有行星都由天携带着围绕太阳旋转。
31. 单个行星是如何被携带的。
32. 太阳〈表面的〉黑子是如何被携带着运动的。
33. 地球是如何围绕自己的中心旋转的，月亮是如何围绕地球旋转的。
34. 天的运动并非完全的圆形。
35. 关于行星[与黄道面]的黄纬偏差。
36. 关于行星的黄经运动。
37. [太阳系的]所有现象都很容易用这种假说来解释。
38. 根据第谷的假说，应当说地球是围绕它自己的中心旋转的。
39. 还应当说地球围绕太阳做周年旋转。

40. 地球的[周年]运动不会使恒星的外观发生变化，因为它们距离非常遥远。
41. 恒星的这个距离对于解释现已公认在天上的彗星的运动也是必需的。
42. 我们在地球上看到的一切也与这些现象有关，但没有必要从一开始就考虑它们。
43. 我们能借以推出所有现象的原因，几乎不可能是错误的。
44. 不过，我希望我在这里提出的那些原因只被当作假说。
45. 我甚至会在这里假设一些明显错误的东西。
46. 我在这里为解释所有现象所做的假设是什么。
47. 它们是错误的并不妨碍由它们导出的推论是正确和确定的。
48. 所有天界物质微粒是如何变成球形的。
49. 这些球形微粒周围一定还有其他更精细的物质〈来填满它们所处的所有空间〉。
50. 这种更精细的物质的微粒很容易被分开。
51. 这些微粒运动很快。
52. 这个可见的世界有三种元素。
53. 在其中还可以区分三层天。
54. 太阳和恒星是如何形成的。
55. 什么是光。
56. 应当如何理解无生命物体朝着运动的努力。
57. 同一个物体如何可能在同一时间有做不同运动的努力。
58. 做圆周运动的物体如何努力远离其运动中心。
59. 这种努力的力有多大。
60. 类似地，所有天界物质也都努力〈远离某些中心〉。
61. 这种努力导致太阳和恒星是球形的。
62. 同样的原因也使天界物质努力远离每颗星体或太阳圆周上的所有点。
63. 在这种努力中，天界物质的小球并不相互阻碍。
64. 光的所有属性都可见于这种努力；凭借着这种力，可以看到光从星体发出来，尽管星体本身之中并没有[产生光的]力。
65. 天界被分成许多涡旋，其中每一个涡旋的两极都与其他涡旋远离其两极的部分相接触。
66. 这些涡旋的运动必定有某种偏转，以便能协调一致。
67. 两个涡旋的极点不能相互接触。
68. 这些涡旋不可能都是同样大小。
69. 第一元素的物质从每一个涡旋的极点流向中心，从中心流向其他部分。

70. 对第二元素的物质不能做同样的理解。

71. 这一差异的原因。

72. 形成太阳的物质是如何运动的。

73. 太阳〈在它所处涡旋中〉的位置存在许多不均等性。

74. 太阳物质的运动也存在许多不均等性。

75. 然而，这些不均等性并不妨碍太阳的形状是球形的。

76. 第一元素位于第二元素的小球之间时的运动。

77. 太阳光如何不仅向黄道散播，而且也向两极散播。

78. 太阳光如何向黄道散播。

79. 一个小物体的运动如何很容易使离它很远的其他物体运动。

80. 太阳光如何向两极运动。

81. 光在两极和黄道上的力是否相等。

82. 在某个距离之内，太阳附近的第二元素的小球要比离太阳更远的小球更小，运动更快；超出了这个距离，所有小球都大小相等，而且离太阳越远，运动就越快。

83. 为什么最远的小球比不那么远的小球运动得更快。

84. 为什么离太阳最近的小球比稍远的小球运动得更快。

85. 为什么离太阳最近的小球比较远的小球更小。

86. 第二元素的小球同时以各种方式运动，因此变成完全的球形。

87. 第一元素的微粒有不同程度的速度。

88. 那些速度最小的小微粒很容易把它们的速度转移给其他微粒，并且彼此粘合。

89. 这种彼此粘合的小微粒主要见于从涡旋的两极流向中心的第一元素物质。

90. 这些小微粒的形状（从现在起将被称为“有沟槽的”）是什么样的。

91. 来自相反极点的微粒沿完全相反的方向旋转。

92. 每一个微粒只有三个沟槽。

93. 在沟槽微粒与最小的微粒之间，第一元素还有其他各种大小的微粒。

94. 太阳或星体表面的黑子是如何由这些微粒产生的。

95. 由此可知这些黑子的主要属性。

96. 这些黑子是如何被摧毁，以及新的黑子是如何产生的。

97. 为什么彩虹的颜色出现在某些黑子的边缘。

98. 黑子是如何变成光斑的，反之亦然。

99. 黑子分解成的微粒种类。

100. 太阳和星体周围的以太是如何由

这些微粒产生的。这种以太和那些黑子属于第三元素。

101. 黑子的产生和分解取决于很不确定的原因。

102. 同一个黑子如何能够覆盖整个星体。

103. 为什么太阳有时显得更暗，为什么某些星体的视大小[或视亮度]发生了变化。

104. 为什么有些恒星会消失或突然出现。

105. 黑子中有许多通道，沟槽微粒可以自由穿过。

106. 这些通道是如何排列的，以及为什么沟槽微粒不能经由它们返回。

107. 为什么来自一极的微粒和来自另一极的微粒不穿过同样的通道。

108. 第一元素的物质是如何流过这些通道的。

109. 黑子中还存在与上述孔道交叉的其他孔道。

110. 这颗星体的光几乎不可能穿过黑子。

111. 描述一颗突然出现的星体。

112. 描述一颗渐渐消失的星体。

113. 沟槽微粒在所有黑子中都挖凿出许多通道。

114. 同一颗星体可以交替出现和消失。

115. 以一颗星为中心的涡旋，有时可能整个被摧毁。

116. 一个涡旋如何在许多黑子聚集在它的星体周围之前被摧毁。

117. 为什么在其涡旋被摧毁之前，某颗星体周围会有许多黑子。

118. 这么多黑子是如何产生的。

119. 恒星如何转变成行星或彗星。

120. 当这样一颗星体开始不再固定时，它会被携带到哪里。

121. 所谓物体的坚固性和搅动是什么意思。

122. 坚固性不仅取决于物质，而且取决于大小和形状。

123. 天界小球如何能比整个星体更坚固。

124. 这些[小球]如何可能也不那么坚固。

125. 为什么有些[小球]比某颗星体更坚固，另一些小球没有它坚固。

126. 关于彗星运动的起源。

127. 关于彗星持续穿过不同的涡旋。

128.〈主要的〉彗星现象。

129. 对这些现象的解释。

130. 恒星的光如何到达地球。

131. 恒星是否展示了其真实位置；以及天穹是什么。

132. 当彗星在我们的天之外时，为什么我们看不到它们；顺便说一下，为什么煤是黑色的，而灰烬是白色的。

133. 彗尾及其各种现象。
134. 彗尾所依赖的某种折射。
135. 对折射的解释。
136. 对彗尾出现的解释。
137. 火束又是如何出现的。
138. 为什么彗尾并不总是直接出现在与太阳直接相对的方向，而且看起来并不总是直的。
139. 为什么这样的尾巴没有出现在恒星和行星附近。
140. 行星是如何开始运动的。
141. 行星运动偏离的各种原因：第一。
142. 第二。
143. 第三。
144. 第四。
145. 第五。
146. 所有行星是如何被创造出来的。
147. 为什么某些行星比其他行星离太阳更远，这不仅仅取决于它们的大小。
148. 为什么离太阳较近的行星比其他行星运动得更快，而太阳黑子却运动得很慢。
149. 为什么月亮绕着地球转。
150. 为什么地球绕轴自转。
151. 为什么月亮比地球运动得更快。
152. 为什么月亮的几乎同一侧总是面向地球。
153. 为什么月亮运动得更快，相合时比弦月时偏离其平运动更少；以及为什么它的天不是球形的。
154. 为什么木星附近的二级行星运动这么快，而土星附近的那些二级行星却运动这么慢，或者根本不动。
155. 为什么黄道和赤道的极点彼此之间非常遥远。
156. 为什么它们会逐渐彼此靠近。
157. 宇宙中物体运动的所有不均等性的最终和最一般的原因。

第四部分　论地球

1. 我们已经使用的错误假说必须保留，以便解释事物的真实本性。
2. 根据这一假说，地球是如何产生的。
3. 将地球划分成三个〈不同的〉区域；对第一区域的描述。
4. 对第二区域的描述。
5. 对第三区域的描述。
6. 该第三区域中的第三元素微粒必定很大。
7. 这些微粒可以被第一和第二元素改变。
8. 它们比第二元素的小球大，但不那么坚固和较少搅动。
9. 起初，这些微粒在地球周围相互叠压。

10. 这些微粒之间留下的各种间隙已被第一和第二元素的物质所填充。
11. 一开始，第二元素的小球越小，离地球中心就越近。
12. 它们在［第三元素微粒］之间有更狭窄的通道。
13. 〈第三区域的〉较为粗大的微粒并不总是低于较为精细的微粒。
14. 关于地球第三区域各个部分的最初形成。
15. 关于产生这些物体所凭借的作用；首先，关于天界小球的一般运动。
16. 第一种作用的第一个结果是使物体变得透明。
17. 坚固和坚硬的物体如何能够具有足够多的通道来传输光线。
18. 第一种作用的第二个结果是将一个物体与另一个物体分离，并且净化液体。
19. 第三个结果是使液滴呈球形。
20. 对被称为重量的第二种作用的解释。
21. 单独考虑的地球的所有部分不是重的，而是轻的。
22. 天界物质的轻性是什么。
23. 地球的所有部分如何被这一天界物质向下驱动，从而变重。
24. 每一个物体中有多少重量。
25. 这个量并不对应于每个物体中物质的量。
26. 为什么物体在其自然处所［时］不受重力吸引。
27. 重量将物体向下推向地球的中心。
28. 关于第三种作用，即光；以及它如何搅动空气微粒。
29. 关于第四种［作用］，即热：什么是热，以及光被移除后，热如何保持。
30. 为什么热比光更能穿透。
31. 为什么它几乎使所有物体都变得稀薄，〈以及为什么它也使一些物体变得致密〉。
32. 首先，如何将地球的最高区域划分为两个不同的部分。
33. 地界微粒主要分为三类。
34. 第三部分是如何在前两部分之间形成的。
35. 该部分［D］完全由一类微粒组成。
36. 这一类型的微粒在其中只有两种。
37. 最低的部分C是如何划分为其他几部分的。
38. 关于第三部分之上的第四部分的形成。
39. 关于第四部分的扩大和第三部分的净化。
40. 第三部分的体积如何减小，并在自身与第四部分之间留出一些空间。
41. 在第四部分中如何产生了大量

缝隙。
42. 它如何碎裂为不同的部分。
43. 第三部分如何一部分上升到第四部分之上，一部分保持在第四部分之下。
44. 其结果是，地球表面上形成了山脉、平原、海洋等。
45. 空气的本性是什么。
46. 为什么它容易被稀化或凝聚。
47. 关于它在某些机器中被强行压缩。
48. 关于水的本性，以及为什么它易于转变，有时变成蒸气，有时变成冰。
49. 关于海洋的涨潮和退潮。
50. 为什么〈海〉水在 $6\frac{1}{5}$ 个小时中上升，在 $6\frac{1}{5}$ 个小时中下降。
51. 为什么当满月或新月之时，海洋的潮汐会更大。
52. 为什么分点时的(潮汐)最大。
53. 为什么空气和水总是从东方流向西方。
54. 为什么在同一纬度上，东临大洋的地区比其他地区(气候)更温和。
55. 为什么在湖泊和池塘中没有潮起潮落，以及为什么它会在不同时刻出现在不同海岸。
56. 〈如何解释〉[潮汐的]特定原因〈以及〉必须在各个海岸对其加以研究。
57. 关于地球内层的本性。
58. 关于水银的本性。
59. 关于穿透地球内层的热的不均等性。
60. 关于这种热的作用。
61. 关于构成硫酸、明矾以及其他类似矿物的酸性或腐蚀性汁液〈是如何形成的〉。
62. 关于沥青、硫等油性物质的形成。
63. 关于炼金术士的元素以及金属如何升入矿中。
64. 关于地球表层〈的本性〉和泉水的起源。
65. 为什么河流入海之后，海水却没有增加。
66. 为什么泉水不是咸的，为什么海水没有变淡。
67. 为什么某些井中的水是咸的。
68. 同样，盐矿为什么出现在某些山中。
69. 关于不同于海盐的硝石和其他盐。
70. 关于从内层地球升至表层的蒸气、精气和蒸散物。
71. 它们不同的混合方式如何产生了不同的石头和其他矿物。
72. 大地内层的金属如何抵达表层，以及朱砂是怎么形成的。
73. 为什么并非大地的所有区域都能找到金属。
74. 为什么它们主要出现在朝南和朝

东的山脉底部。

75. 所有矿藏都在地表：通过采矿不可能抵达大地内层。
76. 关于硫、沥青、粘土和油。
77. 地震是如何发生的。
78. 为什么从某些山中会喷出火焰。
79. 为何在地震中通常会发生许多冲击：在此情况下，这种冲击会持续数小时或数天。
80. 关于火的本性，以及火与空气的区别。
81. 火最开始是如何产生的。
82. 火如何维持住。
83. 为什么火需要燃料。
84. 火石是如何生火的。
85. 用干燥的木头如何生火。
86. 如何借由聚集太阳光线产生火。
87. 如何仅由极度剧烈的运动产生火。
88. 混合各种物体如何产生火。
89. 闪电和流星中如何产生火。
90. 发光但不燃烧的事物如何产生火：例如陨星。
91. 它（即光）是如何在海水水滴、腐烂的木头和类似的东西中产生的。
92. 那些变热但不发光的物体中如何产生火：例如〈自发生热的〉干草。
93. 在洒水的〈生〉石灰以及其余物体中如何产生火。
94. 大地的空腔中如何产生火。
95. 蜡烛如何燃烧。
96. 其中的火如何维持。
97. 为什么它的火焰很尖并且会冒烟。
98. 空气和其他物体如何供给火焰。
99. 关于空气朝向火的运动。
100. 关于可熄灭火的东西。
101. 为了使某物适于供给火，要满足什么条件。
102. 为什么酒精产生的火焰不会引燃亚麻布。
103. 为什么酒精很容易点燃。
104. 为什么［点燃］水非常困难。
105. 为什么大火的力会被撒在上面的水或盐增强。
106. 易燃物体的本性。
107. 为什么某些［被火烧的］物体会被点燃，而另一些〈只被火消耗〉却不会燃烧。
108. 为什么火在燃烧的煤中会持续一段时间。
109. 关于用硫、硝石和木炭制造的火药；首先是关于硫。
110. 关于硝石。
111. 关于硫和硝石的混合。
112. 关于硝石微粒的运动。
113. 为什么这种火药的火焰会极度膨胀，并主要作用于上方的事物。
114. 关于木炭〈的本性〉。
115. 关于这种火药的颗粒，及其作用力主要由什么组成。

116. 关于长期燃烧的油灯。
117. 关于火的其他效果。
118. 在靠近火之后，哪些物体会变成液体并沸腾。
119. 哪些物体会变干并变硬。
120. 关于烈水、淡水和酸性的水。
121. 关于升华物和油。
122. 当火的程度〈即力的大小〉改变后，其效果也会改变。
123. 关于石灰。
124. 关于玻璃的制造方式。
125. 玻璃微粒如何连接在一起。
126. 为什么它在烧至炽热时是流体，为什么它能轻易呈现为各种形状。
127. 为什么玻璃在冷却后非常坚硬。
128. 为什么玻璃极其易碎。
129. 为什么当缓慢冷却时，它便不那么易碎了。
130. 为什么它是透明的。
131. 它如何被上色。
132. 为什么它像弓一样刚硬？以及通常来说，为什么刚性的物体在弯曲后会自然回到原来的形状。
133. 关于磁石。以及为解释之便对前文内容的必要重复。
134. 在空气和水中都没有适合沟槽微粒进入的孔隙。
135. 除了铁以外，在地表的任何物体中也都没有[适合沟槽微粒进入的孔隙]。
136. 为什么铁中会有这样的孔隙。
137. 在它的单个碎屑中如何也有〈这类〉孔隙。
138. 如何使这些孔隙适于通过来自任一方向的沟槽微粒。
139. 磁石的本性是什么。
140. 通过熔化〈矿石〉如何制成钢和任意种类的铁。
141. 为什么钢极其坚硬、刚性且易碎。
142. 钢与其他铁的区别。
143. 钢是如何淬火的。
144. 磁石、钢和铁的孔隙之间的差异。
145. 列述磁的固有属性。
146. 沟槽微粒如何流过地球的孔隙。
147. 沟槽微粒穿过空气、水和地表比穿过地球内层更加困难。
148. 相比于穿过外层大地的其他物体，它们更容易穿过磁石。
149. 什么是磁石的极。
150. 为什么这些极转向地球的极。
151. 为什么这些极也以一定角度向地球中心倾斜。
152. 为什么一块磁石以朝向地球的相同方式转向并朝另一块磁石倾斜。
153. 为什么两块磁石互相靠近，以及每个磁石的作用范围。
154. 为什么它们有时也相互退离。
155. 为什么在分割前连接在一起的磁

石各个部分也相互退离。

156. 为什么原本在同一磁石中相邻的两点，在分割后的各个部分中成了相反的力的极点。

157. 为什么磁石任何部分的力都和整体的力相同。

158. 为何一块磁石会将它的力传导给一块靠近的铁。

159. 为什么根据置于磁石附近的不同方式，铁获得的力也不同。

160. 为什么一块长形的铁只能沿长度方向获得这种力。

161. 为什么尽管磁石将力传导给了铁，却不会失去它的力。

162. 为什么这种力非常快就传导给了铁片，却在一段时间内都稳定在其中。

163. 为什么钢比生铁更适于获得磁力。

164. 为什么相比于不太完美的磁石，更完美的磁石会将较大的力传导给钢。

165. 为什么大地自身也会向铁传导磁力。

166. 为什么地球的磁力比小磁石还弱。

167. 为什么磁石触碰过的针的磁极总是在其末端。

168. 为什么磁力的极点并不总是精确地指向地球的极点，而是不同程度地有所偏离。

169. 〈在地球的同一区域〉这种偏角有时会随着时间的流逝而发生变化。

170. 为什么垂直立于其极点的磁石偏角，会小于极点与地球等距的磁石偏角。

171. 为什么磁石吸铁。

172. 为什么衔铁磁石比无衔铁的磁石可吸住更多的铁。

173. 为什么它的两极尽管相反，却彼此协助以吸住铁。

174. 为什么悬于磁石上的小铁轮的旋转不受磁石的力的阻碍。

175. 一块磁石的力如何以及为何增大或减小另一块磁石的力。

176. 为什么无论多强的磁石，也无法将一块与较弱的磁石邻接的铁吸过来。

177. 〈相反，〉为什么〈有时〉较弱的磁石或铁块可以将一块铁从与之邻接的较强磁石上拉开。

178. 为什么在北方，磁石的南极比北极更强力。

179. 关于撒在磁石周围的铁锉屑中可观察到的东西。

180. 为什么一块与磁石极点相连的铁板会阻碍其吸引或转动铁的力量。

181. 为什么插入其他物体不会产生相同的效果。

182. 为什么磁石的位置不当会使它的

力逐渐减弱。

183. 为什么这种力也会因锈蚀、潮湿和废弃不用而削弱，并被大火完全消除。

184. 关于琥珀、蜡、树脂和其他类似物品的吸力。

185. 玻璃的吸引是什么原因造成的。

186. 造成这一吸引的相同原因也见于其他事物。

187. 前述内容可以解释，通常归因于隐秘性质的所有那些神奇效应的原因可能是什么。

188. 为了理解物质事物，必须从［我计划的］关于动物与人的论述中借鉴的内容。

189. 感觉是什么，以及它是如何发生的。

190. 关于感官的区分：首先，关于内在感觉，即灵魂的激情和自然欲望。

191. 关于外在感觉：首先，关于触觉。

192. 关于味觉。

193. 关于嗅觉。

194. 关于听觉。

195. 关于视觉。

196. 灵魂只有在脑中才能去感觉。

197. 心灵具有这样的本性，即仅凭物体的移动就可以从中激发各种感觉。

198. 我们借助感官在外部对象中所知觉到的，无外乎形状、大小和运动。

199. 本文没有遗漏任何自然现象。

200. 我在本文中使用的原理都是被普遍接受的；这种哲学并不新鲜，而是极为古老且寻常的。

201. 存在不可感知的物体微粒。

202. 德谟克利特的哲学不同于我的哲学，一如它不同于被普遍接受的〈亚里士多德及其他人的〉哲学。

203. 我们如何了解不可感知的微粒的形状〈、大小〉和运动。

204. 关于不可感知的事物，解释它们可能是什么便足够了，即使事实并非如此〈，这就是亚里士多德试图做的全部工作〉。

205. 不过至少，我在此做出解释的事似乎拥有道德的确定性。

206. 甚而，它们不只拥有道德的确定性。

207. 但是，我将自己的所有意见交给教会权威〈以及最为明智之人裁断〉。

[致伊丽莎白公主的献辞][*]

献给最淑静的伊丽莎白公主，波希米亚国王、享有王权的伯爵和神圣罗马帝国选帝侯腓特烈的长女。

最淑静的公主：

您屈尊阅读我先前出版的著作，使我有幸与您熟识，这是我由此得到的最大回报。通过后来的了解，我认为应当让您的卓越品质垂范天下、泽被后世。无论是恭维奉承，还是提出任何未经详察的断言，都是不恰当的，尤其是在这样一部我要尽力为真理奠基的著作中。我知道，相比于巧舌如簧之人的逢迎谄媚，高尚谦逊的您会更喜欢哲学家简单朴素的判断。因此，我将只写我依凭理性或经验可知为真的那些东西；在这篇献辞中，我做哲学的方式会和本书的其余部分完全一样。

真正的美德与虚假的美德有天壤之别；即使是真正的美德，从对事物的确切认识中获得的美德与伴随着某种程度的无知的美德也相去甚远。所谓“虚假的美德”，我指的是某些不太常见的恶习，它们与其他更为人知的恶习相反；它们要比处于中间位置的美德距

* 拉丁文版无此标题，现加上以方便读者理解。本书脚注如无特别说明，均为中译者参考法文、德文和英文译本所加。本书中方括号[ ]内的语词为译者为方便读者理解，参考法文、德文和英文译本所加。

离这些更为人知的恶习更远，因此通常更受赞赏。比如，胆怯地逃离危险的人要比鲁莽地投入危险的人多得多；因此，鲁莽与胆怯的恶习形成对比，就好像鲁莽是一种美德似的，得到的评价通常要比真正的勇气更高。又如，挥霍之人往往要比慷慨之人得到更高的赞扬；再比如，没有人比迷信或伪善之人更容易获得虔敬的名声。

此外，许多真正的美德不仅出自于对正确之物的认识，而且出自于某种错误：比如善良往往来源于头脑简单，虔敬来源于恐惧，坚毅来源于绝望。这些美德彼此不同，所以有各种不同的名称；但仅仅出自于对正确之物的认识的那些纯粹而真正的美德都有同一种本性，都被归于“智慧”之名。因为但凡拥有坚定和强大意志的人，就其本性所能及的范围内，总是尽可能正确地运用自己的理性，从事他所知道的最好的事情，这才是真正的智慧。仅凭这一点，他就将拥有正义、坚毅、节制和所有其他美德；但这些美德是相互关联着的，没有一种美德能够超出其他美德。因此，这些美德虽然远胜于那些因夹杂有恶习而引人注目的美德，但由于不为大多数人所熟知，所以通常得不到如此盛赞。

方才描述的智慧有两个先决条件，即理智的洞察力和意志的倾向。然而，尽管依赖于意志的东西人人可及，但某些人所拥有的理智洞察力要比其他人敏锐得多。那些在理智上天资稍逊的人，只要坚定而诚笃地下决心尽最大努力去认识什么是正确的，并且追求自认为正确的东西，那么即使对许多事物一无所知，也仍然可以获得智慧，从而取悦于上帝。然而，如果一些人不仅下定决心要正确地行动，而且还拥有最敏锐的理智和认识真理的最大热情，则他们无疑要更加出众。

殿下的这种热情异常强烈，这明显地表现在，无论是宫廷娱乐，还是常常使年轻女士陷于无知的惯常教育，都无法阻止您研究各种美好的艺术和科学。从您对这些科学的所有秘密的透彻考察，以及在很短时间内就能准确认识它们，可以清楚地看出，您的智力的敏锐性是卓越而无与伦比的。关于这一点，我还有一个更有力的亲身证据，因为迄今为止，我发现只有您能完全理解我之前发表的所有作品。其他许多人，即使是那些最聪明和最有学问的人，也会觉得我的著作很难懂；几乎所有其他人都会发生这样的情况：擅长形而上学的人，却对几何学望而却步；而研究过几何学的人，却看不懂我就第一哲学所写的东西。据我所知，只有在您的理智面前，所有事物才显得同样清楚，因此我认为“无与伦比”一词您是受之无愧的。当我想到这样一种关于万事万物丰富而完满的理解不是出现在一位沉思多年的老学究身上，而是出现在一位年轻的公主身上，她的美貌和青春使我想起了美惠三女神，而非密涅瓦或任何一位缪斯女神，我就不能不为之倾倒。

最后我看到，您的品格中闪耀着达成完美而崇高的智慧（无论是知识上的还是意志上的）所需的一切。因为连同皇家的威严，您显示出一种非凡的仁慈和温柔，虽然屡遭命运打击，却从未苦恼或气馁，这令我钦敬万分。因此我不仅认为我的这部哲学著作应当奉献给我在您身上感受到的智慧（因为我的哲学本身不过是对智慧的研究罢了），而且我纵然博得“哲学家”这一荣名，莫如被称为

最淑静的您的
最忠实的仆人
笛卡尔。

[法文版序言][*]

作者致本书译者的信(这里可作为序言)

先生:

您不辞劳苦把我这部《哲学原理》译得如此细致精良,使我料想这部作品的法文版会比拉丁文版流传更广,也更容易理解。我唯一担心的是,这个标题可能会让一些人望而却步,他们没有受过人文教育,或者因为所学的哲学没有让他们满意而对哲学评价不高。因此我认为,这里最好加一篇序言,以解释本书的主题、我写它的目的以及从中可能得到的好处。不过,尽管这篇序言似乎应当由我来撰写,因为我大概比其他人更了解这些事情,但我在这里只能总结一下我认为这篇序言应该讨论的要点。至于其中哪些内容您认为适合公之于众,您尽可自行决定。

首先,我想从最基本的观点开始解释什么是哲学。例如,"哲学"一词是指"对智慧的研究"。所谓"智慧",不仅是指在我们日常事务中的审慎,而且是指对人类在实际生活、保持健康或发现各种技艺方面所能知道的一切事物的完美认识。为使这种认识得到

---

* 这篇序言最初刊于1647年的法文版中。除了致伊丽莎白公主的献辞,1644年原始拉丁文版中并不包含任何序言。

完善，必须从最初的原因中将它推导出来；因此，为了着手获得这种认识——这正是“做哲学”一词严格指称的活动——我们必须先来寻找这些最初的原因或原理。这些原理必须满足两个条件：首先，它们必须非常清晰和明显，以至于当人的心灵专注地思考它们时，不会怀疑其真理性；其次，对其他事物的认识必须依赖于这些原理，因为这些原理可以在不了解其他事物的情况下被知晓，而反过来却并非如此。于是，在由这些原理推导出依赖于它们的事物的知识时，必须努力确保我们所做的整个推理链中的每一步都是非常明显的。事实上，只有上帝才是完全智慧的，也就是说，只有上帝才对万物的真理有完全的认识；不过，我们可以按照人们对最重要的真理有多少认识，来说他们拥有多少智慧。我想所有有识之士都不会不接受这些说法。

其次，我将考察这种哲学的用处，并将表明它包含着人的心灵所能认识的一切。因此应当认为，正是这种哲学使我们区别于那些最野蛮的民族，一个国家的文明和开化程度取决于在那里践行的哲学有多优越。于是，一个国家所能享有的最大好处就是拥有真正的哲学家。至于个体，与专事哲学的人一起生活固然有益，若能亲自致力于这项研究，则更是再好不过。这就如同用自己的眼睛来指导走路、欣赏光色之美，无疑要比闭上眼睛被别人牵着走好得多；尽管即使是后者，也比闭着眼睛只以自己为向导要好。没有哲学的生活，就像闭上眼睛不想睁开一样；看到我们的视觉所揭示的事物所带来的快乐，绝不能与认识通过哲学发现的事物所带来的满足相比。最后，对于规范我们的道德和今生的行为来说，哲学研究要比用我们的眼睛来指导走路更必要。野兽只有身体需要保护，因此总是忙于寻找食物来滋养它们；而人最重要的部分是心灵，他应该把主要精力用于寻找智慧，这才是心灵的真正食粮。我相信，如果有成功的希望，并且知道自己有多大能力，许多人一定会去寻找智慧。任何灵魂，哪怕仅有一丝高贵，都不会如此强烈地依附于感官对象，以至于不在某一时间转而希求另外某种更大的善，尽管他可能常常不知道这种善是什么。那些最受命运垂青，拥有健康、荣誉和财富的人，亦和别人一样，不能免于这种希求。恰恰相反，我相信正是这些人最诚挚地渴望得到另一种善，一种比他们已经拥有的善更高的善。在没有信仰之光的情况下，就自然理性而论，这种至高无上的善就是通过最初的原因来认识真理，也就是哲学所研究的智慧。由于所有这些观点都是完全正确的，要想让人相信它们，只需加以恰当的论证。

阻碍这些观点被接受的乃是一种普遍的经验，即那些自称哲学家的人往往不如从未致力于哲学的人智慧和理性。所以这里我要简要解释一下，我们现在拥有的一切知识都是什么，以及业已达到怎样的智慧等级。第一级只包含这样一些概念，它们本身非常清晰，无需深思就能获得。第二级包括感觉经验使我们知道的一切。第三级包括我们通过与他人交谈而学到的东西。此外还可以加上第四级，即通过读书而学到的东西——不是所有书，而是能够很好地教导我们的那些书，因为阅读是与书籍作者的一种交谈。在我看来，我们通常拥有的所有智慧都是通过这四种途径获得的。这里我没有把上帝的启示包括进来，因为它不是逐级引导我们，而是一下子把我们提升至不可错的信仰。古往今来，一直都有伟大的人物试图找到第五条通往智慧的道路，它比其他四条道路更高、更可靠：

那就是寻找最初的原因和真正的原理，它使我们能够推导出我们所能知道的一切事物的原因；被称为“哲学家”的主要是为此而努力的人。不过，我不确定到目前为止是否有人在这项事业上取得了成功。柏拉图和亚里士多德是著作流传至今的最重要的哲学家。他们之间的唯一区别是，柏拉图追随其老师苏格拉底的脚步，坦率承认自己未能发现任何确定的东西，他只是满足于写下在他看来可能的东西；为此，他设想出各种原理，试图以此来解释其他事物。而亚里士多德则不那么坦诚。虽然他曾任柏拉图弟子二十年，并没有什么区别于柏拉图的原理，但他完全改变了表述这些原理的方式，将它们作为真实而确定的东西提了出来，尽管他不大可能真的认为是如此。不过这两个人通过上述四种途径获得了许多学识和智慧，从而极具权威性，以致后人宁愿听从他们的意见，而不愿寻求更好的东西。其弟子之间的主要争论在于，是应当质疑所有事物，还是有某些事物是确定的。这导致双方都犯了愚蠢的错误。有些主张怀疑的人甚至将怀疑扩展到人生活动，以致忘记了把审慎用于自己的行为；而那些主张确定的人则认为，确定必须依赖感官，因此他们完全信任自己的感官，以至于据说伊壁鸠鲁胆敢反对天文学家的所有推理，断言太阳并不比它看起来更大。在大多数争论中可以看到的一个错误是，由于真理位于所持的两种立场中间，所以双方的争论者越想反驳相反的观点，就越远离真理。然而，那些过分倾向于怀疑的人的错误并没有延续多久，另一方的错误也已经得到几分纠正，因为人们认识到，感官在很多情况下会欺骗我们。但我不确定后一错误是否已经通过解释以下观点而被完全消除：一方面，确定性不在于感官，而只在于拥有明显知觉的理智中；另一方面，虽

然我们只拥有由前四级智慧得来的知识，但是就实际生活而言，我们既不能怀疑看似为真的事物，也不应认为它们是如此确定，以至于在不得不以某种明显的理由改变想法时无法改变自己的想法。由于未能认识到这一真理，或者少数人认识到了这一真理却未能加以利用，在过去几个世纪里，大多数有志成为哲学家的人都盲目追随亚里士多德。事实上，他们常常曲解其作品的本义，并把各种不相干的看法归之于他，亚里士多德倘若起死回生，恐怕也不会承认这些看法。而那些没有追随亚里士多德的人（其中有许多极为杰出的人物），年轻时深陷于他的观点（因为学校里只讲授这些观点），从而为偏见所蒙蔽，以致无法认识真正的原理。虽然我敬重所有这些思想家，不愿通过指摘他们而取憎于人，但我可以用一则他们都不会否认的证明来支持我的说法，即他们都把自己并不完全了解的某种东西当作原理接受下来。例如，据我所知，没有一位哲学家不认为地界物体有重量。然而，尽管经验非常清楚地表明，我们所谓的"重"物会朝着地球中心下落，但我们并不因此而了解所谓"重量"的本性，也就是使物体如此下落的原因或本原，我们必须从其他地方来了解它。同样的说法也适用于虚空和原子、冷和热、干和湿、盐、硫、汞以及被一些人作为首要原理提出来的所有类似的事物。既然从一个不自明的原理中导出的所有结论也不可能是自明的，那么即使它们可以从该原理中以一种自明的方式推导出来，基于这些原理的论证也无法使哲学家对任何事物有确定的认识，或者因此而使他们在追求智慧的道路上更进一步。他们纵然发现了某种真的东西，那也完全是由上述四种方法中的某一种得来的。不过，我并不想以任何方式贬损这些哲学家所能要求的荣誉。只是为了安慰那些尚未做过此种研究的人，我不得不说，和旅行一样，只要我们背对着自己想去的地方，那么我们走得越久越快，距离目的地就越远，即使我们后来走上了正道，也不会像从未走错方向时那样迅速达到我们的目标。同样，如果拥有糟糕的原理，那么我们越是建立和发展它们，越是小心翼翼地从中推导出各种结论（认为这样做就是在正确地做哲学），就越是远离对真理和智慧的认识。由此不得不推论说，在研究过迄今为止被称为哲学的人当中，那些学得最少的人最有能力学习真正的哲学。

阐明这些事情之后，我想指出我为什么主张，使人能够达到最高智慧即人生至善的那些真正的原理正是我在本书中确立的原理。只需两个理由便足以证明这一点：首先，这些原理本身要非常清晰；其次，所有其他事物都能由此推导出来，因为真正的原理只需满足这两个条件。现在我很容易证明，这些原理是非常清晰的。这首先取证于我发现它们的方式，即拒绝接受一切有丝毫可疑的东西，因为任何原理在仔细考察之后，凡不能以这种方式加以拒斥的，肯定是人的心灵所能知道的最清晰明白的东西。考虑到一个人即使想怀疑一切，也不能怀疑他在怀疑的时候存在着，而那个做如此推理的东西（在怀疑其他一切时不能怀疑自己）并不是我们所说的我们的身体，而是我们所说的我们的灵魂或思想。于是，我就把这种思想的存在当作我的第一原理，并由此非常清晰地推出了以下原理：存在着一位上帝，他是世间万物的创造者；作为一切真理的来源，他为我们造就的理智，在判断它有着非常清晰分明的知觉的事物时肯定不会犯错。这些都是我对非物质事物或形而上学事物所使用的原理。由这些原理，我又非常清晰地导出了物质事物或物理事物

的原理，即存在着在长、宽、深上有广延的物体，它们有各种不同的形状，并以各种不同的方式运动。简而言之，这就是我用来推断关于其他事物真理的所有原理。证明这些原理清晰性的另一个理由是，它们一直为人所知，事实上所有人都承认它们是真的和不容置疑的；只有上帝的存在是例外，它之所以受到某些人的质疑，是因为他们太过重视感知，而上帝是看不见、摸不着的。然而，尽管被我归入我的原理中的所有真理一直为每个人所知晓，但据我所知，迄今为止尚未有人承认它们是哲学原理，也就是说，还没有人承认由此可以推断出关于世界上所有其他事物的知识。因此我要在这里证明，它们的确有资格充当这种原理；在我看来，最好的做法就是通过经验证明这一点，也就是说，请我的读者阅读这本书。诚然，我在书中并没有讨论所有事物，因为这是不可能的。不过我认为，但凡我所考虑的东西，我都已经解释清楚了。只要仔细阅读本书，就有理由确信，要想达到人的心灵所能达到的最高知识，除了我所提供的原理，大可不必寻求别的原理。如果读者仔细阅读了我的著作之后，费心想一想有多少问题已经在书中得到了解释，并且在阅读别人的著作时注意到，他们在试图运用不同于我的原理来解释同样的问题时，几乎提不出什么可信的理由，这一点就会特别清楚。为使我的读者更容易做到这一点，我还可以告诉他们，熟悉我的观点的人会比不熟悉它们的人更容易理解和正确评价别人的作品。这与我前面所说的从一开始就研究传统哲学的人正相反，即他们越是研究传统哲学，一般来说就越不适合正确地学习真正的哲学。

关于本书的读法，我也要补充一些建议。我希望读者能像读小说一样先迅速读完整本书，读的时候不必过分注意，即使遇到困难也不要停住，只要大致了解我所讨论的问题就行。此后，如果觉得这些问题值得研究，并且希望知道它们的原因，他还可以读第二遍，以便注意我的论证是如何进行的。但即使不能处处看明白论证的前后关系或者理解我的所有论证，他也不应气馁。他只需用笔将他觉得困难的地方标出来，然后坚持不懈地将它读完。如果他第三次阅读此书，我敢说，他将把以前标记的那些困难解决大半；如果还有什么困难留下来，他再读一遍就会找到解决办法。

通过考察许多不同心灵的特质，我发现，只要得到正确指导，几乎没有哪个人会迟钝到无法形成可靠的观点，以致无法获得所有最高的知识。这同样可以用理性来证明：由于相关的原理很清晰，而且只允许通过非常明显的推理从中导出推论，所以每个人的智力都足以理解依赖于这些原理的事物。当然，没有人能够完全避免偏见，而且研究过最糟糕的科学的人是最大的受害者，但除了偏见所导致的问题，最常见到的情况是：谨慎之人认为自己能力不够，不去研究，而更有热情的人又过于仓促草率，结果往往接受了并非自明的原理，由此得出了并非确定的结论。因此，我要向那些过分怀疑自己能力的人保证，只要肯费心研究，就可以完全理解我著作中的任何东西。不过我也要提醒另外一些人，即使是最优秀的头脑，也要花费大量时间精力，才能领会我打算包括的所有东西。

接下来，为了让大家了解我出版这部作品的目的，我想在这里解释一下，我认为一个人在教育自己时应当遵循什么次序。首先，一个人如果仍然只拥有通过上述四种途径所能获得的不完善的普通知识，他应当首先努力制定一套足以规范自己人生活动的道德准则，因为此事不容耽搁，我们首先应当努力把生活过好。之后，他应当研究逻辑，不过不是经院逻辑，因为那严格说来只不过是一种辩证法，教人如何向别人解释他已经知道的事情，甚至是教人如何在不做判断的情况下喋喋不休地谈论他所不知道的事情。因此，这种逻辑会败坏良知，而不会增加良知。我所说的逻辑，乃是教人如何运用自己的理性来发现他尚未知晓的真理。由于这种逻辑在很大程度上依赖于熟练，因此读者应当长时间练习，在简单而容易的问题（比如数学问题）上使用逻辑规则。在这些问题上掌握了发现真理的技巧之后，他应当开始认真地专心研究真正的哲学。哲学的第一部分是形而上学，其中包含着认识原理，在这些原理中，有些是解释上帝的主要属性，有些是解释我们灵魂的非物质性，还有一些则是解释我们心中所有清晰分明的观念。第二部分是物理学，在发现了物质事物的真正原理之后，我们在物理学中一般地考察整个宇宙的构成，然后特别考察地球的本性，以及气、水、火、磁石和其他矿物等地球上最常见的所有物体的本性。再后来，我们还要分别考察植物、动物尤其是人的本性，以便以后能够发现所有其他有用的知识分支。因此，整个哲学就像一棵树，其树根是形而上学，树干是物理学，从树干里长出的树枝则是所有其他知识分支。这些树枝可以归结为医学、机械学和伦理学这三个主要分支。（所谓“伦理学”，我指的是最高和最完美的伦理学，它预设了对其他知识分支的完备认识，是最终层次的智慧。）

正如人们不是从树根或树干，而是从树枝末端采集果实一样，哲学的主要用处也取决于哲学中只有最后才能学到的那些部分。不过，尽管我几乎对所有这些一无所知，但我一直渴望对公众有所贡献，遂于十年或十二年前发表了一些论文，以阐述我自认为有所了解的若干主题。第一篇是《谈谈在科学中正确运用人的理性与寻求真理的方法》，我在文中简述了逻辑学和一种不完善的伦理学的主要规则，在我们尚不知道更好规则的情况下，可以暂时遵循它们。其余论文则是三部专论——《屈光学》《气象学》和《几何学》。在《屈光学》中，我意在表明，我们在哲学中可以取得长足的进步，借以了解那些对生活有用的技艺，因为我在那里解释的望远镜的设计乃是有史以来最困难的任务之一。在《气象学》中，我希望揭示我所研究的哲学与往往讨论同样主题的经院哲学之间的区别。最后，在《几何学》中，我试图表明，我发现了许多以前不为人知的东西；于是，为了激励所有人去寻求真理，我又促使人们相信还有更多的东西可以发现。后来，我预见到许多人会觉得很难理解形而上学的基础，于是便尝试在《第一哲学沉思集》中解释它的要点。这本书本来不长，但因加入了几位博学之士就该书向我提出的反驳，以及我对他们的回复，书的篇幅便增加了，内容也得到了很大程度的澄清。最后，当我认为这些早期作品已经使读者的心灵有充分准备来接受《哲学原理》时，我便将它也发表出来。我把该书分成四个部分，第一部分包含认识原理，即我们所谓的“第一哲学”或“形而上学”；因此，为了清楚地理解这个部分，不妨先读我就同一主题所写的《第一哲学沉思集》。其余三个部分则包含着物理学中所有最一般的内容：我解释了自然最初的定律或原理，以及天界、恒星、行星、彗星和整个宇宙是如何构成的；接下来我特别解释了地球的本性以及地球周围最常见的气、水、火和磁石等物体的本性；我还解释了在这些物体中可以观察到的光、热、重量等所有性质。这样一来，我认为我已经开始以正确的次序解释全部哲学，而没有遗漏

在写最后的主题之前应当先行讨论的任何东西。不过，为了完成这项计划，我以后应以同样的方式来解释地球上所有更特殊物体的本性，即矿物、植物、动物尤其是人的本性。最后，我还想准确地论述医学、伦理学和机械学。为了给世人一套完备的哲学，这是我必须要做的事情。只要能够做出我所需要的所有实验来支持和证明我的论点，我就一定会鼓起勇气来努力完成这项计划，因为我觉得自己还不太老，对我的能力也不缺乏自信，对于剩下的话题也有所了解。不过可以看到，这项计划需要很大的开销，若无公家的帮助，以我这样的私人实难做到。这样的帮助既然不可期，我想我今后只好为我个人的教导而研究，倘若从现在起我不再为后人工作，我想他们会原谅我的。

然而，为了表明我认为我已经在多大程度上服务于后人，我将在这里指出我确信可以从我的原理中得到的好处。第一个好处是，人们用这些原理来发现许多以前未知的真理时会感到满足。真理虽然似乎不那么引人注目，也更加朴素，所以往往不像谎言和虚伪那样能够激起我们的想象，但给人的满足感却总是更加持久可靠。第二个好处是，通过研究这些原理，人们将逐渐习惯于对遇到的各种事物形成更好的判断，从而变得更加睿智。因此，我的原理所产生的效果将与普通的哲学相反，因为很容易看到，那些所谓的“学究”在学过哲学之后，其推理能力反不如前。第三个好处是，我的原理所包含的真理非常清晰和确定，足以消除一切争执的理由，从而使人心趋向温文和谐。这与经院辩论所导致的结果完全相反，那些辩论不知不觉中使参与者更加好辩、更加固执，这或许正是目前烦扰世人的那些异端邪说和分歧得以产生的主要原因。这些原理的最后一个也是最大的好处是，通过研究它们，人们可以发现许多我未曾解释的真理。像这样从业已解释的真理逐渐过渡到新的真理，他们将能及时获得关于所有哲学的完美知识，并且达到最高级的智慧。因为正如我们所见，虽然所有技艺最初都是粗糙和不完美的，但因为它们包含着某种真理，其结果可以通过经验显示出来，所以可以在实践中逐渐得到完善。哲学也是如此，只要我们拥有真正的原理并且遵循这些原理，就一定能不时发现其他真理。事实上，要想证明亚里士多德的原理是错误的，最好的办法莫过于指出，人们虽然千百年来遵奉这些原理，但并未取得任何进步。

我清楚地知道，有些人仓猝鲁莽、草率从事，即使有了非常坚实的基础，也无法建立起任何确定的东西。而通常写书最快的正是这样一些人，他们短时间内就能毁掉我的一切成就。虽然我已经小心翼翼地把怀疑和不确定性从我的哲学推理中努力排除出去，但如果把他们的作品当成我的作品，或者认为其中包含着我的观点，他们就可能把那种怀疑和不确定性引入进来。不久前，我就曾有这样一段经历。有一个被认为最愿意追随我的人，我也曾在某处写道，“我对他的思想很有把握，以至于他的任何观点我都愿意承认是我自己的”。[①] 去年他出版了一本书，题为《物理学基础》。[②] 在这本书中，他关于物理学和医学所写的一切似乎都出自我的著作（既有

① 这里提到的人是乌特勒支大学医学教授雷吉乌斯（Henricus Regius, 1598-1679）。雷吉乌斯的观点与该校校长富蒂乌斯（Voetius）尖锐对立。这句引语是对 *A Letter from René Descartes to the Most Famous Man D. Gisbertus Voetius*（Amsterdam, 1643）中一段话的释义。

② 实际标题是 *Fundamenta Physices*（Amsterdam, 1646）。

我已经发表的作品，也有一部落入他手的关于动物本性的尚不完善的作品）。但他抄袭得太糟糕了，把顺序弄颠倒不说，还否认了整个物理学所必须依据的某些形而上学真理，因此我不得不完全否认他这本书与我有关。这里，我还要恳请读者不要把任何没有明确出现在我的作品中的观点归于我，也不要把我的著作中或别处的任何观点当成真的来接受，除非他们非常清楚地看到，这些观点是从真正的原理中推论出来的。

我也非常清楚，也许在几个世纪之后，可以从这些原理中推论出来的所有真理都会这样被实际推论出来：因为大多数有待发现的真理都依赖于某些特定的实验，这些实验绝不会偶然出现，而必须由非常聪明的人费心和花钱去寻找；有能力很好地利用这些实验的人，也不大可能会做实验；此外，由于注意到目前流行的哲学中的缺点，大多数最优秀的人都对整个哲学评价不高，不肯用心去寻求更好的哲学。不过，如果能够看到我的这些原理与其他哲学家的所有原理之间的区别，以及由此可以推断出一长串真理，这些人也许最终会意识到，继续寻求这些真理是多么重要，这些真理会引领我们达到多么高级的智慧以及多么幸福完满的生活。若能看到这一层，我敢保证，所有人都会愿意努力从事这种有益的研究，或者至少会倾力支持和帮助在这方面有所成就的人。衷心希望我们的子孙后代能够看到这项事业取得成功。

第一部分

论人类认识原理

De principiis cognitionis humanæ

1. 追求真理的人在其一生中，必须尽可能地把所有事物都怀疑一遍。

由于我们生而为婴孩，而且在充分运用自己的理性之前，我们就对可感知的事物做出了各种判断〈有好有坏〉[①]，因此有许多偏见使我们无法认识真理。要想摆脱这些偏见，唯一的办法似乎就是，在我们的一生中，把我们觉得哪怕有丝毫不确定性的所有事物都怀疑一遍。

2. 可疑的事物甚至应被视为虚假的。

事实上，不妨把我们〈可以设想有丝毫〉怀疑的那些事物看成虚假的，这样我们就可以更清楚地发现那些最为确定和最容易认识的事物了。

3. 这种怀疑不应同时被用于实际生活。

但这种怀疑暂时应当仅限于对真理的沉思。就实际生活而言，倘若等到能够摆脱〈所有〉怀疑时才采取行动，则行动的机会往往会错过。因此，我们常常被迫接受仅仅是可能的事情，有时甚至不得不在两种选项之间做出抉择，即使被选的并不比另一者更有可能。

① 尖括号“〈 〉”里的内容是指法文版对拉丁文版的改动，下同。

4. 我们为什么能够怀疑可感知的事物。

既然我们现在只关注寻求真理，我们首先要怀疑是否有可感知的事物或可想象的事物存在。这首先是因为，我们觉察到我们的感官有时会犯错，谨慎的做法是，永远不要过分相信那些曾经欺骗过我们的东西；其次是因为，我们在睡梦中似乎经常会感觉到或想象到无数事物，而这些事物〈在任何其他地方〉并不存在。对于一个做这种怀疑的人来说，似乎没有什么标志可以用来确定地区分睡眠和清醒，〈以及知道睡梦中出现的想法是否比其他想法更虚假〉。

5. 我们为什么也能怀疑数学证明。

我们还要怀疑以前认为完全确定的其他事物，甚至是数学证明，以及我们迄今为止认为自明的那些原理。一个原因是，我们有时看到人们在这些事情上犯错，把我们认为虚假的事物当成完全确定和自明的；更重要的是，我们听说有一个全能的上帝，我们正是由他创造的。我们并不知道上帝是否有意把我们这样创造出来，使我们即使在那些自认为最熟知的事物上也总会弄错；因为这种持续欺骗的可能性似乎并不亚于偶然的欺骗，正如我们已经指出的，后者的确会发生。如果我们设想，我们的存在并非源于一个全能的上帝，而是源于我们自己，或其他某种东西，那么我们越是认为自己的创造者没有能力，就越有理由相信我们并不十分完美，以致总是弄错。

6. 我们有自由意志，使我们能够拒绝赞同可疑的事物，从而避免错误。

然而，无论是谁创造了我们，无论他有多么强大、多么具有欺骗性，我们仍然能在内心中体验到一种自由，使我们总能拒绝相信那些并非完全确定和未经彻底考察的事物，从而总是避免错误。

7. 我们在怀疑的时候我们存在，这是不可能怀疑的。这是我们井井有条地做哲学时首先知道的事情。

既以这种方式拒斥了我们所能怀疑的一切，甚至设想它们都是虚假的，那么我们的确很容易假定没有上帝、没有天、没有物体，我们自己也没有手没有脚，甚至没有身体。但我们不能因此而假定，正在思考这些东西的我们什么也不是：因为认为那个正在思想的东西在思考的时候不存在，这是矛盾的。因此，这种认识，即“我思故我在”(ego cogito, ergo sum)，是任何井井有条地做哲学的人首先获得的最确定的东西。

8. 由此我们理解了灵魂(anima)与身体(corpus)[①] 的区分，或者正在思想的东西与物质的(corporeus)[②] 东西的区分。

〈在我看来，〉这是理解心灵(mens)的本性以及心灵与身体之区分的最佳途径。因为在考察我们是什么时，既然假定与我们不同〈并且在我们心灵之外〉的一切事物都是虚假的，我们清楚地看到，无论是广延、形状、位置运动，还是必须归于物体的任何类似的东西，都不属于我们的本性，属于我们本性的只有思想。因此，我们对我们思想的认识要先于对任何物质事物的认识，而且更加确定；

① “corpus”本义为“体”，很多时候既指“身体”，也指“物体”，汉语无法做统一表达，只能视上下文做相应的处理。

② “corporeus”或译“有形的”“有体的”。

因为我们已经知觉到了这个［思想］，但仍然怀疑其他事物。[①]

9. 什么是“思想”。

所谓“思想”，是指发生在我们内部并且为我们所意识到的一切事物。因此在这里，不仅理解、意愿和想象与思想无异，而且感觉也与思想无异。因为如果我说“我观看故我在，或者我行走故我在”，并由观看或身体的行走导出了这个［结论］，那么该结论并不是绝对确定的。因为正如在睡梦中经常发生的那样，即使我的眼睛是闭着的，也没有移动位置，甚至根本没有身体，我也可以认为自己正在观看或行走。但如果由〈我心灵的活动，或者〉对观看或行走的感觉或意识本身导出这个结论，则该结论是完全确定的，因为它与心灵有关，只有心灵才能感觉或认为自己正在观看或行走。

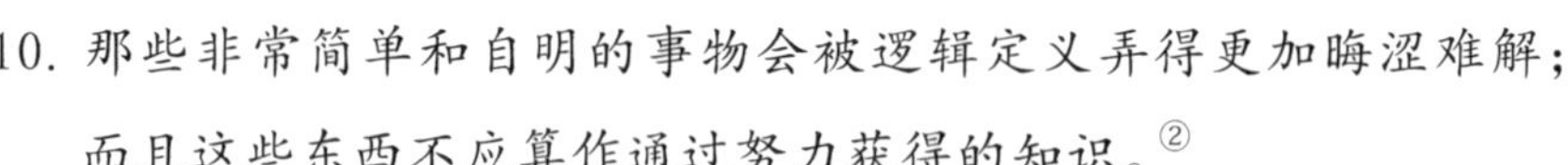

10. 那些非常简单和自明的事物会被逻辑定义弄得更加晦涩难解；而且这些东西不应算作通过努力获得的知识。[②]

这里我不去解释我已经使用或接下来将要使用的其他许多术语，因为在我看来，它们是足够自明的。我常常注意到，哲学家们会错误地试图通过逻辑定义来解释本身非常简单和自明的事物，结果反倒使之变得更加晦涩难解。当我说“我思故我在”这个命题是任何井井有条地做哲学的人所得到的首要的、最确定的东西时，我

① 这里法文版是：“……因为我们仍然怀疑世界上是否存在任何物体，但我们确定地知道我们在思考。”

② 法文版的标题是：“有些观念本身是如此自明，以至于试图以经院哲学的方式来定义它们会使之变得晦涩难解，这些观念不是通过努力获得的，而是我们与生俱来的。”

并未因此而否认需要事先知道什么是思想、什么是存在、什么是确定性，以及知道正在思想的东西不可能不存在，等等。不过这些都是非常简单的观念，它们本身不会提供关于任何存在事物的知识，[①]因此我并不认为这里需要列出它们。

11. 我们的心灵在多大程度上比我们的身体被更好地认识。

为了理解对我们心灵的认识不仅要比对我们身体的认识更加在先和确定，而且要更加清楚，必须注意到，通过〈我们灵魂中的〉自然之光可以非常清楚地知道，“无”（nihili）没有任何属性或性质；因此，无论我们在哪里觉察到某些属性或性质，都必然可以找到它们所属的某个事物或实体；我们在同一事物或实体中觉察到的属性或性质越多，我们对它的认识就越清楚。然而，我们在我们心灵中觉察到的属性或性质比在任何其他地方都多，因为显然，但凡能使我们认识其他某种东西的东西，都只会让我们对自己的心灵有更加确定的认识。例如，如果我根据触摸地球或看到地球而判断地球是存在的，那么这个事实可以使我更加确定地判断：我的心灵存在着。因为我判断自己在触摸地球，而地球根本不存在，这也许是可能的；然而我做这个判断时，正在做这个判断的我的心灵却不存在，这是不可能的。其他[判断]也是如此。〈进入我们心灵的所有其他事物都能使我们得出相同的结论：正在思考它们的我们存在着，即使它们可能是虚假的或根本不存在。〉

① 也许是指“……关于任何事物存在的知识”。

12. 为什么这一点没有被所有人同样地知晓。

那些没有井井有条地做哲学的人对此有不同看法，这纯粹是因为他们未曾足够细心地把心灵与身体区分开来。虽然他们也许认为，他们自己的存在要比任何其他事物的存在更确定，但他们没有意识到，在这种语境下〈就形而上学的确定性而言〉，他们所说的“自己”本应仅指他们的心灵。而他们却把“自己”仅仅理解成他们的身体，那个他们眼所见、手所触并且错误地赋予了感知能力的身体；这就是他们未能觉察到心灵本性的原因。

13. 在什么意义上〈可以说〉，对所有其他事物的认识依赖于对上帝的认识。

当〈像这样〉认识自己、但仍然对所有其他事物保持怀疑的心灵四处寻找，以便进一步扩展它的认识时：它先是在自身之内发现了许多事物的观念，只要它只沉思这些观念，既不肯定也不否认在自身之外有任何类似于这些观念的事物存在，它就不可能犯错。此外，心灵还［在它自身之内］发现了一些公理(communes notiones)，并由此构造了各种证明。心灵只要专注于这些证明，就会完全确信它们是真的。例如，心灵在它自身之内有数和形状的观念，还有像“等量加等量，结果仍相等”这样一些公理；由此很容易证明，三角形的三个角之和等于两直角，等等。因此，心灵只要专注于它推出诸如此类的结论的前提〈以及次序〉，就会确信这些结论是真的。但心灵不可能总是专注于这些前提，当它随后〈回想起某个结论而不专注于其证明次序，并且〉回想起它尚不知造物主是否把它造得即使在看起来非常明显的事物上也会犯错时，便发现有理由怀疑这些结论，在认识到其起源的创始者之前，它不可能有任何确定的知识。

14. 由我们的上帝概念中包含着必然存在，可以正当地推出上帝存在。

然后，心灵在思考其自身之内所具有的各种观念时，发现有一个观念是所有观念中最特殊的，即一个全知、全能且至为完美的存在者的观念。〈由它在这个观念中觉察到的东西，它很容易判断，上帝作为至为完美的存在者存在着。因为尽管心灵具有其他许多事物的清晰观念，但它在这些观念中并没有发现任何东西来保证其对象的存在性。〉心灵在这个观念中认识到的存在，不是包含在它分明地知觉到的所有其他事物的观念中的仅仅是可能的偶然存在，而是完全必然和永恒的存在。例如，心灵知觉到三角形的三个角之和等于两直角必然包含在三角形的观念之中，因此心灵完全确信三角形的三个角之和等于两直角；同样，心灵知觉到，必然而永恒的存在包含在一个至为完美的存在者的观念之中，仅凭这一点，心灵就必须明确断言，这个至为完美的存在者存在着。

15. 我们关于其他事物的概念并非以同样的方式包含必然存在，而只包含偶然存在。

如果心灵注意到，在它自身之中找不到任何其他事物的观念能以同样的方式包含必然存在，那么它将更确信这一点。由此它认识到，这个至为完美的存在者的观念并非由它构想出来，亦非某种幻想，而是〈被〉一个真实不变的东西〈印在心灵上〉，这个东西因为包含着必然存在而不可能不存在。

16. 先入之见阻碍了上帝的必然存在性被所有人清楚地认识到。

正如我所说，如果我们的心灵首先完全摆脱了先入之见，它将很容易相信这一点。但我们已经习惯于在所有其他事物上区分本质与存在，也习惯于随意设想现在和过去都不存在的各种事物的观念，因此，当我们并非完全专注于对那个至为完美的存在者进行沉思的时候，我们将很容易怀疑，这个观念是否是我们随意设想的，或至少是本质不包含存在的那些观念中的一个。

17. 我们任一观念的客观完美性越大，其原因〈的完美性〉就必定越大。

当我们进一步反思我们心中的〈各种〉观念时，我们看到，就它们是〈我们〉思想的特殊样式而言，它们彼此差别并不大，但是就一个观念代表一个事物、另一个观念代表另一个事物而言，它们的差别就很大了。而且，它们包含的客观完美性(perfectionis objectivæ)[①] 越大，其原因就必定越完美。举例来说，如果某人心中有某个非常精巧的机器的观念，则我们有理由问，他是从什么原因那里获得这个观念的：也就是说，他是在什么地方见到别人制造了这样一部机器，还是他对机械学做过深入研究，或者他如此心灵手

① 所谓一个观念的“客观完美性”(objective perfection)，是指这一观念的“对象”(object)被认为具有的完美程度。

巧，以至于虽然未在任何地方见过，就能自行把它设想出来？纯粹客观地包含在这个观念中——如同在一幅图像中——的所有精巧构思，都必须包含在这个观念的原因之中，无论这个原因是什么；不仅是客观地或表象地，而且事实上是形式地（formaliter）或〈更加〉显著地（eminenter）[①] 至少包含在〈这个观念的〉首要原因之中。

18. 由此又可以断言上帝存在。

于是，由于我们心中有上帝或至高存在者的观念，我们就可以正当地考察，我们拥有这个观念的原因是什么；在这个观念中，我们发现了无可估量〈的完美性〉，以至于可以完全确定，它只能由一个真正拥有所有完美性的东西，即一个实际存在的上帝赋予我们。因为由自然之光可以非常清楚地看到，不仅无中不能生有，而且较为完美的东西也不能产生于一个不甚完美的动力因和总原因；此外，如果没有某个原初的东西（Archetypus）存在于某个地方（无论在我们之内或之外），并实际包含着这个观念的所有完美性，我们就不可能有任何东西的观念或意象。既然我们在自身之中无法找到我们对其拥有观念的那些至高无上的完美性，我们就可以正当地断言，它们存在于或者肯定曾经存在于某种与我们不同的东西中，即存在于上帝中。由此〈以及它们是无限的〉可以非常明显地推出，它们仍然存在着。

① “形式地”（formally）拥有一个属性是指严格按照定义拥有它，而“显著地”（eminently）拥有一个属性则是指以某种更高或更完美的形式拥有它。

19. 即使我们没有领会上帝的本性，比起任何其他事物，我们对他的完美性知道得也更清楚。

对于那些习惯于沉思上帝观念和注意上帝的至为完美的人来说，这一点是非常确定和明显的。虽然我们没有领会这些完美性，因为一个无限的存在者不可能被有限的我们所领会，但比起任何物质事物，我们能更加清晰分明地理解这些完美性，因为它们更加充满了我们的心灵，而且更加单纯，不被任何限制所掩盖。〈此外，没有任何沉思能更有助于完善我们的理解力或比这种沉思更重要，因为思考一个完美性没有限制的对象使我们充盈着满足和信心。〉

20. 我们不是由自己造的，而是由上帝造的，因此他存在。

然而，并非所有人都注意到了这一点。拥有某种精巧机器的观念的人通常知道自己是从哪里获得这个观念的，但我们却没有类似地记得，上帝观念是何时从上帝来到我们这里的，因为我们一直拥有这个观念：我们仍然要问，拥有至为完美的上帝观念的我们自己是因为谁而存在的。因为根据自然之光可以非常清楚地知道，一个认识到某种比自己更完美的事物的东西，不会凭借自己而存在：因为若是如此，它将〈以同样方式〉把它拥有观念的所有完美性都赋予自己；因此，它的存在只可能源于某种自身拥有所有那些完美性的东西，即上帝。

21. 我们存在的延续足以证明上帝的存在。

如果我们思考时间的本性或事物延续的本性，那么一切都无法掩盖这一证据的清晰性；时间的本性使得它的各个部分不是相互依存的，也永远不会同时存在；因此，由我们现在存在这个事实推不出我们下一刻也将存在，除非有某个原因——最初产生我们的那个原因——仿佛不断地产生我们，也就是维持我们。因为我们很容易理解，我们无法凭借自身之中的能力维持自己；而他的能力强大到足以维持与他分离的我们，也一定更能维持他自己，或者更确切地说，他不需要任何别的事物来维持他自己，简而言之，他就是上帝。

22. 我们认识上帝存在的方式，也使我们同时认识了可被心灵的自然能力所认识的上帝的所有其他属性。

这种证明上帝存在的方式（也就是通过上帝的观念）有一个很大的好处：它使我们能在我们本性的弱点所允许的范围内同时认识上帝的本性。因为在考察我们与生俱来的上帝观念时，我们看到他是永恒的、全知的、全能的，是一切善和真理的来源，是万事万物的创造者，最后，他拥有一切我们可以清楚地注意到无限完美或没有任何不完美的东西。

23. 上帝是没有形体的，不像我们那样通过感官来感知；他不愿有罪恶。

因为有许多事物，我们虽然认识到其中的某种完美性，但也在其中发现了某种不完美性或局限性，因此它们不可能属于上帝。例如，有形体事物的本性包括可分性和位置上的广延（locali extensione），由于可分性是一种不完美性，因此可以确定上帝没有形体。此外，虽然通过感官来感知对我们来说是某种完美性，但由于所有感觉都涉及被作用，而被作用依赖于其他某种东西，因此必须认为，上帝绝不是通过感官来感知的，而只是理解和意愿。甚至连他的理解和意愿也不是像我们这样通过彼此不同的操作来实现的，而是通过单一的、完全相同的和非常单纯的活动来实现的。他同时理解、意愿和执行一切。我所说的"一切"是指所有事物：上帝不愿有罪恶，因为它不是一个事物。

24. 通过记得上帝是无限的、我们是有限的，可以从对上帝的认识过渡到对受造物的认识。

既然只有上帝才是一切存在或可能存在的事物的真正原因，那么显然，我们做哲学的最佳途径就是从对上帝本身〈以及我们与生俱来的观念〉的认识开始，努力推导出对上帝创造的事物的解释。这样一来，我们就可以获得最完善的科学知识，即通过原因来认识结果。为了安全可靠、无出错风险地做到这一点，我们必须小心谨慎，始终牢记创造万物的上帝是无限的，而我们是完全有限的。

25. 我们必须相信上帝所揭示的一切，即使它们可能超出了我们的领会能力。

因此，如果上帝碰巧向我们揭示了某些关于他自己或其他事物的且超出了我们自然理解能力的东西，比如道成肉身或三位一体的奥秘，我们将不会拒绝相信这些东西，尽管我们〈也许〉并不能清楚地理解它们。我们丝毫不会奇怪，在上帝不可估量的本性和他所创造的事物中，有许多东西超出了我们的领会能力。

26. 我们绝不应该就无限(infinitus)进行争论，而只需把那些我们注意不到界限的东西视为无定限的(indefinitis)，比如世界的广延、物质部分的可分性、星星的数目，等等。

因此，我们永远不要被关于无限的争论所烦扰。既然我们是有限的，所以我们尝试确定任何与无限有关的东西都是荒谬的，因为这仿佛是尝试给它规定界限并领会它。因此，如果有人问，给定的无限长的线的一半是否还是无限的，或者无限大的数是奇还是偶，我们不必费心去回应他们，因为似乎只有那些把自己的心灵看成无限的人才会想这些事情。就我们而言，对于我们找不到界限的任何事物，都应避免断言它们是无限的，而应认为它们是无定限的。例如，我们无法想象一个广延是如此之大，以至于无法理解可能存在更大的广延，因此我们将把可能事物的大小称为无定限的。同样，不论一个物体被分成多少部分，每一个部分都仍然可以被理解为可分，因此我们将认为这个量是无定限可分的。又如，不论我们想象星星的数目有多少，我们仍然相信上帝可以创造更多的星星，因此我们认为星星的数目也是无定限的；其余情况也是如此。

27. 无定限与无限之间的区别是什么。

在这些情况下，我们之所以使用“无定限”而不是“无限”，既是为了只把“无限”一词留给上帝，因为只有在上帝那里，我们才不仅认识不到〈其完美性的〉任何方面的界限，而且在一种肯定的意义上认识到不存在界限；也是因为，我们并没有类似地在一种肯定的意义上认识到，其他事物在某个方面没有界限，而只是在一种否定的意义上承认，我们找不到它们的任何界限(如果有的话)。〈因此我们知道，这些事物并不是绝对完美的，因为我们认识到，这种界限的明显缺乏乃是源于我们理解力的弱点，而不是源于这些事物的本性。〉

28. 我们必须考察的不是受造物的目的因，而是其动力因。

于是最后，关于自然物，我们将不会从上帝或自然创造它们的目的中得出任何解释，〈我们将从我们的哲学中完全排除对目的因的寻求〉：因为我们不应妄自推定，以为知晓上帝的意图。但我们可以认为上帝是万物的动力因，我们将会看到，上帝赋予我们的自然之光所揭示之物（关于呈现给我们感官的他的那些结果），必然可以从上帝愿意让我们有所了解的他的那些属性中总结出来。[①] 但应当记住，如前所述，自然之光只有在不违反上帝的启示时才是可信的。

29. 上帝并非错误的原因。

这里要考虑的上帝的第一个属性是，他是绝对诚实的，是所有光的给予者：因此，认为他会欺骗我们，或者在严格和肯定的意义上是我们凭经验所知易犯的那些错误的原因，这是完全矛盾的。因为虽然欺骗的能力在我们人当中也许会被看成机灵的证据，但欺骗

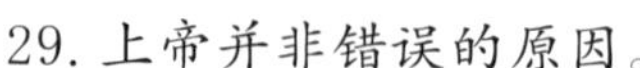

① 法文版的这句话是：“但我们可以把他当成万物的创造者，我们将通过他置于我们之中的推理能力，只试图发现我们借助感官知觉到的那些事物是如何可能被创造出来的；通过他希望我们有所了解的他的那些属性，我们将会确信，我们曾经清晰分明地知觉到属于这些事物本性的东西具有一种完美性，即‘是真的’。”另外，法文版省略了本条目的最后一句话。

的意愿无疑总是来自恶意，或者来自恐惧和软弱，因此不可能存在于上帝。

30. 因此，凡我们清晰知觉到的东西都是真的，如此便消除了上述种种怀疑。

由此可知，上帝赋予我们的自然之光或认识能力永远不可能得到任何不真的对象，只要它的确被这种能力所得到，也就是说，只要它被清晰分明地知觉到。因为倘若上帝赋予我们一种歪曲的能力，以致〈当我们正确地使用它的时候〉认假为真，那么上帝就理应被称为骗子。如此便消除了最大的怀疑，它源于我们不知道自己是否天生就会在那些即使看起来最显然的事情上受骗。事实上，前面列出的所有其他怀疑理由都很容易通过这一原理来消除。比如数学真理不应再被我们怀疑，因为它们是完全清晰的。如果我们在感觉中注意到某种清晰分明的东西，不论是在清醒时还是在梦中，并且把它与混乱模糊的东西区分开，我们就很容易认识到，在任何事物中应把什么东西看成真的。我们没有必要在这里详述这一点，因为它已经在《第一哲学沉思集》中讨论过，更准确的解释依赖于对以下内容的了解。

31. 我们的错误，相对于上帝而言仅仅是否定，相对于我们而言则是缺乏[①]。

然而，尽管上帝不是骗子，但我们常常会犯错。因此，为了研

① 这里的“缺乏”指的是“超自然能力”或“超自然禀赋”的“缺乏”。

究我们错误的起源和原因，并学会防范它们，我们必须注意到，错误与其说依赖于理智，不如说依赖于意志；而且错误不是事物，产生它们无需上帝的实际参与。相对于上帝而言，它们仅仅是否定，〈也就是说，上帝并未赋予我们他所能赋予的一切，但同样可以看到，他也没有义务赋予我们这些东西〉，相对于我们而言则是缺乏〈和不完美性〉。

32. 我们只有两种思想样式(modos cogitandi)，即理智的知觉和意志的运作。

我们在自身之中经验到的所有思想样式都可以归为两大类：一为知觉，或理智的运作；二为意愿，或意志的运作。感知、想象和纯粹的理解仅仅是知觉的各种样式；而欲望、厌恶、肯定、否定和怀疑则是意愿的各种样式。

33. 我们不会犯错，除非是对没有被充分知觉的事物做出判断。

当我们知觉某个事物时，只要我们不对它做出任何绝对的肯定或否定，就显然不会犯错；而当我们只肯定或否定那些我们清晰分明地知觉到应当被肯定或否定的东西时，我们同样不会犯错：只有当我们对我们并无正确知觉的某个事物做出判断时(就像经常发生的那样)，我们才会犯错。

34. 做出判断不仅需要理智，而且需要意志。

为了做出判断，理智当然是需要的，因为对于我们无法以任何方式知觉的事物，我们不可能做出判断；但意志也是需要的，这样才能在某个事物以某种方式被知觉到时给予赞同。此外，我们无需对事物有完整的知觉，就能[对它]做出某种判断；因为有许多事物，我们对它们只有非常模糊混乱的认识，但我们也可以赞同。

35. 意志扩展得比理智更广，这就是错误的原因。

事实上，理智的知觉仅仅扩展到呈现给它的少数对象，而且总是非常有限。而意志在某种意义上却可以被称为无限的，因为我们注意到，我们的意志可以扩展到任何可能成为其他某个意志——甚至是上帝之中的那个无可估量的意志——对象的事物：因此，我们很容易将自己的意志扩展到我们清晰知觉的那些事物以外；而当我们这样做时，我们犯错也就不足为奇了。

36. 我们的错误不能归咎于上帝。

但我们绝不能设想，由于上帝没有赋予我们全知的理智，他就是我们错误的创造者。因为受造理智本来就是有限的；而有限的理智本来就不应扩展到一切事物。

37. 人最高的完美性就在于他自由地行动或通过意志行动；正是这一点使他值得赞扬或责备。

意志扩展得极广也符合它的本性；人最高的完美性就在于他通过意志行动，也就是自由地行动，从而以某种特殊方式就是自己行为的创始者，并因为这些行为〈当他行为良好时〉而值得赞扬。自动机并非因为准确地执行了所有设计动作而得到赞扬，因为执行这些动作是必然的；而其制造者却因为把它们制造得如此准确而受到赞扬，因为他制造它们不是必然的，而是自由的。同样道理，当我们接受真理时，我们自愿这样做要比不得不这样做〈并因为一个我们不熟悉的原理而被迫接受它〉更值得赞扬。[①]

38. 我们犯错是我们行为上的缺陷，而不是我们本性上的缺陷；下级的过错往往可以归咎于其他主人，但绝不能归咎于上帝。

但我们犯错是我们行为上或对自由的运用上的缺陷，而不是我们本性上的缺陷，因为无论我们做出的判断是否正确，我们的本性都是一样的。虽然上帝本可以给我们的理智赋予敏锐的洞察力，以使我们永远不会犯错，但我们没有权利要求他这样做。诚然，如果我们当中的某个人有能力阻止某种恶但并未去阻止，我们就说他是这种恶的原因；但我们绝不能类似地认为，由于上帝本可以使我们永不犯错，所以他就是我们错误的原因。一些人对另一些人的权力是为了防止〈低于他们的〉别人作恶而设立的；而上帝对所有人的权力则是完全绝对和自由的：因此，我们应当对他已经慷慨赠予我们的东西表示最深挚的感谢，而不是抱怨他没有把我们知道他〈也许〉本可以馈赠的一切都赠予我们。

39. 意志的自由是自明的。

我们的意志中有自由，而且能够任意对许多事物表示赞同或不赞同，这一点是如此明显，以至于必须把它算作我们与生俱来的最

① 关于这一点，参见第一部分，第 43 条，在那里笛卡尔似乎声称，意志没有能力不对清晰分明的知觉表示赞同。

初和最普通的观念之一。这在稍早之前已经很明显了，那时我们正试图怀疑一切，甚至想象创造我们的那个极为强大的作者正试图以各种方式欺骗我们；但我们内心中体验到的自由能使我们不去相信任何不是绝对确定或未经充分考察的东西。最为自明和清晰的东西莫过于此时看起来无可怀疑的东西。

40. 同样可以肯定的是，一切都被上帝预定了。

然而现在，由于我们正在认识上帝，我们在他那里知觉到的力量是如此无可估量，以至于若是认为我们可以做任何不是他已经事先预定的事情，那是渎神的罪孽(nefas)。如果我们试图把上帝的预定与我们的意志自由调和起来，或者试图同时理解这两样东西，就很容易陷入巨大的困难。

41. 如何调和我们的意志自由与上帝的预定。

但如果我们记得我们的心灵是有限的，而上帝的力量是无限的，我们就可以摆脱这些困难。凭借这种力量，上帝不仅永远知道一切正在存在或可能存在的东西，而且还意愿和预定它们。我们对这种力量有充分的认识，可以清晰分明地知觉到上帝拥有它；但我们并不充分理解它，看不到它是如何使人们的自由行动未被决定的。尽管如此，我们对于内心中的自由(libertatis)和无分别(indifferentiæ)有着清楚的意识，以至于没有什么东西比这更能清楚和完全地被理解。[1] 如果仅仅因为我们不理解一个我们知道依其

① 这里的“无分别”(indifferentiæ)，有时也译作“无差异”“无知”。(转下页)

本性就必定无法理解的事物，而去怀疑我们有内在察觉和亲身体验的其他事物，那是荒谬的。

42. 虽然我们不愿犯错，但我们是凭着自己的意志而犯错的。

既然我们知道我们所有的错误都取决于意志，而且没有人愿意犯错，那么我们竟然会犯错，这似乎令人惊讶。不过，愿意犯错和愿意赞同有错的事情有很大区别。虽然事实上没有人明确愿意犯错，但很少有人不愿意赞同他不知道包含着错误的事情。事实上，有些人不知道寻求真理的正确方法，却因为渴望求得真理而常常对自己不能〈充分〉知觉的事物做出判断，这便是他们犯错的原因。

43. 当我们只赞同我们清晰分明地知觉到的东西时，我们永远不会犯错。

但可以肯定的是，只要我们只赞同我们清晰分明地知觉到的那些东西，我们就绝不会把虚假的东西当作真实。我之所以说这是肯定的，是因为上帝不是骗子，所以他赋予我们的知觉能力不可能引向虚假；赞同的能力也是如此，只要仅限于我们清晰地知觉到的那些东西。即使这一点没有办法证明，它也被自然印在了所有人的心

(接上页)该术语源于中世纪经院哲学对上帝的神圣意志的讨论，用来描述神圣意志的中立或无倾向性，即它能在同一时刻拥有相反的可能对象，因而可以作为偶然性的原因，以此区别于关乎确定性与必然性的神圣理智。笛卡尔曾在不同文本中提及这一概念，尽管其含义与经院哲学并不完全相同，因为他不仅将其视为一种源于上帝意志的积极能力，也将其视作一种并不受迫于做某事的状态或条件，即最低限度的人类自由。此处他将“无分别”与“自由”(libertatis)并称，可见至少在本书语境中，“indifferentiæ”不仅属于上帝的意志自由，也被用来描述人的自由。

灵上；因此，每当我们清晰地知觉到某个事物时，我们就会自发地赞同它，完全不可能怀疑它是真实的。

44. 当我们赞同那些未被清晰知觉的事物时，我们的判断即使偶然遇到了真理，也总是糟糕的；这之所以有时会发生，是因为我们以为这些事物曾经被我们充分地知觉到。

同样可以肯定的是，当我们赞同某个我们并未〈清晰〉知觉的推理时，我们要么错了，要么只是偶然遇到了真理，因此不知道自己是不是错了。当然，对于我们注意到尚未被自己知觉的那些事物，我们很少予以赞同，因为自然之光告诉我们，永远不要对未经认知的事物做出判断。不过，我们之所以经常犯错误，是因为有许多事物我们自以为曾经知觉过；我们记住这些事物之后，就会像完全知觉过它们一样给予赞同，而实际上我们从未真正知觉过它们。

45. 什么是清晰的知觉，什么是分明的知觉。

事实上，许多人终生都没有对任何事物有过足够准确的知觉，从而无法对它做出确定的判断。能够充当确定不疑的判断之基础的知觉不仅需要清晰，而且还要分明。我把明显地呈现于专注心灵的知觉称为“清晰的”，正如某个东西如果呈现于我们专注的眼睛，并且足够强烈和明显地作用于眼睛，我们就说清晰地看到了这个东西。另一方面，如果一种知觉不仅清晰，而且还与所有其他知觉明显地分离开来，以至于它本身只包含清晰的东西，我就把这种知觉称为“分明的”。

46. 疼痛的例子表明，知觉可以清晰而不分明，但不能分明而不清晰。

例如，当一个人感到强烈的疼痛时，他对疼痛的知觉的确非常清晰，但并不总是分明的。人们常常把这种知觉混同于就某种东西的本性所做的模糊判断，他们认为这种东西与疼痛的感觉类似，存在于疼痛部位；但事实上，他们清晰知觉到的只有疼痛的感觉。因此，一种知觉可以清晰而不分明，但不能分明而不清晰。

47. 为了纠正我们童年时期的偏见，我们必须思考简单观念，以及每一个观念中哪些要素是清晰的。

事实上，在童年时期，我们的心灵耽于身体，以至于虽然它能清晰地知觉到很多东西，却从未分明地知觉到任何东西。但尽管如此，心灵还是对许多事物做出了判断，由此我们便养成了许多偏见，大多数人后来也从未放弃这些偏见。不过，为了使我们能够摆脱这些偏见，这里我将简要列举构成我们思想的所有简单观念；在每一种情况下，我都会区分清晰的要素和那些模糊的或可能引起误导的要素。

48. 我们知觉到的所有对象，要么被看成事物或事物的性质，要么被看成永恒真理。前者列在这里。

我们会把我们知觉到的所有对象要么看成事物或事物的性质，要么看成不存在于我们思想之外的永恒真理。在那些被我们看成事物的东西中，最一般的是**实体**、**绵延**、**秩序**、**数目**以及其他这类可以扩展到各种事物的东西。但我只认识到两类最主要的事物：第一类是理智的或正在思想的东西，即那些与心灵或思想实体有关的事物；第二类是物质的事物，即那些与广延实体或物体有关的事物。知觉、意志以及知觉和意志的所有样式都与思想实体有关，而大小（即长、宽、深的广延）、形状、运动、位置、各个部分本身的可分性等则与广延实体有关。但我们内心中也体验到其他某些事物，它们既不单单属于心灵，也不单单属于物体。正如我稍后将在恰当的地方阐明的，[①]它们都是从我们的心灵与身体紧密和亲密的结合中产生的：饥饿、口渴等欲望肯定是如此；其次是灵魂的情感或激情（不仅仅在于思想），比如愤怒、快乐、悲伤、爱等情感；最后是所有感觉，比如疼痛、愉悦、光和色、声音、气味、味道、热、坚硬以及其他触觉性质。

49. 永恒真理是不可能这样列举的，但也不是必需的。

以上列举的所有这些，我们都看成事物、事物的性质或事物的样式。但是当我们认识到任何事物都不可能从无中产生时，“不能无中生有”这个命题就不被认作某个正在存在的事物，甚至不被认作事物的样式，而是被认作存在于我们心灵中的一则永恒真理。这些真理被称为共同观念或公理。以下是这一类的例子：“同一事物不可能同时既存在又不存在”，“凡做过的事就无法再取消”，“思考者在思考时不可能不存在”，以及其他无数命题。把所有这些命题列举出来当然并不容易，但如果不被偏见所蒙蔽，我们有机会思考它们时，就一定会知道它们。

① 参见第四部分，第189-191条。

50. 永恒真理是被清晰地知觉到的，但由于偏见，并非所有永恒真理都被所有人清晰地〈知觉到〉。

事实上，就这些共同观念而言，它们无疑能被清晰分明地感知到，否则它们就不配被称为共同观念了。事实上，同样毫无疑问的是，其中有些观念也不配被所有人称呼这个名字，因为它们没有被所有人同样地知觉到。不过我认为，这并非因为一些人的认识能力比另一些人扩展得更广，而是因为这些共同观念与一些人的偏见相冲突，因此这些人不容易理解它们；尽管另一些摆脱了这些偏见的人可以非常清楚地知觉到它们。

51. 什么是实体，以及这个词并非单义地(univocally)适用于上帝和受造物。

然而，对于那些被我们看成事物或事物样式的东西，有必要分别单独进行考察，〈以把我们对它们的观念中模糊的东西和清楚的东西区分开来〉。所谓“实体”，我们指的是一个其存在不依赖于其他事物的事物。事实上，只有一个实体绝对不需要任何其他事物就能被理解，那就是上帝。至于所有其他实体，我们觉察到只有借助于上帝的协同才能存在。因此当经院哲学声称，“实体”之名相较于上帝和受造物并非单义的，这话是有道理的。也就是说，我们无法设想该词有任一分明的含义能够同时适用于上帝和受造物。〈但有些受造物没有其他受造物就无法存在，有些受造物的存在则只需要上帝的正常协同。为了区分它们，我们把后者称为“实体”，而把前者称为这些实体的“性质”或“属性”。〉

52.“实体”一词单义地适用于心灵和物体，以及实体本身是如何被认识的。

然而，物质实体和心灵（或受造的思想实体）可以理解为属于这个共同的概念，因为这些事物的存在只需要上帝的协同。不过，我们起初不能仅仅通过实体是一个存在的事物而注意到它，因为这个事实本身并不影响我们；[①] 但我们很容易通过实体的某种属性来认识实体，因为我们有一个共同观念，即无没有任何属性或性质。因此，如果我们知觉到有某种属性，我们就可以〈正确地〉断言，必然也有某个存在的事物或实体，使这种属性可以归于它。

53. 每一个实体都有一个主要属性，例如就心灵而言是思想，就物体而言是广延。

实体的确可以通过某个属性而被认识，但每一个实体都有一个主要属性构成了它的本性和本质，而它的所有其他属性都与之相关。比如，长、宽、深的广延构成了物质实体的本性，思想构成了思想实体的本性。因为其他一切可以归于物体的东西都预设了广延，仅仅是一个广延物的某种样式〈或依赖〉；同样，我们在心灵中发现的所有属性都仅仅是思想的各种样式。例如，除非是在广延物中，否则形状是不可理解的；除非是在有广延的空间中，否则运动

① 法文版在这里有很大区别：“但是在认识是否有某种实体真实存在，或者说它是否存在于世界时，它不借助于任何受造物就能存在这一事实并不足以使我们感知到它；因为这个事实本身并不能向我们揭示任何能在我们的心灵中激发出某些特定知识的东西。”

是不可理解的；除非是在一个正在思想的东西中，否则想象、感觉和意志也是不可理解的。但与此相反，没有形状和运动也可以理解广延，没有想象和感觉也可以理解思想，诸如此类；任何关注这些事情的人都会清楚地看到这一点。

54. 我们如何才能拥有关于思想实体、物质实体和上帝的清晰分明的观念。

于是，只要我们仔细区分所有思想属性和广延属性，就能很容易拥有两个清晰分明的观念：一个是受造的思想实体的观念，另一个是物质实体的观念。此外，我们还能对一个非受造且独立的思想实体即上帝拥有一个清晰分明的观念，只要我们不认为这个观念恰当地呈现了上帝那里的所有事物，也不去虚构任何额外的东西，而只专注于这个观念中实际包含的东西，以及我们清楚地知觉到属于一个至为完美的存在者的本性的东西。当然，没有人能够否认我们拥有这样一个上帝观念，除非他认为人的心灵中绝对没有对上帝的认识。

55. 绵延、秩序和数目如何也能被分明地理解。

要使绵延、秩序和数目同样得到非常分明的理解，我们不应把任何实体概念不恰当地附加其上，而应认为，每一个事物的绵延仅仅是我们设想这个持续存在的事物的一种样式。同样，我们也不应认为，秩序和数目是与有秩序和被计数的事物相分离的某种东西，而应认为，它们仅仅是我们思考这些事物的样式。

56. 什么是样式、性质和属性。

事实上，这里所说的“样式”与我们在别处所说的“属性”或“性质”意思完全相同。不过，当我们认为一个实体被影响或者被改变时，我们使用“样式”一词；当这种改变使该实体能被称为如此这般的一种实体时，我们使用“性质”一词；最后，当我们更一般地仅就这些东西内在于实体来思考时〈而不考虑它们不依赖于实体的情形〉，我们使用“属性”一词。因此，严格说来，我们不说上帝中有样式或性质，而只说上帝中有属性，因为在上帝那里，任何变化都是不可理解的。甚至在受造物中，那些从不以相异的方式存在于其中的东西，比如正在存在或绵延的事物中的存在或绵延，也不应被称为性质或样式，而应被称为属性。

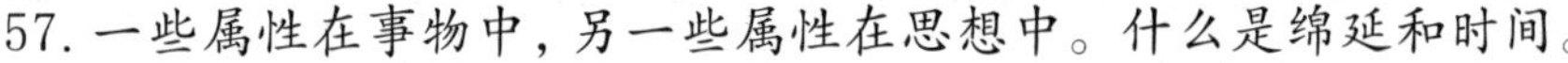

57. 一些属性在事物中，另一些属性在思想中。什么是绵延和时间。

然而，一些属性或样式在它们被称为属性或样式的事物中，另一些则只在我们的思想中。例如，当我们把时间与一般意义上的绵延区分开来，并且说时间是运动的量度时，它只是一种思想样式。因为我们并不认为运动事物的绵延与不运动事物的绵延有任何区别。这显见于以下事实：如果有两个物体都运动一小时，一个慢，另一个快，那么我们并不认为一个的时间比另一个更长，即使运动的量可能要大得多。但是为了度量所有事物的绵延，我们将它与产生年和日的那些最大和最均匀的运动[①]的绵延进行比较，并把这种

① 即太阳和恒星的视运动。

绵延称为“时间”。因此，除了一种思想样式，这没有给一般意义上的绵延增加任何东西。

58. 数和所有普遍观念(universals)都只是思想样式。

同样，如果不是在任何受造物中考虑，而仅仅是抽象地或一般地考虑，那么数只是一种思想样式；所有其他我们所谓的普遍观念也是如此。

59. 普遍观念是如何产生的；以及什么是五个一般的普遍观念：属(genus)、种(species)、种差(differentia)、固有属性(proprium)、偶性(accidens)。

这些普遍观念之所以产生，仅仅是因为我们用同一个观念来思考所有彼此相似的个体事物：由于我们把同一个名称赋予这一观念所代表的所有事物，所以这个名称〈也〉是普遍的。例如，当我们看到两块石头，并且不去注意它们的本性，而只注意它们有两块这样一个事实时，我们便形成了我们称之为“两”的数的观念；当我们后来看到两只鸟或两棵树，并且仍然不去考虑它们的本性，而只考虑它们有两个这样一个事实时，我们便和以前一样重复了同一观念；此观念是普遍的，因为我们总是用同一个普遍名称“两”来称呼这个数。同样，当我们考虑一个由三条线围成的图形时，我们便形成了一个关于它的观念，我们称之为三角形的观念；此后我们把这个观念当成一个普遍观念来使用，以便在我们的心灵中呈现所有其他由三条线围成的图形。此外，当我们注意到一些三角形有直角，而另一些三角形没有直角时，我们便形成了直角三角形的普遍观念；这个观念被称为种，之前那个观念比它更一般。那个角的直角性是使所有直角三角形与其他三角形得以区分的普遍种差。在所有这些直角三角形中，斜边的平方等于另外两条边的平方之和，这是所有直角三角形且只是直角三角形的一种固有属性。最后，如果我们假设一些直角三角形在运动，而另一些不在运动，那么这种运动将是这些三角形的一个普遍偶性。因此，通常会列出五个普遍观念：属、种、种差、固有属性和偶性。

60. 关于区分，首先是关于实际区分。

现在，事物本身的数目源于它们的区分。这种区分有三种：实际区分、样式区分和思想区分。严格说来，实际区分只存在于两个或多个实体之间；对于两个实体，如果我们可以在没有其中一个实体的情况下清晰分明地理解另一个实体，那么仅凭这个事实，我们就可以知觉到这两个实体是有实际区分的。因为在认识上帝的时候，我们确信他能产生任何我们有分明理解的事物。例如，尽管我们还不能确定地知道是否有广延实体或物质实体实际存在，但既然我们对这种实体有一个观念，单凭这一事实就能让我们确信它是能够存在的。我们还可以确信，如果它存在着，那么〈可以〉被我们的思想界定的它的每一个部分都与同一实体的其他部分有实际区分。同样，既然我们每个人都把自己理解成一个正在思想的东西，而且能借助思想把所有其他实体（无论是思想实体还是广延实体）排除在自身之外，这样看来，那么单凭这个事实就可以确信，我们每个人都与所有其他思想实体和物质实体有实际区分。即使我们假设上帝将某个物质实体与某个这样的思想实体结合得异常紧密，以至

于它们无法更紧密地结合在一起，从而合二为一，它们也仍然保持着实际区分。因为无论上帝把它们结合得多么紧密，他也不可能失去他以前拥有的把它们分开的能力，或者在一方不存在的情况下维持另一方的能力；而上帝能够分开或能够分开加以维持的事物是有实际区分的。

61. 关于样式区分。

样式区分有两种，一种是真正意义上的样式与样式所属的实体之间的区分，另一种是同一实体的两种样式之间的区分。第一种样式区分可以从这样一个事实来认识，即我们可以脱离异于实体的样式而清晰地知觉到实体，但却不能反过来脱离实体来理解样式。正如形状或运动与它们所属的物质实体之间存在着样式上的区分，确认或回忆与心灵之间也存在着样式上的区分。第二种样式区分〈即同一实体的两种不同样式之间的区分〉则可以从这样一个事实来认识，即我们能够脱离一种样式来了解另一种样式，反之亦然，但我们无法脱离它们所属的实体来了解任何一种样式。例如，如果一块石头在运动并且是方形的，那么我既可以脱离运动来理解它的方形，又可以反过来脱离方形来理解它的运动；但如果脱离石头这个实体，我就既不能理解运动，也不能理解那个形状。然而，一个实体的样式与另一个实体或另一个实体的样式的区分，比如一个物体的运动与另一个物体或与心灵的区分，或者运动与绵延的区分，似乎更应被称为“实际”区分而不是“样式”区分，因为如果脱离这些样式所属的实际区分的实体，就无法清晰地理解这些样式。

62. 关于思想区分。

最后，思想区分是实体与该实体的某种属性（没有这种属性，该实体本身就无法得到理解）之间的区分，或者是单一实体的两种这样的属性之间的区分。思想区分可以由这样一个事实来认识，即如果我们把那种属性从实体中排除出去，我们就无法形成一个关于该实体的清晰分明的观念；或者，如果我们把这两种属性彼此分开，我们就无法清晰地感知其中一种属性的观念。例如，由于一个实体如果停止持续那么也会停止存在，所以实体与其持续之间的区分仅仅是思想上的。我们认为存在于物体之中的所有思想样式与它们被认为所属的物体之间仅仅有思想上的差别；当这些样式存在于同一个物体中时，它们本身之间的区分也是如此。我的确记得，我在别处把这种区分与样式区分合在一起了，即在我对《第一哲学沉思集》的第一组反驳的回应的结尾。[①] 但那里没有机会对它们做出准确区分，就我的目的而言，将它们与实际区分辨别开来就足够了。

63. 如何能够分明地认识到，思想构成了心灵的本性，广延构成了物体的本性。

思想和广延可以被认为构成了思想实体和物质实体的本性；于

① 笛卡尔在《第一哲学沉思集》中对第一组反驳的答辩中，提到了反驳者“从司各脱那里引证的形式（formelle）区分”，并声明形式区分和样式（modale）区分没有什么不同，因为“它只能适用于一些不完整的东西”，即由此区分出的属性并不能独立、完满地存在。此处文中的“思想区分”（distinctio rationis）主要依据法文版译出（la distinction qui se fait par la pensée），而拉丁术语同样源于经院哲学概念，有学者也译作“概念区分”。笛卡尔基本将其等同于《沉思集》中提到的形式区分。

是，它们只能被看成思想实体和广延实体本身，即心灵和物体；这样一来，我们对它们就有了清晰分明的理解。事实上，我们理解广延实体或思想实体，要比只理解实体本身而忽略那个在思想或有广延的东西容易得多。因为我们很难从思想和广延的概念中抽象出实体概念，这些概念与实体概念本身之间当然只有概念上的区别，〈因为我们有时思考思想或广延，而不去思考那个在思想或有广延的东西〉。一个概念之所以变得更加分明，并不是因为我们在其中包含了较少的东西，而仅仅是因为我们仔细区分了其中包含的东西与所有其他东西。〈并小心避免将它与那些会使其更加模糊的概念相混淆。〉

64. 如何也能分明地认识到，思想和广延是实体的样式。

思想和广延也可以被视为实体的样式，因为同一个心灵可以有许多不同的思想，同一个物体可以在保持相同的量的同时以多种不同方式延伸；也就是说，某一时刻长度较大，宽度或深度较小，稍后则宽度较大，长度较小。于是，只要思想和广延不被视为实体，即与其他事物相分离的事物，而仅仅被视为事物的样式，那么思想和广延与实体之间的区分将是一种样式区分，我们对思想或广延的理解将会与我们对实体本身的理解一样清晰分明。通过把思想和广延视为它们所属实体的样式，我们将思想和广延与这些实体区分开来，并由此认识到它们究竟是什么。另一方面，如果我们试图脱离思想和广延所属的实体来思考它们，我们就会因此把它们看成自存的事物，从而把样式和实体的观念相混淆。

65. 如何认识思想和广延的样式。[①]

同样，如果把思想的各种样式（如理解、想象、记忆、意愿等）和广延的各种样式或属于广延的那些样式（如各种形状、各个部分的位置和运动等）仅仅看成它们所属事物的样式，我们就会对它们有最好的理解。至于运动，我们最好只考虑位置运动，而不去探究产生位置运动的力（不过我将在合适的地方尝试解释这种力）[②]。

66. 如何清晰地认识感觉、情感和欲望，尽管我们常常对它们做出错误的判断。

还有感觉、情感和欲望，它们也能被清晰地感知，只要我们在对它们做出判断时非常小心，不要超出我们的知觉中严格包含的内容和我们内心中意识到的内容。但这一点很难遵守，至少就感觉而言是如此。因为我们所有人从童年开始就认为，我们感觉到的一切都是存在于我们心灵之外，并且与我们的感觉即我们对它们的知觉完全相似的事物。因此，举例来说，当我们看到一种颜色时，我们认为自己看到的是一个存在于我们之外、并且与我们当时内心中体验到的颜色观念完全相似的事物。由于这种判断习惯，我们认为自己清晰分明地看到了这一点，以至于认为它是确定的和不容置疑的。〈因此，后来仍然有一些人对这种错误而仓促的判断深信不疑，这是不足为奇的。〉

① 法文版的标题是“同样，如何设想它们的不同固有属性或属性。”

② 特别参见第二部分，第 43 和 44 条。

67. 即使是对疼痛的判断，我们也常常犯错。

我们感觉到的所有其他事物，甚至是快乐和痛苦，也都是如此。因为虽然我们不认为这些事物存在于我们之外，但我们通常并不认为它们只存在于我们心灵中或知觉中，而是存在于我们的手、脚或身体的其他部位中。我们脚部感到疼痛，仿佛疼痛就在我们的脚部，但绝不能因此而断定疼痛是某种外在于我们心灵、存在于脚部的东西，正如我们看到光，仿佛光在太阳里，但绝不能因此而断定光在我们之外、存在于太阳里一样。但这两种偏见都源自我们的童年时期，这一点稍后就会清楚。

68. 在这些事情上如何区分我们清晰认识的东西和使我们误入歧途的东西。

这里为了区分清晰的东西和模糊的东西，我们必须非常小心地注意到，当疼痛、颜色以及诸如此类的东西仅仅被看成感觉或思想时，它们是被清晰分明地知觉到的。然而，当它们被看成存在于我们心灵之外的某种东西时，我们完全无法理解它们是什么样的东西。如果有人自称看到了物体的颜色或者感觉到肢体的疼痛，这就等于说他看到或感觉到那里有某种他完全不知道的东西，或者说，他并不知道自己看到或感觉到了什么。诚然，如果他没有足够的注意力，他也许很容易相信自己对此有一定的认识，因为他会认为，存在着某种类似于他内心中体验的那种颜色感或疼痛感的东西。但如果他考察这种仿佛存在于有色物体或疼痛部位中的颜色感或疼痛感〈向他〉呈现了什么，他肯定会意识到自己对它一无所知。

69. 我们对大小、形状等的认识方式与对颜色、疼痛等的认识方式大不相同。

如果考虑到，他对于在物体中被清晰知觉到的那些东西的认识方式，与对于同一物体中必须诉诸感官的那些东西的认识方式是大不相同的，他将尤其会注意到这一点。我们所看到的物体的大小、形状、运动（至少是位置运动；事实上，哲学家们设想了其他不同种类的运动，从而使运动的本性不大容易被他们自己所理解）、位置、持续、数目等属于前一类，而什么是物体的颜色以及疼痛、气味、味道等则属于后一类。事实上，当我们看到某个物体时，虽然我们既可以因为它显得有颜色而确信它的存在，也可以因为它显得有形状而确信它的存在，但我们对它有形状的认识要比对它有颜色的认识清楚得多。

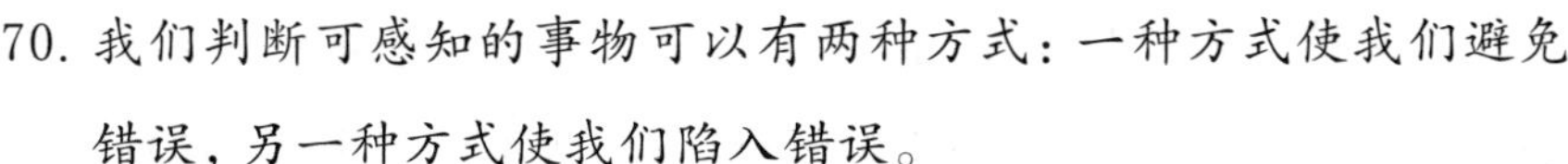

70. 我们判断可感知的事物可以有两种方式：一种方式使我们避免错误，另一种方式使我们陷入错误。

于是很显然，当我们说我们知觉到对象中的颜色时，这实际上等于说，我们知觉到对象中的某种东西，我们不知道它的本性是什么，但它在我们心中产生了某种非常清楚明显的感觉，我们称之为颜色感。但做判断的方式有很大不同。只要我们仅仅判断，对象（即作为我们感觉来源的事物，无论它们最终是什么种类的东西）中存在着某种我们不知道其本性的东西，我们就避免了错误；事实上，我们是在防止错误，因为当我们认识到自己对某种东西一无所知时，就不太容易对它做出草率的判断。但是当我们认为我们知觉到了对象中的颜色时，虽然我们实际上并不知道我们所谓的“颜色”

是什么，而且也无法理解我们认为存在于对象中的颜色与我们在感觉中体验到的颜色之间有任何相似之处，但由于我们没有注意到这个事实（而且因为还有其他许多事物，例如大小、形状和数目等，我们清晰地知觉到它们以一种与我们的感觉或理解并无不同的方式存在于或至少是可能存在于对象中），所以我们很容易错误地判断说，对象中所谓的颜色是某种与我们感觉到的颜色完全相似的东西，从而认为我们清晰地知觉到了某种我们实际上根本没有知觉到的东西。

71. 错误的主要原因源于我们童年时期的偏见。

这里可以认识到我们所有错误的最初和主要的原因。因为在童年时期，我们的心灵与身体紧密联系在一起，以至于心灵只专心于它借以感知身体所受影响的那些思想：心灵尚未把这些思想与它之外的某种事物联系起来，而只是当令人不快的事情发生于身体时感到痛苦，当令人愉快的事情发生时感到快乐；而当没有任何特别令人愉快或不快的事情发生于身体时，按照身体所受影响的不同部位和方式，心灵有各种各样的感觉，也就是我们所说的味道、气味、声音、热、冷、光、颜色以及类似的感觉，这些感觉并不表现位于思想之外的任何东西。与此同时，心灵也知觉到大小、形状、运动，等等，它们不是作为感觉呈现给心灵的，而是作为存在于（或至少能够存在于）思想之外的事物或事物的样式呈现给心灵的，尽管心灵尚未意识到感觉与事物的这种区别。接下来，当身体的机制（自然把它创造成能够凭借自己的力量以各种方式运动）控制身体朝各个方向随意转动，碰巧追求令人愉快的东西或逃避令人不快的东西时，依附于身体的心灵开始注意到，身体追求或逃避的那个事物在心灵自身之外。心灵不仅把被它〈非常清晰地〉知觉为事物或事物样式的大小、形状、运动等归于那个事物，而且还把它注意到由那个事物在它之中产生的味道、气味等感觉归于那个事物。此外，由于心灵把任何事物都与对身体的功用联系起来，所以心灵按照身体受一个对象的影响程度来思考这个对象有多少实在性。结果，心灵认为石头或金属中的实在性或物质性要比水中或空气中的多得多，因为它感觉到石头和金属中有更多的硬度和重量。事实上，只要心灵没有在空气中经验到风、冷或热，它就把空气看成绝对的无。由于星星发出的光看起来并不比油灯微弱的火苗发出的光更亮，所以它认为星星并不比这些火苗更大。由于心灵没有注意到地球在旋转，也没有注意到地球表面弯曲形成了一个球体，因此它更倾向于认为地球是静止不动的，地球表面是平的。从童年开始，我们的心灵就充斥着千百种这样的偏见；后来到了青年时代，我们忘记了这些偏见是在未经充分考察的情况下被接受的，而是认为它们是完全真实和明显的，就好像它们是被感知到的或者被自然所引入的。

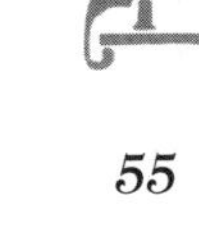

72. 错误的第二个原因是我们无法忘记自己的偏见。

虽然在我们成年后，心灵不再完全被身体所束缚，也不再把一切都与身体联系起来，而是探究事物本身的真相，并发现它以前做出的许多判断都是错误的，但心灵要从记忆中清除这些判断并不容易；只要它们仍然在那里，就可能是各种错误的原因。例如，我们小时候认为星星很小；虽然天文学证据已经向我们清楚地表明星星极为巨大，但我们的偏见仍然非常强大，使我们很难以不同于以前的方式来设想它们。

73. 错误的第三个原因是，在专注于那些不呈现于感官面前的事物时，我们会感到疲倦；因此在判定这些事物时，我们往往会基于先入之见而非当下的知觉。[①]

此外，我们的心灵将注意力集中于某个事物上时，不可能没有某种程度的困难和疲倦；而注意那些既不呈现于感官又不呈现于想象的事物是最难的。之所以如此，要么是因为心灵与身体的结合使得心灵的本性是如此，要么是因为心灵最早的时候只关注感觉和想象，由此获得的思考这些东西的实践和能力要比思考其他东西更多。其结果是，许多人仍然只把实体理解成可想象的、物质的和可感知的事物。因为他们不知道，只有那些有广延、运动和形状的东西才是可想象的，但还有其他许多东西是可理解的。而且他们认为，任何不是物体的东西都不可能存在，以及最后，任何不可感知的物体都不可能存在。事实上，正如我们稍后会清楚表明的，我们单凭感官无法知觉到任何事物的真实本性，因此，大多数人终其一生只是以混乱的方式进行知觉罢了。

74. 错误的第四个原因是，我们将我们的概念附于与事物并非准确对应的语词上。

最后，由于语言的使用，我们将我们的所有概念都附于用来表达它们的语词上；我们在记忆概念时，总是同时记忆与之对应的语

① 法文版此处的标题是：“第三个原因是，当我们的心灵要注意一切可判定的事物时，便会感到疲惫。”

词。后来，我们发现语词比事物更容易回想起来，因此我们很少有某个事物的概念可以分明到这样一个程度，以至于我们可以将这个事物与〈用来表达它的〉所有语词概念完全分开。几乎所有人的思想都更关注语词而不是事物，因此，人们常常对自己并不理解的语词表示赞同，因为他们自认为曾经理解过这些语词，或者认为是从正确理解这些语词的人那里学来的。虽然这里无法对这些问题做出准确的论述，因为人体的本性尚未得到解释，任何物体的存在也尚未得到证明，但以上所述似乎足以被人理解，以帮助区分清晰分明的概念和模糊混乱的概念。

75. 总结正确地做哲学所要遵守的规则。

因此，为了认真地做哲学，查明所有能被认识的事物的真相，我们首先必须抛弃一切偏见，或者说必须非常小心，在我们重新考察并确认其真实性之前，不要相信我们过去所接受的任何看法。其次，我们必须有序地注意我们心中的观念，只把我们以这种方式注意它们时清晰分明地认识到的那些事物认定为真的。在此过程中，我们首先会注意到我们的本性就在于思想，就此而言我们存在着；与此同时我们还将注意到，上帝存在着，我们依赖他，思考上帝的属性使我们能够考察其他事物的真实性，因为上帝是它们的原因。最后，我们将会看到，除了上帝的观念和我们心灵的观念，我们还知道许多永恒为真的命题，例如“不能无中生有”。我们还将发现，我们知道某种物质性的或有广延的东西，它可分、可移动，等等，还知道影响我们的某些感觉，例如疼痛、颜色、味道等感觉（尽管我们还不知道我们这样受影响的原因）。将所有这些知识与我们以前更为混乱的思想进行比较，我们就会习惯于对所有可以认识的事物形成清晰分明的概念。在我看来，最主要的人类认识原理就包含在这少数的几条里。

76. 必须把上帝的权威置于我们自己的知觉之前；但除了上帝的权威，哲学家应当只赞同他所知觉到的东西。

但最重要的是，我们必须牢记一条最高的〈不可能错的〉规则，即必须相信，上帝对我们启示的东西是所有事物中最确定的。虽然理性之光似乎非常清楚明白地向我们暗示了其他某种东西，但我们仍然必须只信任上帝的权威，而不是信任我们自己的判断。但在神圣的信仰没有教导我们的那些事情上，哲学家绝不应当把他从未通过认真考察而确立为真的事物当作真的来接受；他绝不应当信任感官，也就是说，信任他童年时期未经思考的判断而非成熟的理性。

第二部分

论物质事物的原理

De principiis rerum materialium

1. 我们为什么确定地知道物质事物的存在。

虽然没有人不确信物质事物存在着，但早些时候，我们对这种信念产生了怀疑，并将其视为我们童年时期的一种偏见，因此，现在我们有必要研究一下我们为什么确定地知道这一点。当然，〈我们内心中体验到〉我们感觉到的一切都无疑来自于某种与我们心灵相异的东西。因为我们无法使自己有这一种感觉而不是另一种感觉；这显然取决于那个影响我们感官的东西。当然，我们可以问，这个东西是上帝，还是某种与上帝不同的东西。但由于我们感觉到，或者更确切地说，由于感官使我们清晰分明地知觉到某种在长、宽、深上都有广延的物质，它的各个部分被赋予了各种形状，做着各种运动，也使我们有了颜色、气味、疼痛等各种感觉；如果上帝亲自把这种有广延的物质的观念直接呈现于我们的心灵，或者仅仅是让某种缺乏广延、形状和运动的东西去呈现，则我们想不出任何理由不把他当成一个骗子。因为我们清楚地知道，这种东西与上帝、我们自己以及我们的心灵完全不同；而且我们似乎清晰地看到，它的观念来自于某个存在于我们之外的、与之完全相似的事物。我们已经注意到，身为骗子是与上帝的本性完全不相容的。因此必须确定地得出结论说，存在着某种在长、宽、深上有广延的东西，它拥有我们清晰地知觉到属于广延物的所有属性。正是这种广延物，我们称之为“物体”或“物质实体”。

2. 我们为什么知道人体与心灵是紧密结合在一起的。

以同样的理由可以得出结论说，有一个特殊的身体比任何其他身体更紧密地与我们的心灵结合在一起。这显见于一个事实，即我们清楚地注意到，疼痛以及其他感觉会突如其来地降临到我们身上，而且心灵意识到，这些感觉并非仅仅来自于心灵，不可能仅仅因为心灵是一个思想的东西而属于心灵。毋宁说，它们之所以属于心灵，仅仅是因为心灵与另外某种有广延和可移动的东西即我们所谓的人体结合在一起。不过，我们这里不对这个问题做更详细的解释。

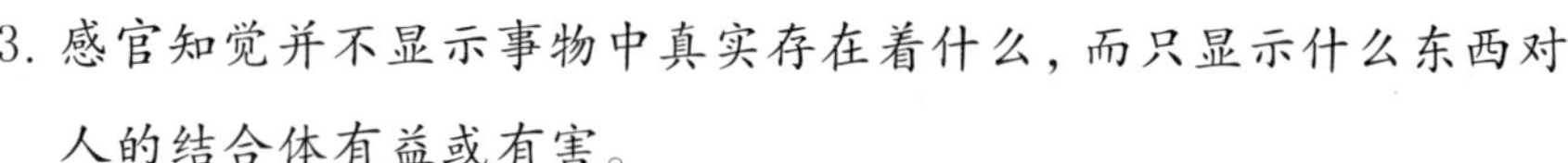

3. 感官知觉并不显示事物中真实存在着什么，而只显示什么东西对人的结合体有益或有害。

我们只需注意，感官知觉只属于人体与心灵的这个结合体。感官知觉通常会告诉我们，外界物体如何可能对这个结合体有益或有害，但除非是在偶然的情况下，它们不会告诉我们这些外界物体本身是什么样子。由此我们便很容易抛开〈只〉从感官中获得的偏见，这里只使用理智，专注于自然赋予它的那些观念。〈这些观念就像我们能够认识的那些真理的种子。〉

4. 物体的本性不在于重量、硬度、颜色等，而只在于广延。

如果这样做，我们就会发现，物质或者一般认为的物体的本性并不在于它是某种坚硬、沉重或有颜色的东西，也不在于它以任何方式影响感官，而仅仅在于它是某种在长、宽、深上有广延的东西。因为就硬度而言，我们的感觉仅仅告诉我们，当我们的手接触到坚硬的物体时，物体的各个部分会阻碍手的运动。此外，每当我们的手朝着某个方向运动时，如果存在在那里的所有物体都以和我们的手靠近的速度相同的速度后退，我们将〈肯定〉感觉不到任何硬度。但无论如何，这也不能理解为以此方式后退的物体会因此失去物体的本性，因此，物体的本性并不在于硬度。通过同样的推理可以表明，即使把重量、颜色以及物体中被感觉到的所有其他这种性质都从物体中移除，物体本身也会保持完整。因此，物体的本性并不依赖于任何这种性质，〈而仅仅在于它是一种有广延的东西〉。[①]

5. 关于稀化和虚空的偏见掩盖了这个〈关于〉物体本性〈的真理〉。

不过，仍然有两个可能的理由使我们怀疑，物体的真正本性是否只在于外延。第一个理由是，人们普遍认为，许多物体都可以被稀化和凝聚，而且稀化时会比凝聚时具有更多的广延。有些人是如此精细，以至于区分了物体的实体与物体的量〈或大小〉，以及物体的量与物体的广延。另一个理由是，如果我们认为某个处所只存在长、宽、深上的广延，那么我们通常并不会说那里有一个物体，而只说那里有一个空间，而且是一个空的空间；几乎每个人都相信那里是纯粹的无。

6. 稀化是如何发生的。

不过就稀化和凝聚而言，任何注意自己思想、只愿意承认自己清晰〈分明地〉知觉到的东西的人都会认为，在这些过程中只发生

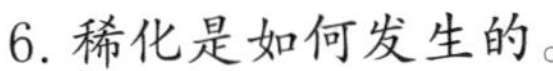

① 这里没有明确说明的一个重要考虑是，只有广延、形状和运动能被理智清晰分明地知觉到。它们也是唯一可以直接作几何表示的属性；参见第一部分，第 69 条。因此，只有这些性质才能产生关于物体的必然真理。

了形状的变化。也就是说，被稀化的物体就是其各个部分之间的许多间隙被其他物体填充的物体；它们变得更加致密，仅仅是因为其各个部分彼此靠近，减少或完全消除了这些间隙。如果后一种情况发生，则该物体会变得异常致密，以至于不可能变得更加致密。但是在这种情况下，物体的广延并不小于它因其各个部分的彼此分离而包含更大空间时的广延；因为无论其各个部分之间所留下的孔洞或间隙中包含着多少广延，都绝不能归于物体本身，而应归于填充这些间隙的任何其他物体。比如当我们看到一块海绵充满了水或其他液体时，我们并不认为就其本身的各个部分而言，会比被挤干时有更大的广延；而只是认为，它的孔洞张得更大，从而使之扩展到更大的空间。

7. 稀化没有其他可理解的解释方式。

我真不明白有些人为什么会宁愿说，稀化是通过量的增加而发生的，而不是用这个海绵的例子来解释它。虽然当空气或水被稀化时，我们看不到其孔洞变得更大，也看不到有任何新的物体过来填充它们；但想象某种无法理解的东西，以通过一种纯粹语词的方式〈貌似〉解释了稀化，肯定不如由物体变得稀薄这个事实推断说，物体中有变得更大的孔洞或间隙存在，而且有某个新的物体过来填充它们更为合理。虽然我们用感官可能知觉不到这个新的物体，但没有理由认为，所有存在的物体都必定影响我们的感官。此外我们觉察到，稀化很容易以这种方式而不是以任何其他方式发生〈和得到解释〉。最后，要让某个东西增加新的量或新的广延，同时没有新的广延实体即新的物体加给它，这显然是矛盾的。因为除非增加一个有量和广延的实体，否则任何广延或量上的增加都是不可理解的，这一点从以下内容可以看得更清楚。

8. 量[①]或数与有量或数的事物之间只有概念上的区别。

仅当涉及我们的概念时，量与广延实体之间才是有区别的，就像数与被计数的事物之间的区别一样。例如，我们可以考虑一个占据十英尺空间的物质实体的整个本性，而不考虑这个十英尺的度量；因为我们知道，该物体无论就各个部分还是就整体而言，其本性都完全相同。反之亦然，我们可以理解“十”这个数或者“十英尺”这个量，而不考虑那个特定的实体。因为无论是指这个十英尺的度量还是指任何其他东西，“十”这个数的概念都完全相同；至于十英尺这个连续量，虽然如果没有某个以它为量的广延实体[的概念]，便是不可理解的，但它却能独立于任何特定的物体而得以理解。然而实际上，如果不从实体中移除同样多的量，即使从这个量或广延中除去最小的一部分也是不可能的；反之亦然，如果不除去同样多的量或广延，也不可能从实体中移除最小的量。

9. 物质实体若与它的量〈或广延〉区别开来，会被混乱地构想为仿佛是非物质的。

即便有人对这一问题另有说辞，我也不认为他们能构想出有别于我方才所述的东西。当他们区分实体与广延或量时，他们要么根本不理解“实体”一词，要么对非物质实体有一种混乱的观念，误

① 这里笛卡尔所说的“量”是指“体积”或“广延”；参见第9条。

把非物质实体的本性归于物质实体。他们把真正的物质实体观念留给了广延，但却称广延为偶性。因此，他们用语词表达的东西和用心灵领会的东西是完全不同的。

10. 什么是空间或内部处所。[①]

空间或内部处所与其中包含的物质实体也并无区别，唯一的区别在于我们习惯于以何种方式来构想它们。因为事实上，构成空间的长、宽、深上的广延与构成物体的广延完全相同。区别在于：我们把物体中的广延看成特殊的东西，每当物体变化时，我们认为广延总在变化；但我们只把一种一般的统一性归于空间中的广延，以至于当占据这个空间的物体发生变化时，空间的广延不会被认为变化，而是被认为保持不变，只要它保持相同的大小和形状，并且在我们用来确定该空间的特定外部物体之中保持相同的位置。

11. 空间与物质实体实际上并无区别。

我们很容易认识到，构成物体本性的广延与构成空间本性的广延是完全相同的。两者之间的区别并不比属或种的本性与个体的本性之间的区别更大；如果我们认真注意我们对某个物体比如一块石头所具有的观念，并把我们所知道的对于物体的本性并非必要的所有东西都排除出去：则我们肯定会首先排除硬度，因为如果石头

① 笛卡尔所说的物体的“内部处所”（locus internus，internal place）是指该物体占据的体积，外部处所（locus externus，external place）则大致是指该物体相对于其他物体的位置，即包含该物体的外表面。

被熔化或碎成粉末，它将失去硬度，但并不因此就不再是物体；还可能排除颜色，因为我们常常看到有些石头非常透明以至于没有颜色；接下来，我们可能会排除重性，因为火虽然非常轻，但仍然被认为是物体；最后，我们排除冷、热以及所有其他这样的性质，它们要么被认为不总在石头中，要么石头并不因为它们发生变化而失去物体的本性。然后我们会注意到，除了〈我们清晰地知觉到〉石头是在长、宽、深上有广延的某种东西，石头的观念中没有任何东西留下来；同样的事实也包含在空间观念中，不仅有充满物体的空间，而且还有被称为虚空的空间。[①]

12. 空间与物质实体的区别在于构想它们的方式。

然而，我们构想空间和物质实体的方式有所不同。如果将一块石头从它所在的空间或处所移走，我们认为它的广延也被移走了，因为我们认为那个广延是某种特殊的、与石头不可分离的东西。但我们同时也认为，石头以前所在处所的广延仍然保持不变，尽管现在这个处所可能被木头、水、空气或其他某个物体所占据，甚至被认为是空的。因为在这种情况下，我们是以一般的方式来思考广延的，无论是石头、木头、水、空气或其他物体的广延，还是虚空（如果存在着这样一种东西的话）的广延，都被认为是相同的，只要它有相同的大小和形状，并且在确定这个空间的外部物体之中保持相同的位置。

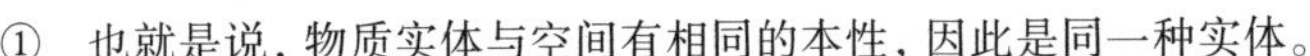

① 也就是说，物质实体与空间有相同的本性，因此是同一种实体。

13. 什么是外部处所。

显然，“处所”和“空间”这两个词的所指并非与据说在处所之中的物体相异，而仅仅是指该物体的大小、形状以及在其他物体之中的位置。事实上，为了确定这个位置，我们必须考虑其他一些被我们认为静止的物体；相对于我们考虑的不同物体，我们可以说，同一个事物同时既改变了处所又没有改变处所。比如一艘船开到海上，如果我们只注意船的各个部分，则可以说坐在船尾的人总是待在同一个处所中，因为他在船的各个部分之中保持着相同的位置；但如果我们注意邻近的海岸，则这个人又在不断改变自己的处所，因为他在不断远离一些海岸，靠近另一些海岸。此外，如果我们假定地球在运动〈并且绕轴自转〉，而且它自西向东的运动恰好等于在此期间船自东向西的运动，则我们又会说，坐在船尾的那个人并没有改变自己的处所，因为我们现在是通过假定天上的某些不动点来确定他的处所的。最后，如果我们认为宇宙中找不到这种真正不动的点（我们将在后面表明，这是有可能的），[①] 那么由此可以断言，任何事物都没有永久的〈固定的和确定的〉处所，除非其处所系由我们的思想所决定。

14. 处所与空间有哪些方面的区别。

“处所”与“空间”这两个词之所以有区别，是因为处所更明确地指出了位置而不是大小或形状，而当我们谈到空间时，我们更关

① 法文版的这句话是：“如果我们认为，不可能在整个宇宙中发现任何真正不动的点（读者们从接下来的内容可以得知，这是能被证明的）……”

注的是大小和形状。因为我们常说，一个事物占据了另一个事物的处所，尽管两者的大小或形状并不完全相同；但这时我们是在［隐含地］否认它占据了相同的空间。而当一个事物的位置发生改变时，我们总是说它的处所改变了，尽管大小和形状保持不变。因此，当我们说一个事物在某个处所中时，我们仅仅是指，它在其他事物之中占据着这样一个位置；但是当我们补充说它填满了这个空间或处所时，我们的意思是，它还具有这个空间的大小和形状。

15. 外部处所如何可以被正确地看成包围物体的表面。

于是，我们总是把空间看成长、宽、深上的广延。但是关于处所，我们有时认为它在该处所中的事物之内，有时认为在事物之外。事实上，内部处所和空间是完全一样的，但外部处所可以被看成直接包围该处所中事物的那个表面。应当注意的是，这里的“表面”并非是指那个包围物的任何部分，而仅仅是指包围物与被包围物之间的边界，它不过是一种样式罢了。或者更确切地说，我们所指的纯粹是共同的表面，它并非这个或那个物体的一部分，而是只要保持着相同的大小和形状，它总是被看成同一的。因为即使整个包围物连同其表面都发生了变化，我们也并不因此认为被包围物改变了它的处所，只要在此期间它在被认为不动的那些外部物体之中保持着相同的位置。例如，如果我们假设一条船被河水朝一个方向拖动，而被风以完全相等的力朝相反的方向吹动，以至于并不改变它在河岸之间的位置，那么任何人都很容易承认，尽管包围它的所有表面都发生了变化，但它仍然留在同一个处所中。

16. 若说存在着虚空或者其中绝对无物的东西，这是矛盾的。[①]

哲学意义上的虚空，即其中绝对没有任何实体的东西，是不可能存在的，这显见于一个事实，即空间或内部处所的广延与物体的广延之间并无区别。仅凭一个物体在长、宽、深上都有广延，就可以正确地断言它是一个实体，因为一个什么也不是的东西竟然有广延，这是完全矛盾的；对于一个被认为是空的空间也必须做出同样的断言，也就是说，既然其中有广延，则其中也一定有实体。[②]

17. 在通常的使用中，“虚空”这个词并不排除所有物体。

在通常的使用中，“虚空”〈或“空的”〉这个词往往并不是指一个绝对没有任何东西的处所或空间，而仅仅是指一个没有我们认为应该有的那些东西的处所。比如，一个用来盛水的水罐如果只充满空气，就叫作“空的”；一个鱼塘，即使里面盛满了水，但如果其中没有鱼，就叫作“空的”；一艘原计划载运商品的船，如果只装了沙子来抵御风浪吹袭，就叫作“空的”。同样，一个空间如果不包含任何可感知的事物，它就叫作“空的”，尽管其中充满了受造的、自存的物质；因为我们习惯于只思考那些被感官感知到的东西。但如果没有注意到“空的”和“无”这两个词应有的含义，我们就会认为，被我们称为空的空间中不仅不包含任何可感知的事物，而且绝对不

---

① 法文版的标题是：“按照那些哲学家对虚空的理解，根本不存在任何一种这样的虚空。”

② 也就是说，既然广延是一种属性，则它必定是某个实体的属性。参见第一部分，第11条。

包含任何事物；这种错误就像我们习惯于说，只包含空气的水罐是空的，由此判断水罐中所含的空气不是某种实体一样。[1]

18. 如何纠正我们对绝对虚空的偏见。

几乎所有人都在童年时期犯过这个错误，因为既然没有注意到容器和其中所包含的物体之间有什么必然联系，我们便认为至少没有什么东西可以阻止上帝移除装满容器的物体，并且阻止任何其他物体占据它的处所。但是为了纠正这个错误，我们应该考虑到，虽然容器与其中包含的那个特殊物体之间没有任何联系，但容器的凹陷与必定包含在这个凹陷中的一般意义上的广延之间却有一种非常强的完全必然的联系。事实上，对我们来说，设想一座没有山谷的山，就和脱离其中包含的广延来思考这个凹陷，或者离开有广延的实体来思考广延一样矛盾；因为正如我常常说的，无不可能具有任何广延。因此，如果有人问，倘若上帝移除容器里包含的每一个物体，而且不允许任何其他东西占据所移除物体的处所，那么将会发生什么，则回答必定是，如此一来，容器的各个面将彼此接触。因为当两个物体之间没有任何东西时，它们必然彼此接触。让它们相互隔开，或者彼此之间有一段距离，而这个距离又是无，这显然是矛盾的；因为任何距离都是广延的样式，因此如果脱离一个有广延的实体，距离就不可能存在。

① 这里笛卡尔更多将“空”理解为形容词，比如“这个水罐是空的”。但这一用法也存在偏差，因为“虚空”或“空”也可能具备“实体”意义上的用法，譬如“那里存在一片虚空”。

19. 这证实了我们关于稀化的说法。

于是我们注意到，物质实体的本性仅仅在于它是一个有广延的东西；它的广延与通常被归于空间（无论有多么空）的东西并无不同。由此我们很容易认识到，它的任何一部分都不可能在一个时刻比另一时刻占据更大的空间，因此，稀化只可能按照之前解释的那种方式发生。[①] 同样，一个容器装满铅、金或者任何其他极重、极硬的物体时，并不比它只包含空气并且被认为是空的时候有更多的物质或物质实体。这是因为，各个物质部分的量并不取决于它们的重量或硬度，而只取决于广延，这在给定的容器中总是相同的。

20. 这也表明原子是不可能存在的。

我们也知道，〈正如一些哲学家所设想的那样，〉原子，或者说依其本性而不可分的物质部分，是不可能存在的。因为如果原子存在，那么无论我们想象它们有多小，它们都必定有广延。因此，我们可以在思想中把每一个原子分成两个或多个更小的部分，从而认识到它们是可分的。因为但凡我们可以在思想中〈清晰分明地〉进行分割的东西，我们都会知道它是可分的；因此，如果我们判断它是不可分的，我们的判断就会与我们的知识相冲突。即使我们想象上帝愿意创造出某个无法被分成更小微粒的物质微粒，严格说来，这个微粒也不能被称为不可分的。因为即使认为上帝已经使任何造物都不能分割它，上帝也肯定不会使自己失去分割它的能力，因为正如上文所述，他减少自己的能力是绝对不可能的。因此，严格

---

① 参见第二部分，第 6 条。

说来，这个微粒将仍然是可分的，因为它依其本性就是如此。

21. 这也表明，世界的广延是无定限的。

此外我们还认识到，这个世界，或者说物质实体的总和，其广延没有界限。因为无论我们想象那些界限在哪里，总有一些无定限广延的空间在它们之外，我们不仅可以想象这些空间，而且可以知觉到它们是真正可想象的，即真实的。因此，这些空间包含着无定限延伸的物质实体。因为正如已经详细表明的那样，我们所设想的任何空间中的广延的观念与物质实体的观念是完全相同的。

22. 这也表明，天与地的物质是完全相同的；而且不可能有多个世界。[①]

由此也可以很容易得出结论，天与地的物质并无区别。即使有无限多个世界，它们也必定由同样的物质所构成；因此，事实上不可能有多个世界，而只可能有一个。因为我们清楚地知道，这种物质（其本性仅仅在于它是一种广延实体）已经占据了所有可以想象的空间，而其他那些世界必定位于其中。我们也无法在自己心中找到任何其他种类物质的观念。

23. 物质的所有变化，或者其形式的一切多样性，都取决于运动。

因此，存在于整个宇宙中的物质是完全相同的，所有物质都仅

① 这一主张非常重要且影响深远。由于所有物体都有相同的本性，所以它们必定遵守相同的自然法则。这与亚里士多德主义的观点形成了鲜明对比，后者认为，天与地的物质有种类的不同，因此分别适用不同的自然法则。

仅因为有广延而被认为是物质。此外，我们清晰地知觉到的其中的所有属性都可以归结为物质是可分的，以及物质的各个部分是可以运动的；因此，物质能够受到我们所知觉到的、源于其各个部分运动的所有影响。只在思想中〈对物质〉进行分割并不能改变物质，物质的所有变化或者其形式的所有多样性都取决于运动。哲学家们似乎已经广泛注意到了这一点，因为他们曾说，自然是运动和静止的本原。这里他们所谓的“自然”是指，所有物质事物成为我们所经验到的样子所凭借的东西。

24. 什么是通常意义上的运动。

所谓运动，就其通常含义而言，仅仅是某个物体从一个处所移到另一个处所的活动（我这里所谓的运动乃是指位置运动，因为我想不到还有其他种类的运动，因此我认为，不应设想事物的本性中还有其他种类的运动）。[①] 我在上面指出，同一个事物可以说同时既改变了处所又没有改变处所，因此也可以说既在运动又不在运动。比方说，一个人坐在一艘离开港口的船上，他可以认为自己相对于海岸在运动，而把海岸看成不动的；但他并不认为自己相对于船在运动，因为他的处所在船的各个部分之中一直保持不变。事实上，由于我们通常认为所有运动中都有活动，而静止就在于停止活动，所以那个坐在甲板上的人与其说在运动不如说是静止的，因为他本人并没有感觉到活动，〈也因为这是习惯用法〉。

① 参见第一部分，第 69 条。

25. 什么是严格意义上的运动。

但如果我们不是按照通常的用法，而是按照事物的真相来考虑运动是什么意思，从而赋予它一个确定的本性，则我们可以说，运动就是一个物质部分或一个物体从与之直接邻接并且被视为静止的那些物体附近转移到其他物体附近。所谓“一个物体”或“一个物质部分”，我指的是同时转移的任何东西，尽管它实际上可能由许多本身具有其他运动的部分所组成。我说运动是一种“转移”，而不说运动是引起转移的力或作用，以表明运动总在运动者中，而不在推动者中。这两者通常并没有得到足够仔细的区分；我想说明的是，运动者的运动，就像静止者的静止一样，仅仅是运动者的一种样式，它本身并不是某种自存的东西，[1] 就像形状仅仅是有形状事物的一种样式一样。

26. 运动所需的作用并不多于静止所需的作用。

应当指出，我们尤其受制于一种强烈的偏见，认为运动比静止需要更多的作用。我们之所以从小就深信这一点，是因为我们的身体通常是由我们的意志推动的，对此我们有内在的意识，而身体则仅仅因为被重量附于地球就能保持静止，而重力是我们感觉不到的。当我们试图移动四肢时，这个重量和我们〈通常〉注意不到的其他许多原因会产生阻碍，使我们感到疲累，因此我们认为，产生运动要比阻止它需要更大的作用或力；因为我们[误]把作用当成

① 笛卡尔在这里的部分目的在于否认中世纪冲力理论的一个版本。根据那种观点，抛射体的运动是通过假设有一种被称为“冲力”的实体从推动者转移到抛射体而得到解释的。

移动我们的四肢和用四肢来移动其他物体所需的努力。但如果我们认为，我们不仅需要努力来移动外部物体，而且当重力或其他原因未能阻止外部物体的运动时，常常需要努力来阻止它们的运动，我们就很容易摆脱这种〈错误的〉偏见。例如，使静止于静水中的船开始运动并不比当它运动时突然使之停下来需要更大的作用；如果说〈在这种情况下，经验向我们表明，使船停下来要比使它开始运动〉所需的作用小一点，那是因为我们必须考虑船在运动时所排开的水的重量和粘性，两者都可以使船逐渐停下来。

27. 运动和静止仅仅是运动物体所处于的不同样式。

这里我们并非在讨论被认为存在于产生运动或阻止运动的物体中的作用，而仅仅在讨论物体的转移，以及停止转移或静止。显然，这种转移不可能存在于被移动的物体之外，物体在被转移时和未被转移（或静止）时有不同的样式。因此，运动和静止仅仅是物体的两种不同的样式罢了。[1]

28. 严格意义上的运动只涉及与运动物体相邻的物体。

在我的定义中，我明确指出，转移是从与之相邻的那些物体附近到其他物体附近，而不是从一个处所到另一个处所。这是因为，如上所述，对于“处所”可以有不同的理解，这取决于我们的想法，正如上文所言。但如果我们把运动理解为从相邻物体附近发生的

---

① 笛卡尔在这里（以及第 25 条）的部分目的在于否认亚里士多德的观念，即有些物体天然倾向于运动，另一些物体天然倾向于静止。

转移，我们就不能在同一时刻赋予这个运动物体多个运动，而只能赋予一个运动；因为在同一时刻，只有一组物体能与这个运动物体相邻。[①]

29. 它只涉及那些被视为静止的相邻物体。

我进一步指出，转移并非从任何相邻物体附近发生，而是从被视为静止的那些物体附近发生。因为转移本身是相互的：我们不能设想，当物体 AB 从物体 CD 附近转移时，物体 CD 却没有同时从物体 AB 附近转移。双方所需的力和作用显然是完全一样的。因此，如果我们想赋予运动一种完全固有的本性而不参照其他任何事物，那么当两个相邻的物体沿相反的方向转移从而彼此分开时，我们会说，这两个物体有同样多的运动。但〈我承认〉这与我们通常的说话方式相差太大。因为我们身处地球上，并认为它是静止的；尽管我们可以看到，与其他较小物体相邻的地球的某些部分从这些物体附近被转移出去时，我们并不因此认为地球本身在运动。

30. 为什么使两个相邻物体彼此分开的运动应归于其中一个物体而不是另一个物体。

其主要原因在于，运动被认为属于整个运动物体。因此，我们不能因为地球的某些部分从较小的相邻物体附近转移，就认为整个地球在运动；因为我们常常可以注意到许多这样彼此相反的转移。例如，设物体 EFGH 为地球［见图 1］，如果在地球表面上，物体

① 关于这一点的更详细的解释，参见第 30、31 条。

AB 从 E 向 F 转移，同时物体 CD 从 H 向 G 转移，那么虽然与物体 AB 相邻的地球部分从 B 向 A 转移，而且产生这一转移的作用在地球的部分中相比于在物体 AB 中既不会更少，在本性上也完全相同，但我们并不因此而认识到，地球是从 B 向 A 运动或者自东向西运动的；[①] 考虑到与物体CD 相邻的那些地球部分正从C 向D 转移，根据同样的推理，我们也应当认识到，地球是朝另一个方向即自西向东运动的；而这两者是相互矛盾的。[②] 因此，为了避免与通常的说话方式偏离太远，这里我们不说地球在运动，而只说物体 AB 和 CD 在运动；在其他情况下也是类似。但与此同时，我们必须记住，运动物体中所有真实和积极的东西（正是由于这些东西，我们称它们在运动）亦见于与之相邻的其他物体，即使后者仅仅被视为静止。

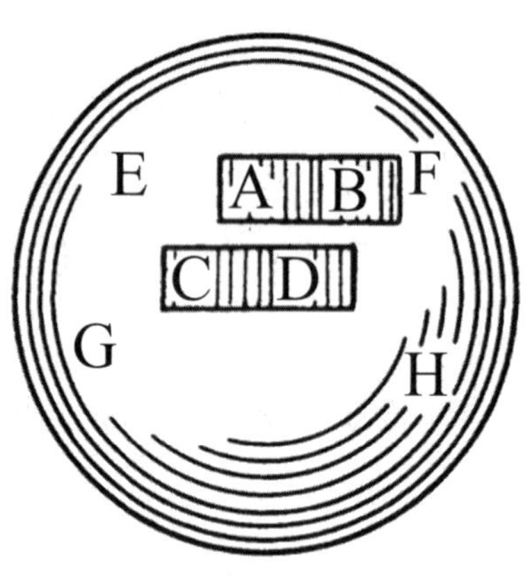

图 1

① 在这一条中，原文（无论拉丁文还是法文）把“东”和“西”弄反了。为了与图一致，这里做了修改。

② 矛盾之所以产生，仅仅是因为这两个运动被完全归于地球；相对于 AB，地球确实是自东向西运动的，如果认为 CD 静止，则地球和 AB 是自西向东运动的。法文版是：“……；这其中会有太多的混乱。”

31. 同一个物体如何可能有无数不同的运动。

每一个物体只有一种它所特有的运动，因为这种运动被理解为离开与之相邻并且被视为静止的那组物体。但如果它是做其他运动的其他物体的一部分，则它也可以参与无数其他运动。例如，在船上行走的人戴着一块表，虽然表轮只有一种固有运动，但表轮〈肯定〉也参与了这个正在行走的人的运动，因为它们与这个人组成了同一个物体，〈作为一个整体被转移〉；它们还将参与在大海上颠簸的船的运动，以及大海本身的运动，〈因为它们都沿海流而行〉；最后，如果〈我们认为〉整个地球在运动，那么〈由于它们与地球形成了同一个物体，〉它们还将参与地球的运动。所有这些运动都确实会存在于表轮中，但要同时认识〈表轮所参与的〉这么多运动是不容易的，我们也不可能认识所有这些运动。因此，我们只要考虑每一个物体中〈我们能够有所了解的〉特有的运动就够了。

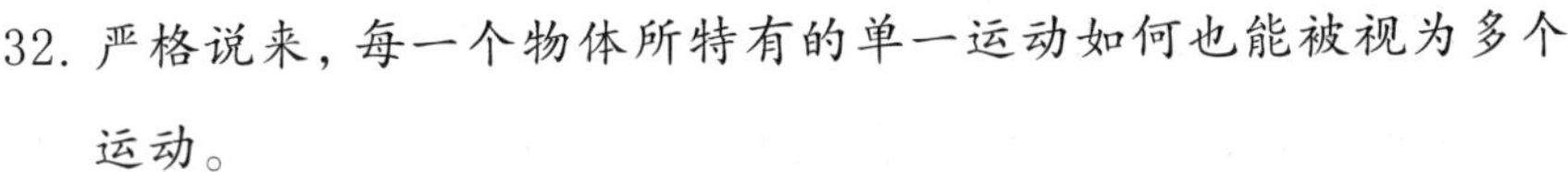

32. 严格说来，每一个物体所特有的单一运动如何也能被视为多个运动。

我们还可以认为，每一个物体所特有的单一运动等价于若干个〈分离的〉运动。例如，我们可以区分车轮的两个不同的运动：一个是围绕车轴的圆周运动，另一个是沿着道路的直线运动。但这两个运动并不因此而有实际区分，这显见于一个事实，即〈这些车轮和〉任何〈其他〉运动物体的每一个点都只描出一条线。这条线常常极为扭曲，以至于似乎是由许多不同的运动产生的，这并不重要；因为我们可以想象任何一条线，甚至是所有线中最简单的直线，都是由无数个不同的运动产生的。例如，如果线 AB 向线 CD 移动［见

图 2], 同时点 A 向点 B 移动, 则点 A 所描出的直线 AD 将依赖于从 A 到 B 和从 AB 到 CD 这两个直线运动, 就像车轮上的任一点所描出的曲线都依赖于直线运动和圆周运动一样。因此, 虽然为了更容易理解而用这种方式将一个运动分成若干个部分, 这往往也很有用, 但绝对地说, 对于任何一个物体, 我们只应考虑一个运动。

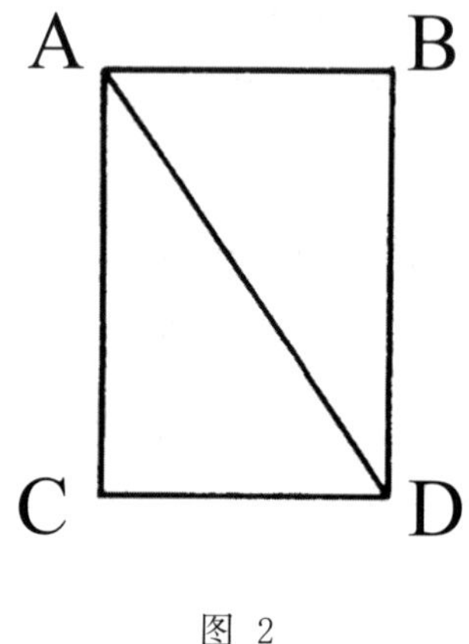

图 2

33. 如何在所有运动中都有完整的一圈物体在同时运动。

如前所述,[①] 每一个处所都充满了物体, 物质各个部分的大小总是与其处所的大小相应;〈因此, 它不可能填充一个更大或更小的处所, 也不可能在它仍然在那里时让任何其他物体占据它的处所〉。由此可知, 任何物体只有在〈完整的〉一圈〈物质, 或者同时一起运动的一圈物体〉中才能运动: 一个物体将另一个物体驱逐出它所进入的处所, 被驱逐的物体又驱逐另一个物体, 以此类推, 直到最后一个物体在第一个物体离开它的那一刻进入第一个物体所留下的

① 参见第 18、19 条。

处所。在一个完美的圆的情况下，我们很容易理解这一点，因为我们看到，不需要虚空，也不需要稀化或凝聚，就能使圆的 A 部分［见图 3］向 B 移动，只要 B 部分同时向 C 移动，C 向 D 移动，D 向 A 移动。但即使是一个不完美的圆，不管它有多么不规则，同样的东西也是可以理解的，只要我们注意到，处所的所有不均等如何能够通过〈各个部分〉速度相应的不均等得到补偿。例如，在没有任何凝聚或虚空的情况下，包含在空间 EFGH［见图 4］中的所有物质可

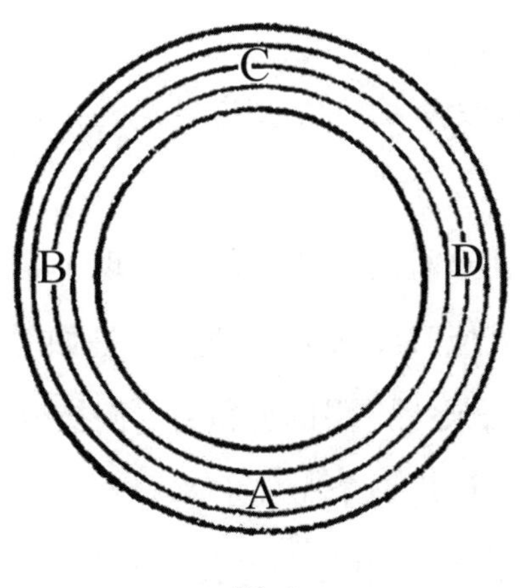

图 3

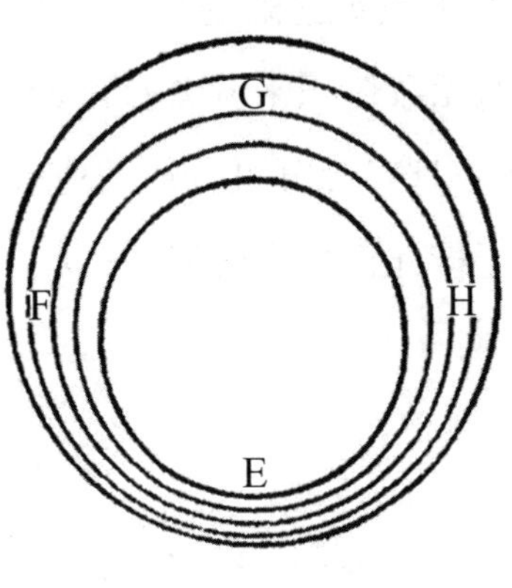

图 4

以沿着一个圆移动。E附近的部分可以朝着G移动，而G附近的部分可以同时朝着E移动，只要满足这样一个条件：如果假设G处的空间是E处空间的四倍宽，是F和H处空间的两倍宽，那么E处的运动速度也必须是G处运动速度的四倍大，是F或H处的两倍大；同样，在所有其他地方，运动速度也可以补偿处所的窄小。这样一来，在任何给定的时间里，经过圆的一个部分和另一个部分的物质的量将是相等的。

34. 由此可知，物质被分成的微粒其实是无定限的，尽管这是我们所无法理解的。

但必须承认，在这种运动中，我们发现了某种东西，我们的心灵知觉到它是真的，但又无法完全理解它是如何发生的，那就是对某些物质微粒的无限或无定限的分割；它们被分成了如此之多个部分，以至于无论我们设想一个微粒有多么小，都总能理解它又被实际分成其他更小的微粒。因为要想让现在填充G空间的物质陆续填充G与E之间经过无数级逐渐变小的所有空间，它的某些部分必须按照这些空间的无数体积来调整自己的形状。为了让这种情况发生，我们所能想象这一部分可分成的所有微粒（事实上是数不清的），都必须相对于彼此做微小的移动；无论这种移动多么微小，它仍是真实的分割。[①]

① 由于虚空不存在，所以各个物质部分只有改变它们的空间关系才能被分割；这也许会改变这样两个部分之间的距离，但并不是必需的。

35. 这种分割是如何发生的；它无疑发生了，即使我们无法理解它。

不过应当指出，这里我并没有谈论事情的全部，而只是谈论其中的一部分。虽然我们可以假设它在 G 处的两三个部分与 E 处的空间一样宽，而且还有其他几个更小的部分尚未分开；但我们仍然可以理解它们都朝着 E 做圆周运动，只要它们与其他微粒混合在一起，这些微粒以某种方式弯曲并且改变形状，以同它们相结合。现在，前一组微粒并不改变自己的形状，而只是根据它们〈在一定时间内〉所要占据的处所来调整其速度，而后一组微粒则正好填充了前一组微粒没有占据的所有角落。[①] 虽然我们在思想中无法理解这种无定限的分割是如何发生的，但我们不能因此而怀疑它的发生：因为我们清晰地知觉到，它必然出自于我们〈已有〉清楚认识的物质本性，而且我们还知觉到，它是我们有限的心灵所无法把握的一类事物。

36. 上帝是运动的首要原因；他总是维持着宇宙中相同的运动的量。

考察了运动的本性之后，我们必须思考运动的原因，它有两重：首先是普遍和首要的原因，它是世界上所有运动的一般原因；其次是特殊原因，正是凭借它，个体的物质部分获得了它以前没有的运动。就一般的〈和最初的〉原因而言，在我看来，这显然就是上帝自己。起初，他〈以他的全能〉创造了物质，以及物质的运动和静止；现在，仅仅通过他惯常的协同，他在总的物质中维持着他那时置于

① 笛卡尔在这里的主张仅仅是，虽然某些正在循环的物质部分可能是坚硬的，但至少有某些部分必须是流动的。

其中的同样的运动和静止的量。[①] 虽然运动只是运动物质的一种样式，但它有一个固定的和确定的量；我们很容易理解，这个量可以在整个宇宙中总是相同的，同时在个别部分中是变化的。因此，如果一个物质部分的运动是另一个两倍大的物质部分的两倍快，则我们必须认为，较小的部分与较大的部分有同样多的运动；一个部分的运动减慢多少，另一个相等大小的部分的运动就必须加快多少。我们也知道，神的完美性不仅在于他本身是不变的，还在于他以一种完全恒常不变的方式运作。因此，除了由明显的经验或上帝的启示所保证的那些变化，以及我们在造物主不变的情况下知觉到或者相信的那些变化，不应假设上帝的作品有任何其他变化，以免将某种易变性归于上帝。〈因为那些变化都是由上帝所揭示的，而我们正是凭借造物主的不变，才得以获致其本性。〉由此可知，上帝最初创造物质时曾以不同的方式推动物质的各个部分，现在他仍然按照最初创造它们时的同样方式（eodem modo）和同样方案（eadem ratione）[②] 维持着所有这些物质；单凭这一事实就可以非常合理地认为，上帝也总在物质中维持着相同的运动的量。[③]

---

① 这里需要注意的是，笛卡尔所说的"运动的量"并不是指动量，即质量乘以速度。毋宁说，他希望运动的量由大小（或体积）与速度的乘积给出。当然，这是因为他认为广延是物质的本质属性。因此，物体的行为应当完全由它们的广延、形状和运动（广延和运动是广延物的本质属性）来决定。

② 两个英译本分别把拉丁词"ratio"译成了"过程"（process）和"法则、定律"（law），似不太确切，这里把它译成"方案"（plan）。

③ 这一点虽然可能合乎理性，但显然推不出来。即使按照最宽容的解释，也只能推出某种东西的总量必须保持不变。后来，在守恒的究竟是运动的量还是我们现在所谓的能量这个问题上，笛卡尔的追随者与莱布尼茨的追随者展开了激烈的争论。事实上，如果把运动的量理解成动量，那么二者都是守恒的。

37. 自然的第一定律：每一个东西总是尽其所能地保持相同的状态；因此，它一旦运动起来，就总会继续运动。

由上帝的这种不变性，我们也可以得知自然的某些规则或定律，它们是我们在个体物体中注意到的各种运动的次要的和特殊的原因。这些定律中的第一条是，每一个东西，只要是简单和未分的，总是尽其所能地保持相同的状态，除非是由于外部原因，否则永远不会改变。因此，如果某个物质部分是正方形的，我们很容易确信它将永远保持正方形，除非有某个外来的东西改变了它的形状；如果它是静止的，我们认为它永远不会开始运动，除非是被某个外部的原因驱使；如果它在运动，也没有任何重要的理由认为，它会在没有任何其他东西阻碍的情况下自动停止这个运动。因此，我们必须得出结论说，运动的东西总是尽其所能地继续运动。但由于我们生活在地球上，地球的组成使得在它附近发生的所有运动都很快会停止（往往是由于我们感官无法察觉的原因），因此我们从小就常常断定，这些由于我们所不知道的原因而停止的运动是自动停止的。我们倾向于相信，我们在许多情况下似乎经验到的东西在所有情况下都成立，也就是说，运动依其本性就会停止或趋于静止。当然，这〈是一种错误的偏见，它〉完全违背了自然定律；因为静止是运动的对立面，任何东西都不能依其固有的本性而趋于它的对立面，或者趋于自己的毁灭。

38. 抛射体的运动。〈为什么抛出去的物体离开手之后会继续运动。〉

事实上，我们关于抛射体的日常经验完全确证了我们这〈第一〉

条规则。因为除了〈按照自然定律，〉运动起来的东西会继续运动，直到被撞上的物体所减速，没有其他理由可以解释为什么抛射体离开抛掷的手之后会继续运动一段时间。显然，抛射物往往会被它们所穿过的空气或其他某种流体逐渐减速，因此它们的运动不能持续很长时间。事实上，我们可以用自己的触觉来证实空气会阻碍其他物体的运动，比如用扇子拍打空气；鸟的飞翔也可以确证这一点。[①]此外，〈地球上的〉任何其他流体对抛射体运动的阻碍要比空气更明显。

39. 自然的第二定律：所有运动本身都是直线的；因此，任何做圆周运动的物体总是倾向于远离它所描出的圆的中心。[②]

第二条定律是，任何物质部分就其本身来看总是倾向于只沿直线继续运动，而不是沿任何曲线继续运动；尽管许多物质部分常常因为撞上其他物质部分而被迫偏转，而且如前所述，[③]在任何运动中，所有物质同时运动总会以某种方式形成一个圆。这条规则的原因和前一条规则的原因是一样的，即上帝用来维持物质中的运动的操作是不变的和简单的。因为他并非将运动维持在曾经所是的状态，而是精确地维持在他所维持那一刻的样子。虽然在一个瞬间里没有运动发生，但是显然，每一个运动物体只要还在运动，那么

① 大概是因为，如果空气不阻碍鸟翼的运动，鸟会落到地上。法文版略去了这句话。

② 前一定律，连同这条定律的第一部分，一般被视为对后来牛顿惯性定律的最初表述。然而，牛顿的观点与笛卡尔的观点有显著的不同。牛顿认为运动和静止只有定量的差异，而笛卡尔则认为它们是对立面或相反的状态。参见第 44、49、50 条。

③ 第 33 条。

在任一给定的瞬间，它都会倾向于朝某个方向沿直线继续运动，而绝不会沿曲线运动。例如[见图 5]，吊索 EA 中的石头 A 沿着圆 ABF 旋转，当它在 A 点时，它倾向于沿着圆的切线 AC 向 C 移动。我们无法设想石头倾向于做任何曲线运动：因为虽然它之前是沿着曲线从 L 到 A 的，但是当它在 A 点时，不能认为这种曲线运动仍然在它之中。此外，这也得到了经验的确证，因为如果石头此时离开吊索，它将继续向 C 运动，而不是向 B 运动。由此可知，任何做圆周运动的物体都总是倾向于远离它所描出的圆的中心。事实上，当我们用吊索转动石头时，我们的手甚至能感觉到这一点，〈因为石头拉伸绳子，试图沿直线远离我们的手〉。这一考量〈非常重要，而且〉接下来将被频繁使用，这里必须用心注意，稍后我将更详细地解释它。

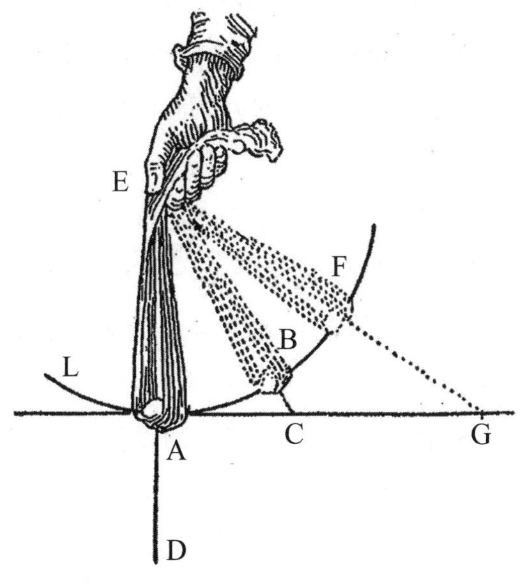

图 5

40. 第三定律：当一个物体撞上另一个更强的物体时，它不会失去任何运动；而当它撞上一个更弱的物体时，它失去的运动将同转移给那个更弱物体的一样多。

自然的第三定律是这样的：当一个运动物体撞上另一个物体时，如果它沿直线继续运动的力小于另一个物体对它的抵抗，则它将转到另一个方向，保持其运动的量，只改变运动的方向；但如果它继续运动的力大于另一个物体的抵抗，则它将和另一个物体一起运动，失去的运动的量等于它给予另一个物体的运动的量。因此我们经验到，当一个坚硬的抛射体撞上另一个坚硬的物体时，它们并没有因此而停止运动，而是沿相反的方向反弹；而当它们撞上一个柔软的物体时，它们会立即停下来，因为它们很容易将所有运动都转移给柔软的物体。物体发生变化的所有特殊原因都包含在这个第三定律中，至少是那些本身是物理的原因；因为我们这里并不是在探究人的心灵或天使的心灵可能拥有什么样的力去推动物体，而是把这个问题留待〈我希望撰写的〉一部关于人的论著去探讨。[①]

41. 对这条规则第一部分的证明。

这条定律的第一部分是由这样一个事实证明的，即运动就其本身来看〈一个物体的运动〉与它沿某一方向的运动倾向（determinationem）之间是有区别的；这种区别使以下情况有可能发生，即它的运动倾向发生改变，而运动的量保持不变。因为如上所

① 这部著作原计划作为《哲学原理》的第六部分（参见第四部分，第188条），但从未写出来。不要将它与笛卡尔1633年编写的著作《论人》（*Traité de l' Homme*）相混淆。

述，每一个像运动这样简单而非复合的事物，只要不被外部原因所摧毁，就总会继续存在〈它本身存在，而不是相对于其他事物存在〉。如果一个物体撞上一个坚硬的物体，那么显然有原因使它的运动沿同一方向的运动倾向无法得到保持，〈即物体的抵抗使它偏离了路径〉；但它的运动本身没有理由消失或减小，〈因为它的运动不会被另一个物体或其他任何原因所消减，而且〉因为运动不是运动的对立面。由此可知，这个运动绝不会减小。

42. 对这条规则第二部分的证明。

这条定律的第二部分是由上帝运作的不变性得到证明的，通过这种运作，上帝以一种与最初创造世界时相同的作用而使世界不断得到维持。由于整个空间都充满了物体，而且每一个物体的运动都倾向于沿直线进行，因此很明显，上帝最初创造世界时，不仅以各种方式推动世界的各个部分，还同时使其中一些部分推动另一些部分，并把它们的运动转移给后者。于是，既然上帝通过与他创造世界时相同的作用和定律来维持世界，所以他所维持的运动并非永久地固定在相同的物质部分中，而是在碰撞发生时从一些部分转移给另一些部分。因此，受造物的这种不断变化就是上帝不变性的证据。[①]

43. 每一物体中用以作用于或抵抗其他物体的力是什么。

这里我们必须小心地注意到，每一个物体作用于或抵抗另一个物体作用的力是什么。它仅在于这样一个事实，即每一个事物都会

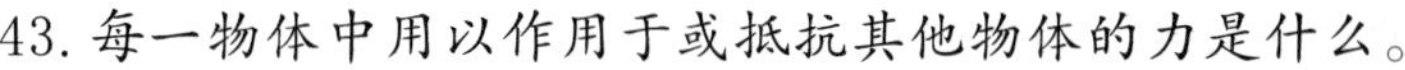

① 法文版的这句话是："……绝非与上帝的不变性不相容，甚至可以作为确立它的证据。"这犯了肯定后件或循环论证的逻辑谬误。

像上述第一定律所规定的那样，倾向于尽其所能保持在相同的状态中。由此可知，一个与另一个事物相连的事物具有某种抵抗与之分离的力，而一个分离的事物则具有某种保持分离的力；静止的事物具有某种保持静止，因而抵抗任何可能改变它的事物的力；运动的事物具有某种力来保持其运动，即继续以相同的速度、沿着相同的方向运动。此外，对这种力的估算不仅依赖于相关物体的大小以及将它与其他物体分开的表面的大小，而且依赖于运动的速度和本性以及不同物体彼此碰撞的各种方式。

44. 运动的对立面不是运动，而是静止；运动沿某一方向的运动倾向的对立面是它沿相反方向的运动倾向。

还应注意，一个运动与另一个速度相等的运动绝不是对立的。严格说来，这里只有两种对立：一种是运动与静止的对立，甚或是运动的快与慢之间的对立（也就是说，就这种慢分有了静止的本性而言）；另一种是沿某一方向的运动倾向与沿这个方向撞上另一个静止或者以其他方式运动的物体之间的对立，这种对立的大小取决于物体撞上另一个物体时的运动方向。[①]

45. 如何确定某个物体因为与其他物体碰撞而改变了多少运动；这可以通过以下规则来进行。

为了能够据此确定，个体物体如何因为与其他物体碰撞而增加

① 这里的主张是，一个物体有两种不同的倾向：一种是倾向于抵抗从运动变成静止或者从静止变成运动；另一种是倾向于沿某一方向继续运动。在笛卡尔看来，后一倾向比前一倾向弱得多；这是另一个严重的错误来源。

或减少其运动或转到其他方向，我们只需计算每一个物体中有多大的力可以产生运动或抵抗运动，并把较强的东西总会产生其结果当作可靠的原则确立下来。[①] 如果只有两个物体相撞，它们都完全坚硬（durus），[②] 并且远离所有其他物体〈无论是坚硬的还是流动的〉，以至于没有任何其他周围的物体会抵抗或帮助它们的运动，那么我们的计算会很容易；这样一来，它们会遵守以下规则。[③]

46. 第一条规则。

首先，如果这两个物体，例如B和C［见图6］，[④] 大小完全相等，并且以相同的速度[⑤] 运动，B从右向左沿直线运动，C从左向右沿直线向B运动；则当它们相撞时，它们会弹回，然后继续运动，B向右、C向左，而不会失去任何速度。[⑥]〈因为在这种情况下，没有

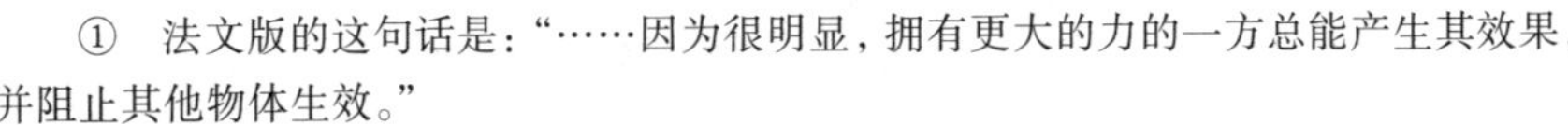

① 法文版的这句话是："……因为很明显，拥有更大的力的一方总能产生其效果，并阻止其他物体生效。"

② 拉丁词 durus 的意思是"坚硬的""坚固的"，英译者认为或许可理解为完全弹性碰撞意义上的"弹性"。当然，笛卡尔只是假定了完全坚硬物体之间理论上的碰撞法则，并不涉及现代物理学意义上的弹性概念。

③ 笛卡尔计算物体碰撞后的速度和方向的七条规则涵盖了七种理想情况，分别是：(1) 两个大小和速度均相等的物体迎面相撞；(2) 与情况 (1) 相同，但其中一个物体较大；(3) 与情况 (1) 相同，但其中一个物体运动较快；(4) 一个物体静止且较大；(5) 一个物体静止且较小；(6) 一个物体静止且两个物体大小相等；(7) 两个物体沿同一方向运动时发生碰撞。所有这七条规则中的计算都预设了"运动的量"（以大小［广延］与速度的乘积来度量）是守恒的。

④ 第 46-52 条均参见图 6。

⑤ 按照现代物理学对"速度"（既有大小、又有方向）和"速率"（只有大小、没有方向）的区分，这里本应译成"速率"，但由于笛卡尔并未做这种区分，而且为了阅读的顺畅，本书在按照现代理解该译成"速率"的地方均译成"速度"，不再加以区分。

⑥ 如果假定质量相等，那么这个结果是正确的。事实上，当两个质量相等的弹性物体沿直线碰撞时，它们会交换速度和方向。

任何理由可以减少它们的速度，但有一个非常明显的理由必定迫使它们弹回；而且因为这种理由在每一个物体那里都相等，所以它们会以相同的方式弹回。〉

图 6

47. 第二条规则。

第二，如果 B 比 C 略大，其他一切都如前所述，那么只有 C 会弹回，而且两者都会以同样的速度向左运动。[①]〈由于 B 比 C 有更大的力，所以 C 不能迫使 B 弹回〉。

48. 第三条规则。

第三，如果两个物体大小相等，但 B 运动得比 C 略快，则它们碰撞后，不仅〈只有 C 会弹回，且〉两个物体都会向左继续运动，而

① 由于假设大小与质量成正比，这个结果是不正确的。实际结果完全取决于两个质量之比。但一般来说，B 将失去速度，可能会弹回或停下来；而 C 将改变方向并获得速度。笛卡尔所描述的结果永远不会发生，无论 B 的质量与 C 的质量之比如何。例如，如果 B 的质量是 C 的两倍，而且每一个都以 1.5 的速度移动，那么实际上两者都会改变方向。随后 B 的速度将为 0.5，C 则以 2.5 的速度沿相反方向运动。此外，规则二似乎意味着，B 和 C 随后的速度必定与其初始速度相同，否则运动会被获得或失去。这是对笛卡尔观点的一个显著例证，即改变方向要比改变运动容易得多，因为 B 使 C 的运动方向发生了反转而自身不受任何影响。

且B比C多出来的速度的一半会从B转移到C，〈因为B运动得不可能比C快，C将在B之前〉。例如，如果B最初以6度的速度[向左]运动，而C仅以4度的速度[向右]运动，则〈B将向C转移它多出来的2度速度中的1度，并且〉两者随后将以5度的速度向左运动。[①]〈之所以会发生这种情况，是因为B把它多出来的1度速度转移给C，要比C改变B中所有运动的走向容易得多。〉[②]

49. 第四条规则。[③]

如果物体C完全处于静止，〈也就是说，如果它没有明显的运动，而且不被空气或任何其他流体所包围(正如我所要表明的，这将使浸入这种流体中的坚硬物体非常容易运动)〉并且略大于物体B,那么无论B向C运动的速度有多大,都不可能〈有力〉使C运动，而会沿相反方向被C弹回。这是因为〈要使B推动C，C必须被推动得与B随后的运动一样快，而且〉与较小的速度相比，静止的物体更能抵抗较大的速度，抵抗程度正比于两者速度之差；[④]因此，C抵抗B的力总是要大于B推动C的力。〈因为C更大。例如，如果B的大小是C的一半，并且以3度的速度运动，那么如果B不能把它三分之二的运动的量转移给C,也就是给C的每一半各三分之一，

① 这个结论也是错误的。参见前一条注释。

② 这大概是为了作为第三定律的必然推论；但由于第三定律没有给出力的定量定义，所以这里的结论是没有根据的。

③ 这条规则和接下来的一条规则说明了笛卡尔的观点，即运动和静止是对立的或相反的状态，以及对运动的抵抗完全取决于相对大小。除了必须守恒，运动的量不起任何作用。

④ 即使如此，也显然得不出抵抗会大于B的能力。

再给自己留 1 度速度，那么 B 就不能推动 C；这是因为 B 只有 C 的一半大，而且不会比它前面的 C 更快地沿同一方向运动。同样，如果 B 有 30 度速度，则它必须把 20 度速度转移给 C；如果 B 有 300 度速度，则它必须把 200 度速度转移给 C，以此类推。但由于 C 是静止的，它对接受 20 度速度的抵抗将是接受 2 度速度的 10 倍，以此类推。因此，B 的速度越大，C 的抵抗越是成比例地增加。由于 C 的每一半保持静止的力与 B 推动它的力一样大，而且这两半在同时抵抗 B，所以它们显然会成功地迫使 B 弹回。因此，无论 B 以多大速度向 C 运动，都不可能具有使 C 运动的力。〉

50. 第五条规则。

第五，如果物体 C 静止并且〈甚至非常略微地〉小于 B，那么无论 B 向 C 运动得有多慢，它都会与 C 一起运动，也就是说，它转移给 C 的那部分运动将使两者随后以相同的速度运动。[①] 因此，如果 B 是 C 的两倍大，则它将〈只〉把其运动的量的三分之一转移给 C；因为那三分之一使物体 C 移动的速度将等于其余三分之二使〈我们假设〉是 C 的两倍大的物体 B 移动的速度。因此，B 与 C 碰撞之后，它的速度将会减小三分之一；也就是说，B 那时移动两英尺的距离所需的时间将与之前移动三英尺所需的时间一样多。同样，如果 B

① 这条规则似乎仅仅是前一条的反面。然而，这对规则与笛卡尔的运动相对性原理严重冲突。因为根据假设，除了所涉及的 B 和 C，不存在“直接相邻的物体”；这两条规则中描述的前件是相同的；仅仅依赖于 B 或 C 是否被视为静止。（事实上，规则二中描述的条件也应当构成对同一情形的正确描述。）因此，每一种情况下的结果应该是相同的。

是 C 的三倍大，则它将把其运动的四分之一转移给 C；以此类推。〈而且 B 的力永远也不可能小到推不动 C；因为较弱的运动必然遵守与较强的运动相同的定律，而且必然按照比例产生相同［类型的］结果。虽然我们常常认为自己在地球上看到的是相反的情况，但这是因为空气和其他流体总是包围着坚硬的运动物体，正如我们稍后会看到的那样，这可能大大增加或减小它们的速度。〉

51. 第六条规则。

第六，如果物体 C 静止，其大小与向它运动的物体 B 完全相等，那么 C 必然会在部分程度上被 B 推动，也必然会在部分程度上使 B 沿相反方向弹回。因此，如果 B 以 4 度的速度向 C 运动，则它将〈不得不〉把 1 度的速度传给 C，并以其余的 3 度速度沿相反方向弹回。[①]〈因为情况必须是：要么 B 推动 C 而不弹回，从而将它的 2 度速度转移给 C；要么 B 弹回而未推动 C，因而既保留了上述的 2 度速度，也保留了另外 2 度未能被 C 取走的速度；要么 B 弹回，保留［另外的］2 度速度的一部分，同时用这 2 度速度剩下的部分推动 C。由于 B 与 C 是相等的，因此 B 弹回的理由并不比推动 C 更充分；显然，这两种结果必定是均分的：即 B 必然转移这些速度中的 1 度，同时保留其余的 3 度而弹回。〉

① 这条规则似乎是前两条规则结合的结果。由于 C 既不大于也不小于 B，所以 C 既有某种倾向表现得好像要小于 B，即两者以 2 度的速度一起运动（规则五），又有同样的倾向表现得好像要大于 B，因此得不到任何速度（规则四）。取这两种倾向的平均值便给出了结果。

52. 第七条规则。

最后，如果B和C沿同一个方向运动，C比B慢，因此B（它将跟随C）最终会撞到C；而且如果C比B大，但B的速度超出C的速度甚于C的大小超出B的大小，那么B转移给C的速度将使它们随后能以相同的速度和方向运动。但反过来，如果B的速度超出C的速度小于C的大小超出B的大小，则B将沿相反方向弹回，并保持其所有运动。[①]〈最后，当C的大小超出B的大小恰好等于B的速度超出C的速度时，B必须将它的一部分运动转移给C，并以其余的运动弹回。〉[②]对这种超出的计算如下：如果C是B的两倍大，并且B的运动速度小于C的两倍，则B不会推动C，而会沿相反的方向弹回；但如果B的运动速度大于C的两倍，则它将推动C一起以相同的速度运动。因此，如果C只有2度的速度，而B有5度，则必定从B中取走2度的速度，速度一旦转移给C，就只能形成1度，因为C是B的两倍大。结果，B和C两个物体随后各自以3度的速度运动；依此类推。这些事情不需要证明，因为它们本身是显而易见的。〈对这一点的证明是如此确定，以至于即使经验向我们显示了相反的结果，我们也仍然应该更信任我们的理性，而不是我们的感官。〉

53. 这些规则很难运用，因为每一个物体都同时与许多物体接触。

〈事实上，经验似乎常常与我刚才解释的那些规则相冲突，但

① 这两条规则似乎分别是对规则五和规则四的推广。

② 和规则六一样，这条规则似乎也是对之前两种情况的结合。

其原因是显而易见的。〉由于世界上没有任何物体能与所有其他物体如此分离，而且我们周围的物体通常也不是完全坚硬的。[①] 因此，通过计算来确定某一物体因为与其他物体碰撞而改变多少运动要困难得多。〈因此，为了判断上述规则在这里是否得到遵守，仅仅知道两个物体碰撞时如何相互作用是不够的。〉我们必须同时考虑从各侧与相关物体邻接并影响其运动的所有其他物体，根据后者是坚硬的或流动的，其影响也会有很大的不同。我们现在就来探究这种区别是什么。

54. 什么是坚硬的物体，什么是流动的物体。

当然，从我们感官的证据来看，〈因为这些性质属于感官的领域〉，我们认识到这种区别仅仅在于，流动物体的各个部分很容易离开它们的处所，因此并不抵抗我们的手朝着这些处所运动；而坚硬物体的各个部分则相互内聚，如果没有足够的［外部］力量来克服它们的内聚，就无法把它们分开。如果进而研究为什么有些物体会轻易把自己的处所让给其他物体，而另一些物体却不会，我们很容易注意到，那些已经在运动的物体并不阻止它们自愿离开的处所被其他物体占据；而那些静止的物体，如果没有某种〈来自外部的、产生变化的〉力量，就不能被逐出它们的处所。由此可知，当一个物体被分成许多微小的部分，而每个部分彼此之间都以不同的方式

① 法文版的这句话为："因为它预设了 B 和 C 两个物体是完全坚硬的，且与其他物体如此分离，以至于它们周围没有任何物体能帮助或阻碍其运动；我们绝不可能在世界上看到这样的情况。"

各自运动，它就是流动的；当一个物体的所有部分都相互接触，而并不做彼此分离的运动时，它就是坚硬的。

55. 除了它们〈相对于彼此〉的静止，没有其他粘合剂能把坚硬物体的各个部分粘合在一起。

我们肯定想不出有某种粘合剂能比它们自身的静止把坚硬物体的微粒粘合得更牢固。因为这种粘合剂会是什么呢？它不可能是一种实体，因为没有理由认为，相比于自身粘合在一起，这些本身就是实体的微粒会被另一种实体更好地粘合起来；[①] 它也不可能是某种与静止不同的样式，因为没有其他样式会比这些微粒的静止更与这种分离它们的运动相反。[②] 但除了实体及其样式，我们不知道还有其他种类的事物。[③]

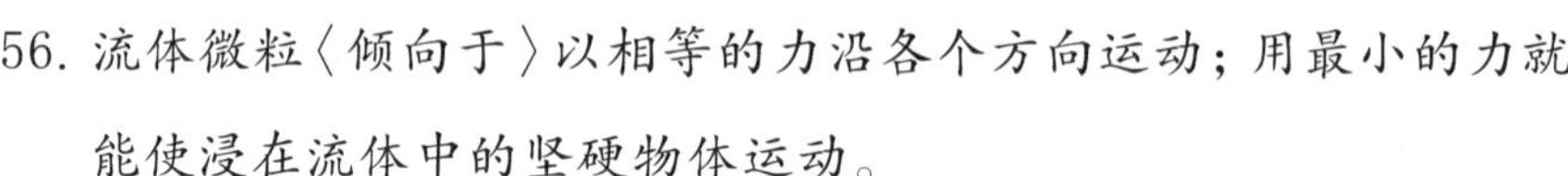

56. 流体微粒〈倾向于〉以相等的力沿各个方向运动；用最小的力就能使浸在流体中的坚硬物体运动。

然而就流体而言，即使我们无法通过感官注意到其微粒在运动，因为它们太小，但这种运动很容易从结果推断出来，特别是在空气和水的情况下，因为空气和水腐坏了其他许多物体；没有〈流

---

① 大概是因为，粘合物的坚硬性本身也需要解释。

② 法文版的这句话为："因为除了这些部分的静止之外，再没有比与能将它们分离的运动更加对立的性质（qualité）了。"另外在本条目中，法文版使用的都是"性质"，而不是"样式"。

③ 当然，这并非对坚硬性的解释，而只是描述了坚硬物体的各个部分之间不相对移动这一事实。

体微粒〉[相对于彼此的]位置运动，就不会有物体的作用发生——腐坏就是这样一种作用。这些运动的原因将于稍后指出。[①]然而，这里有一个困难，因为这些流体微粒不可能同时沿每一个方向运动；要使它们不阻碍来自任何方向的物体的运动，这似乎是必需的。我们的确看到，它们并不阻碍物体的运动。例如[见图7]，如果坚硬物体B向C运动，[②]而(位于B与C之间的)流体D的某些部分沿相反方向从C向B运动；这些不会帮助B的运动，反倒会比它们完全静止时更阻碍B的运动。为了解决这一困难，我们必须记住，如前所述，运动的对立面不是运动，而是静止；运动沿某一方向的运动倾向的对立面是它沿相反方向的运动倾向。此外，[我们必须记住，]所有运动物体都总是倾向于沿直线继续运动。由此可以清楚地看出：首先，坚硬物体B静止时通过静止，要比它运动时通过运动，更能抵抗整体来看的流体D的微粒的运动；其次，就运动倾向而言，事实上，从C运动到B的D微粒数目与沿相反方向从B运动到C的一样多：因为从C来的相同微粒撞击物体B的表面，然后被推回C。虽然在单独考虑的情况下，其中一些微粒会撞击B并将它推向F，从而比它们静止时更严重地阻碍B向C运动，但同样数目的微粒也从F向B运动，并把B推向C。结果是，B在一个方向上并不比在另一个方向上受到更多推动，因此会保持静止，除非有其他东西靠近。无论我们假设B是什么形状，它总是由来自一个方

① 参见第三部分，第49-51条。

② 第56-60条均参见图7。

向和来自另一个方向的完全相同数目的流体微粒所推动，[①]只要该流体本身在某一方向上的运动并不比在其他方向上更多〈就像河流的运动那样〉。我们还必须假设,B 的各个侧面都被流体 DF 所包围；如果 F 处的流体碰巧没有 D 处那么多，这并不重要，因为流体并非整个作用于 B，而只是以它与 B 的表面相接触的那些部分作用于 B。然而到目前为止，我们一直认为 B 是静止的；如果我们现在假设它被某个来自于其他地方的力推向 C，那么这个力，无论多么小，都足以使 B 运动，不过不是凭借它本身使 B 运动，而是与流体 FD 的微粒［的力］结合起来把 B 推向 C，并把它们的一些运动转移给 B。

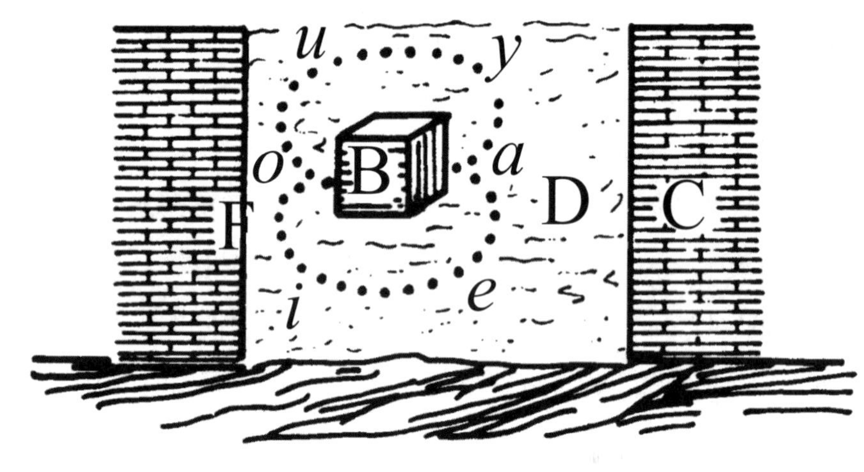

图 7

57. 对这一点的证明。

为了更清楚地理解这一点，让我们首先假设，坚硬物体 B 尚未

① 这里想必是要声称，使物体趋于一个方向的微粒的力等于使物体趋于相反方向的微粒的力。除非物体的表面积在所有方向上都相等，否则微粒的数目是不等的。

在流体 FD 中，但该流体的微粒 *aeioa* 排列成一个环形，正按照字母 *aei* 的顺序做圆周运动；而其他微粒 *ouyao* 则以同样的方式按照字母 *ouy* 的顺序做圆周运动。因为正如刚才所说的，要使某个物体成为流动的，它的微粒必须以许多〈不同的〉方式运动。如果这个坚硬的物体 B 静止于流体 FD 的 *a* 和 *o* 之间，那么会发生什么？微粒 *aeio* 从 *o* 向 *a* 转圈的运动一定会被 B 阻碍；同样，微粒 *ouya* 从 *a* 继续向 *o* 的运动也会被阻碍。从 *i* 向 *o* 运动的微粒会把 B 推向 C，而从 *y* 向 *a* 运动的微粒则会同等地把 B 推向 F。结果，单单是这些微粒本身将没有力量推动 B，而会从 *o* 转向 *u*，以及从 *a* 转向 *e*；两者将按照字母 *aeiouya* 的顺序形成一个循环。因此，与物体 B 的碰撞绝不会影响这些微粒的运动［的量］，而只会改变它们的运动倾向，使它们不会像没有撞到 B 一样沿直线或者非常接近直线的线运动。最后，如果有某个外力介入，把 B 推向 C，那么这个力无论有多么微小，一旦与从 *i* 到 *o* 的流体微粒把 B 推向 C 的力结合在一起，都将克服从 *y* 到 *a* 的流体微粒沿相反方向将 B 推回去的力，因此足以改变它们的运动倾向，使之沿字母 *ayuo* 的顺序移动直到不阻碍物体 B 的运动。这是因为，当两个物体沿着完全相反的方向运动时，有较大的力的物体必定会改变另一个物体的运动倾向。此外，我在这里就微粒 *aeiouy* 所说的话，也适用于流体 FD 的所有其他撞击 B 的微粒：把 B 推向 C 的那些微粒，对抗着同样数目的沿相反方向推动 B 的其他微粒；即使是一个非常微小的力，与其中一些微粒的力结合在一起，也足以改变这些微粒的运动倾向。虽然这些微粒可能并不像这里所示的那样沿着圆运动，但毫无疑问，它们都以其他等价的方式做循环运动。

58. 如果这些流体微粒比处于其中的坚硬物体运动得更慢，则这部分流体的行为将不像流体。[①]

于是，当阻碍物体 B 向 C 运动的流体微粒的运动倾向由此被改变时，物体 B 将开始以外力推动它的相同速度运动，只要我们假设该流体中的所有微粒都运动得至少与这个力［推动 B］的速度一样快。[②] 因为如果有些微粒运动得更慢，则由这些微粒组成的流体的行为将不完全像流体，一个最小的力也将不足以推动浸在这种流体之中的坚硬物体。相反，现在需要一个足够大的力来克服流体微粒［相对］缓慢所产生的阻碍。因此我们常常看到，空气、水和其他这样的流体会对快速穿过它们的物体产生很大阻碍，而当这些物体行进较慢时，它们却可以毫无困难地让位。

59. 如果一个坚硬物体被另一个坚硬物体所推动，则前者并非从后者那里获得所有运动，而是也从周围的流体中获得部分运动。

然而，当物体 B 由此向 C 运动时，不能认为 B 仅仅从推动它的外力那里获得它的运动。它在很大程度上〈也〉从流体微粒那里获得运动；因此，形成圆 *aeio* 和 *ayuo* 的微粒所失去的运动，就等于坚硬物体 B 的那些介于 *o* 和 *a* 之间的微粒所获得的运动，因为这些微粒现在将成为圆周运动 *aeioa* 和 *ayuoa* 的一部分；尽管当它们进

① 法文版的标题为："当流体的一部分比处于其中的坚硬物体运动得更慢，那么相比于后者，前者就不应被完全视为流体。"

② 法文版的这句话为："……物体 B 将开始运动，并且为了如此运动，将拥有与应当施加在流体微粒之上的外力同样的速度，只要流体的微粒中没有任何一个运动得比这个力更慢，或至少是一样快。"

而向 C 前进时，它们不断与新的流体微粒结合在一起。

60. 然而，这个坚硬物体从这种流体中获得的速度不能比推动它的另一个坚硬物体给予的速度更大。

这里我还要解释一下，为什么我在稍早的时候说，微粒 *ayuo* 的运动倾向并未完全改变，而只是改变到了物体 B 的运动不受阻碍所需的程度。因为事实上，这个物体 B 的运动不可能比它被外力推动的更快；尽管流体 FD 的所有微粒常常会有更多的搅动。这是我们在做哲学时必须特别注意的一件事：我们绝不能把某个超出其能力的结果归于某个原因。因此，假设浸在流体 FD 中的坚硬物体 B 以前是不动的，现在被某个外力，例如我的手，缓慢地推动。由于我的手的推动是它运动的唯一原因，所以不能相信 B 运动得比它被推动时更快。虽然流体中所有微粒的运动可能都［比 B］快得多，但不能因此认为，它们必定会以比〈推动 B 的〉力更大的速度来做像 *aeioa* 和 *ayuoa* 那样的圆周运动，而是只要它们被更快地搅动，它们就会像以前一样，〈用它们额外的搅动〉向所有其他方向运动。

61. 当整个流体同时沿某个方向运动时，它必然携带着其中包含的任何坚硬物体。

由此可以清楚地看到，一个浸在流体中并且静止于其中的坚硬物体保持在那里，就好像处于平衡状态。此外，无论它有多大，用最小的力就总能使它沿某个方向运动；不论这个力来自哪里，或者它是否在于这样一个事实，即整个流体同时朝某个方位运动；比如河流流向海洋，或者当东风吹来时，所有空气都向西流动。当这种情况发生时，位于这种流体中的坚硬物体必然会被流体所携带：这与第四条规则也不矛盾；根据第四条规则，如前所述，静止的物体不能被任何比它更小的物体所推动，无论这个较小的物体运动得有多快。

62. 被流体以这种方式携带的坚硬物体并不因此而运动。[①]

事实上，如果我们把注意力转向真实而绝对的运动本性，即运动就是运动物体从与之邻接的其他物体附近的转移，以及运动在运动物体中和它所远离的邻接物体中是相等的，尽管我们通常不会以同样的方式来说这两者〈，并且说两者都在运动〉，那么我们将清楚地知道，严格说来，一个以这种方式被包含它的流体所携带的坚硬物体，并不如它未被这种流体携带时运动那么大；因为它〈随流体流动时〉肯定要〈比抵抗流动时〉较小地远离它附近的流体微粒。

63. 为什么有些物体如此坚硬，虽然很小，却不容易被我们的手分开。

还有一件事，在这件事上，经验似乎与我们刚才提出的运动规则明显抵触；因为我们看到许多物体比我们的手小得多，它们[的微粒]紧紧地粘合在一起，以至于我们的手无论怎样用力都无法将其分开。现在，如果将其各个部分粘合在一起的粘合剂，只有它们是邻接的和静止的，而且由于任何静止物体都可以被一个比它大的

① 这对笛卡尔来说是一个至关重要的主张。正是基于这一原则，他自认为可以在采用第三部分中的哥白尼体系的同时，仍然坚持地球不动，从而避免任何异端嫌疑。

运动物体推动，[1]那么初看起来似乎没有理由表明，为什么（例如）铁钉（或者任何其他不是很大但非常坚硬的物体）不能仅凭我们手的力被分成两部分。因为这颗钉子的每一半都可以看成一个单独的物体，而且由于它的一半比我们的手小，用我们手的力似乎应该能够推动它，从而把它与另一半分开。但必须指出，我们的手非常柔韧，或者更接近于流体的本性，而不是坚硬物体的本性；因此，它们通常不会同时整个作用于一个它们所要推动的物体；只有我们手的接触到该物体的那个部分才会同时把所有压力施加给它。因为正如铁钉的一半（因为要与另一半分开）具有一个单独物体的本性，我们手的与之直接邻接并且比它小的那个部分也具有一个单独物体的本性（因为它可以与这只手的其余部分分开）。正因为手的这个部分与手的其余部分要比钉子的这个部分与钉子的其余部分更容易分离，而且因为这种分离不可能在没有疼痛感的情况下发生，所以我们无法单单用手来折断铁钉。不过，若把锤子、锉刀、切刀或其他工具的力用于我们所要分割的物体的比所用工具小的一部分，以此来增强我们手的力量，这样就很容易克服它的硬度。

64. 在物理学中，我只接受或希望得到几何学或抽象数学中的原理；因为所有自然现象都能以这种方式得到解释，而且能够给出关于它们的确定的证明。

关于形状，或者说关于由无数种不同的形状所产生的无数种不同的运动，这里我不做任何补充；因为当我有机会讨论这些东西的

① 规则五。

时候，它们本身就已经足够自明。我假设我的读者们已经了解了几何学的基础知识，或至少有足够的能力来理解数学证明。因为我坦率承认，除了那些可以用各种方式进行分割、塑形和运动的东西，除了那些被几何学家称为量并且当作其证明对象的东西，我不知道任何种类的物质事物。而且[我还承认]，除了这些分割、形状和运动，我对这种物质事物的思考完全不涉及任何别的东西；即使是关于这些，我也只承认从毋庸置疑的公理中明显地推导出来、以至于必须被视为一种数学证明的那些东西是真实的。正如接下来所要表明的，由于所有自然现象都能以这种方式得到解释，我认为不应接受甚至不应希望得到其他物理学原理。

第三部分

论可见的宇宙

De Mundo adspectabili

1. 上帝作品的伟大怎样认为都不为过。

我们已经发现了关于物质事物的某些原理；这些原理的真实性是不容置疑的，因为我们是凭借理性之光而不是通过感官的偏见而得到它们的。接下来我们必须考察，仅凭这些原理能否解释所有自然现象〈，即我们凭借感官所知觉到的结果〉；我们必须先从所有其他现象都依赖于的那些最普遍的现象开始，即先从整个可见世界的总体结构开始。为了就此正确地做哲学，我们尤其要注意两点：首先，我们必须牢记上帝无限的力量和善，不要担心把他的作品想象得过于伟大、美丽和完满；恰恰相反，我们必须谨防把自己并不确知的某种界限不小心归于它们，从而显得对造物主力量的伟大没有足够的认识。

2. 我们必须谨防自视甚高，以为自己明白上帝创造世界的目的。

其次，〈我们必须永远记住，我们的心灵能力非常平凡，〉我们必须谨防过于自视甚高。如果给世界指定某种既非通过理性亦非通过神的启示认识到的界限，便是自视甚高，就好像我们思想的力量能够超越上帝实际所造的东西似的。如果我们想象上帝只为我们创造了万物，甚至认为我们心灵的力量能够领会他创造宇宙的目的，那就更是自负到极点了。

3. 在什么意义上可以说，万物是为人而创造的。

声称上帝为我们创造了万物，虽然从伦理上讲也许是〈善的和〉

虔诚的，因为这可能会激起我们对他更大的爱和感恩；在某种意义上的确如此，因为万物皆能为我们所用，即便我们沉思它们只为训练心灵，并受此驱策而赞美上帝。但上帝创造万物大概绝不可能只是为了我们，而没有别的目的。〈在我看来，〉在物理学中做这种假设是完全荒谬和不恰当的；因为我们无法怀疑，当下的世界中存在无数的事物，或者虽曾存在但现已完全不在的事物，它们从未被任何人看到过或想到过，对人也没有任何用处。

4. 论现象或实验及其在哲学中的用处。

我们已经发现的原理是如此丰富多产，以至于从中可以推出的东西远比我们在这个可见世界中看到的还要多，甚至远比我们〈在整个生命中〉可以用心灵考察的还要多。不过，现在我们要对主要的自然现象（其原因将在这里考察）做出简要的描述。我们这样做不是为了从中导出可用以证明下文所述之事的理由，因为我旨在由原因解释结果，而不是反过来由结果导出原因。毋宁说，在这些原因所能导出的无数结果中，[我们这样做]仅仅是为了使我们得以选择其中的一些结果而不是另一些结果。

5. 太阳、地球和月亮之间的距离与大小之比。

我们的最初印象是，地球比宇宙中所有其他天体都大得多，月亮和太阳比其他恒星大得多。但如果通过某种无可置疑的推理来纠正我们错误的视觉印象，我们将注意到，月亮与地球的距离大约是地球直径的 30 倍，太阳与地球的距离大约是地球直径的 600 倍或 700 倍。如果将它们的距离与太阳和月亮的视直径进行比较，我们就很容易得出结论：月亮比地球小得多，太阳比地球大得多。

6. 其余行星与太阳的距离。

通过辅以理性的观察，我们还将得知，水星到太阳的距离是地球直径的200倍以上；从金星到太阳的距离是地球直径的400倍以上；从火星到太阳的距离是地球直径的900倍或1000倍；从木星到太阳的距离是地球直径的3000倍以上；从土星到太阳的距离是地球直径的5000倍或6000倍。

7. 认为恒星的距离多远都不为过。[①]

至于恒星，这些现象使我们无法相信它们比土星更接近地球或太阳。另一方面，我们也没有发现任何东西能够阻止我们将其置于更远的地方，直到无定限的距离。从我稍后就天的运动所做的解释可以得出结论，恒星离地球是如此之远，以至于土星与它们相比算是非常近的。

8. 如果从天上看，那么地球看起来就像一颗比木星或土星还小的行星。

由此可以清楚地看到，如果从木星或土星上看月亮和地球，会显得比从地球上看木星或土星小得多。此外，如果从某颗恒星上看太阳，可能不会比从我们地球上看到的恒星大多少。因此，若要比较可见世界的各个部分，不带偏见地判断它们的大小，我们就不能

① 法文版的此条标题是："可以认为恒星的距离是任意远。"

认为月亮、地球或太阳比恒星大。

9. 太阳和恒星靠自己的光发光。

但是，除了星星大小不等，我们还注意到一个区别：有些星星靠自己的光发光，而另一些星星则只靠来自外界的光发光。首先，太阳本身无疑拥有令我们炫目的光，因为它如此巨大，以至于所有星星加起来也无法向它传递那么多光，而与太阳光相比，星星发出的光要微弱得多，即便它们距离我们并不像距离太阳那么远。此外，如果宇宙中还有某个更明亮的天体，太阳可以从中得到光，我们就必定能够看到它。但如果考虑到恒星的光是多么明亮和耀眼，以及离我们和太阳都非常遥远，我们将不难相信所有恒星都和太阳一样。因此，如果我们离一颗恒星就像离太阳那样近，那么这颗恒星可能看起来就像太阳一样大、一样亮。

10. 月亮和其他行星的光来自太阳。

与此相反，由于月亮只是面向太阳的一面发光，我们必须断定它自身不发光，而只是把它从太阳那里接收到的光反射到我们的眼睛。〈最近〉对望远镜的使用表明金星也是如此。我们不难相信，水星、火星、木星和土星也是如此，因为它们的光比恒星的光要弱许多，也不那么明亮，而且它们与太阳的距离还没有远到无法被太阳照亮。

11. 就光而言，地球和行星类似。

最后，我们根据经验知道，地球也是如此，因为它由不透明的物体所组成，这些物体对太阳光的反射在强度上不亚于月亮。事实上，地球被云层所包围。虽然云层仅仅由那些最为通透和最不适宜反射光线的物质所构成，但当它被太阳照亮时，在我们看来就和月亮一样白。因此很明显，就光而言，地球与月亮、金星、水星和其他行星并无区别。

12. 新月被地球照亮。

这一点也可以由以下事实得到确证：当月亮处于太阳和地球之间时，它没有被太阳照亮的那一面会发出微弱的光，我们很容易推测这种光来自地球，地球把它从太阳那里接收到的光反射给月亮；而且随着地球被太阳照亮的那个部分转离月亮，这种光会逐渐减弱。

13. 太阳可列为恒星，地球可列为行星。

如果我们设想一个人在木星上看地球，那么很明显，他看到的地球会显得比我们看到的木星更小，但两者可能同样明亮。如果他从另一个更近的行星上看地球，则地球会显得更大；但如果他从恒星上看地球，则根本看不到，因为距离太远了。因此，太阳可列为恒星，地球可列为行星。

14. 恒星彼此之间的位置总是保持不变，而行星却不是这样。

星星之间还有一个区别：有些星星总是彼此保持相同的距离和位置，因此我们称之为恒星；而另一些星星则不断改变位置，因此我们称之为行星或漫游的星。

15. 可以用各种假说来解释行星现象。

正如在风平浪静的海上，一个人在自己的船上看到，远处的其他船只正在改变它们的相对位置，这时他可能常常怀疑，这种位置的改变是由他所在的船的运动引起的，还是由其他船的运动引起的；同样，我们不能仅凭地球上看到的行星漫游来判定，这究竟是由什么物体引起的。由于行星的漫游非常不均匀且复杂，如果不从所有那些可供理解的方式中选出一种，并据此假设漫游发生的方式，我们便很难解开这一谜题。为此，天文学家们提出了三种不同的假说或假设；这些假说只是尽量致力于解释现象，而并不特别强调是否符合真实。

16. 托勒密的假说与现象不符。

第一种假说是托勒密提出的；但它已经因为与〈最近的〉许多现象（特别是我们观察到的金星和月亮的光的增减[①]）不符而遭到所有哲学家的普遍拒斥，因此我在这里略去不谈。

17. 哥白尼和第谷的假说如果仅仅被视为假说，就没有区别。

第二种假说是哥白尼提出的，第三种是第谷·布拉赫提出的；如果仅仅被视为假说，那么这两者都同样符合现象，彼此之间并无

① 通过望远镜观测发现金星的相位是伽利略在1610年首次宣布的，这是将地球置于中心的传统托勒密太阳系模型所无法解决的一个问题。

很大区别，[①] 只不过哥白尼的假说在某种意义上更加简单和清晰；[②] 因此，除非第谷试图解释事物的真实状况，而不是仅仅当作假说，他本来是没有理由改变它的。

18. 第谷的假说赋予地球的运动实际比哥白尼的假说更多，尽管口头上似乎更少。

哥白尼毫不犹豫地把运动归于地球，而第谷则试图纠正这一点。在第谷看来，这种观点不仅在物理学上是荒谬的，而且违背了人类的常识。然而，由于他没有充分思考运动的真正本性，因此他只是口头上断言地球静止，而实际上则比哥白尼赋予地球更多的运动。[③]

19. 我比哥白尼更仔细、比第谷更真实地否认地球的运动。

我与这两个人的立场之间的区别仅仅在于，我比第谷更真实、比哥白尼更仔细地否认地球的运动。这里我将提出在我看来最简单和最方便的一个假说来理解现象和探究其自然原因。但我提醒

① 事实上，它们几乎没有区别，两种方案将产生完全相同的行星和太阳的相对位置。第谷体系就是把地球作为静止参考点的哥白尼体系。在第谷体系中，月亮和太阳围绕地球旋转，其他行星则围绕太阳旋转，并且被太阳带着一起运转。两者在观测上的差异只有恒星视差，等等。

② 由于第谷体系具有哥白尼体系的所有优点，而没有任何明显的缺点，笛卡尔不喜欢它似乎很奇怪。毕竟，第谷体系多多少少是当时教会的官方观点，而且与笛卡尔本人关于运动相对性的看法一致。然而，只要看一下第谷体系的示意图就会发现，很难设想有任何机制能够产生这种运动。比如太阳与火星的轨道相互贯穿；如果像笛卡尔一样认为，有某种物理的东西在推动行星运转，那么这是不可能的。

③ 笛卡尔的抱怨似乎是，第谷没有认识到运动本质上的相对性。参见第三部分，第 28、38、39 条，以及第二部分，第 25–30 条。

大家注意，我并未宣称它完全符合真实，而仅仅将其当作假说〈或可能错误的假设〉。

20. 我们必须假设恒星离土星非常遥远。

首先，由于我们还不确知恒星与地球的距离，而且也不能假设它们离得太远，以至于与经验相抵触，因此我们不要仅仅满足于把它们置于土星之外，就像所有〈天文学家〉一般都同意的那样，而且要〈按照我们的目的〉大胆地假设它们比土星远得多。因为如果要通过比较地球上所见天体的间距来判断恒星高度，则我们已赋予它们的数值和想象中最大的距离一样，都是不太可信的；但反过来，如果考虑到造物主上帝的全能，那么比起更小的距离，我们能够设想的最大距离也并非那么不可信。稍后我将表明，除非假设恒星与土星天球之间有非常大的距离，否则行星现象乃至彗星现象都无法得到令人满意的解释。

21. 太阳和火一样由极易移动的物质所组成，但并不因此〈整个〉从一个处所移到另一个处所。

其次，由于太阳同恒星和火焰一样自己发光，因此我们设想太阳就其运动而言像火，就其所处位置而言则像恒星。当然，就我们所见，地球上没有什么东西比火更容易移动了，因为如果火所接触的物体不是完全坚硬和坚固的，则火会逐渐分解它们，〈使其所有微粒分离〉并使抵抗不强的部分随之移动；然而，火的运动仅由它各个部分的单独运动所组成，通常不会整个从一个处所移到另一个处所，除非是由它所附着的某物所运送。由此我们可以推断，太阳亦由一种流动性很强的物质所组成，它是如此易于搅动，以至于携带着附近包围它们的天上微粒一起流动。但尽管如此，它还是像恒星，因为它不会从天上的一个地方移到另一个地方。

22. 太阳并不像火那样需要原料（alimento）。

不能因为我们在地球上所见的火都需要接触另外某种充当原料之物，[1]而对太阳却没有观察到同样的情况，就认为我把太阳与火相比较是不恰当的。因为根据自然定律，火（和任何其他物体一样）一旦形成，就总是继续存在，并不需要任何原料，而如果它具有极强流动性和移动性的各个部分不断与周围的空气混合，消除了其易于搅动的倾向，火便不复存在了。因此，火需要原料一说并非为了自我维持，而是为了在空气不断驱散它的同时，能够从相继发生的其他火中不断重生。然而，我们并未观察到太阳同样也被周围的天界物质所驱散，这就是为什么我们没有理由认为它像火一样需要原料，尽管两者在别的方面颇为相似。接下来我希望也能表明〈太阳也像火，因为〉不断有新的物质进入太阳，另一些物质离开太阳。

23. 恒星并非都在同一个天球上旋转，而是每颗恒星周围都有一个没有其他恒星的巨大空间。

此外，我们需要注意，虽然太阳与恒星就其位置而言并非不同，但它们并不像许多人所认为的那样都位于同一个天球的表面，因为太阳不可能位于它们所在的球面上。事实上，正如太阳被一个没有

① 拉丁语文本此处作："需要某种使之持续的原料"（continuo egeat alimento）。

恒星的广阔空间所包围，每颗恒星也必定与所有其他恒星非常遥远，其中一些恒星必定比其他恒星距离我们和太阳更远。例如［见图 8］，如果 S 是太阳，F、f 将是恒星；我们将会理解，在这个图形平面的上方、下方和外面还有其他无数颗恒星存在，散布在空间的所有维度中。

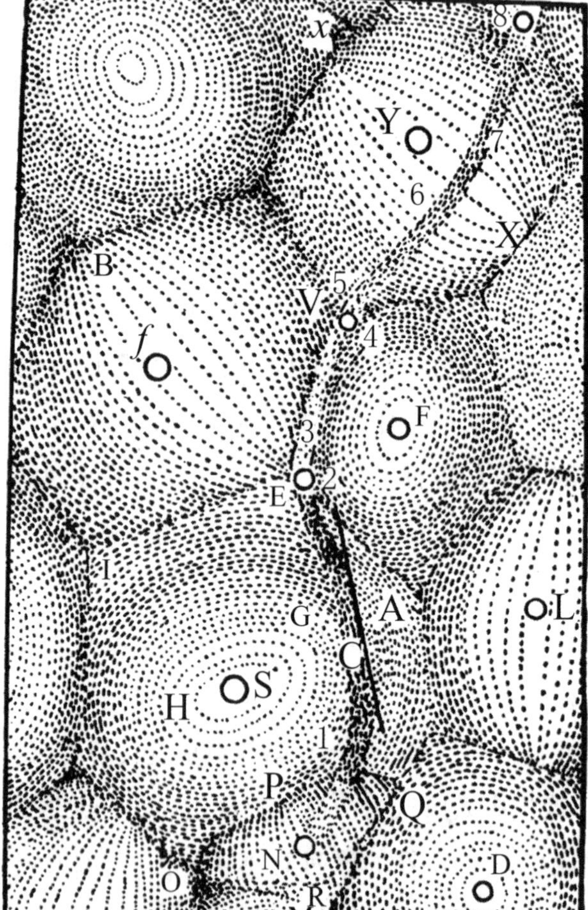

图 8

24. 天是流动的。

第三，必须认为，不仅太阳和恒星的物质是流动的，而且整个天界物质也是流动的。这已经是所有天文学家普遍持有的观点，因为他们认为若非如此，便几乎不可能解释行星现象。

25. 天携带着它所包含的所有物体。

但是在我看来，许多人虽然把流动性归于天，却错误地想象天是一个完全空荡荡的空间，它不仅不会阻碍其他物体的运动，而且也没有力来〈推动和〉携带它们。因为除了这种虚空在自然之中不可能存在，而且所有流体都有一个共同点：它们之所以不阻碍其他物体的运动，其原因〈并不在于它们包含较少的物质，而〉在于它们同样甚至更易于搅动，而且〈其微粒的〉运动很容易沿所有方向被确定；而当这种运动全部朝着一个方向，这就意味着它必然会携带着它所包含的、没有外部原因阻挡的所有物体随它一道运动，尽管这些物体本身是坚固的、静止的和坚硬的；由以上〈关于流体本性的〉论述[①]可以清楚地看到这一点。

26. 地球在它的天[②]里是静止的，但仍由天携带着。

第四，由于我们看到，地球既不是由柱子撑着，也不是由绳索悬着，而是四周被一层流动性很强的天所包围，因此我们认为地球静止不动，没有运动倾向，因为我们看不到这种倾向。但我们绝不能认为，这使地球无法被那层天〈的流动〉所携带，或者说使地球

① 第二部分，第 61 条。

② 笛卡尔所谓的“天”是指一个以恒星为中心的由旋转流体物质所组成的巨大球体。因此，有多少颗恒星，就有多少个天。

无法自身不动地跟随那层天的运动：这就像一艘船，没有风或桨驱动它，也没有锚固定它，但仍然静止于海洋中央，尽管这巨量的水〈的涨落〉可能正以觉察不到的水流冲击它并且携带着它。

27. 所有行星都应如此。

正如其他行星在不透明和反射太阳光线方面与地球相似，我们有理由相信，在各自静止于它们所在的天的那个部分方面，它们也与地球相似；我们之所以观察到它们的位置在变化，完全是因为包含它们的整个天的物质在运动。

28. 严格说来，地球和任何行星都是不动的，尽管它们由天携带着。

这里我们必须牢记前面关于运动本性的论述，[①] 即（如果我们是在严格意义上说的，并且符合事物的真相）运动仅仅是一个物体从与之直接邻接并且被视为静止的那些物体附近转移到其他物体附近。然而在通常的用法中，物体从一个处所移到另一个处所的任何活动都被称为运动；在这个意义上可以说，同一个事物同时既运动又不运动，这取决于我们如何确定它的处所。由此可知，从严格意义上说，无论是地球还是其他行星都没有发生任何运动，因为它们并未从与之直接邻接并且被视为静止的那些天的部分附近移开。因为要被移开，就需要它们同时与所有〈与之邻接的天的部分〉分离，而这并没有发生。但由于天的物质是流动的，且构成的微粒都是高度易变的，所以在任何时刻都有不同群组的微粒从与之相邻接的行星移开。这种移动只应归于微粒，而不应归于行星：这就如同，我们将发生在地

① 第二部分，第 25 条。

球表面的水和空气特有的移动归于水和空气，而不是归于地球。

29. 同样，按照通常的用法以及在不严格的意义上，我们不能将运动归于地球，而只能将运动归于其他行星。

如果我们按照通常的用法来理解“运动”，那么可以说所有其他行星都在运动，甚至太阳和恒星也在运动；但是用这种方式谈论地球是非常不恰当的。因为一般人都是通过地球上的某些被认为不动的点来确定恒星的处所的，并认为恒星离开这些确定的处所时是运动的：这对于日常生活是方便的，因此也是合理的。的确，我们小时候都认为地球不是球形，而是平的；上、下以及世界的四个基本方向，即东、西、北、南，处处都是一样的。因此，我们通过这些方位〈它们只固定于我们的心灵中〉来指示其他物体的处所。但假设有一个哲学家〈声称寻求真理，并且〉认识到，地球是一个包含在流动易变的天中的球体，恒星之间始终保持相同的位置；如果他认为这些恒星是静止的，并试图用它们来确定地球的处所，从而断言地球本身在运动，那么他的措辞将是〈没有根据的且〉非常不合理的。因为首先，〈真正的和〉哲学的意义上的“处所”必须由与据说运动的物体相邻接的物体来决定，而不是由像恒星那样的〈相对于地球〉非常遥远的物体来决定。其次，如果我们采用通常的用法，那么就没有理由认为静止的是恒星而非地球，除非我们只能想象恒星之外别无一物，无可分离，否则相对于这些外物，可以说恒星是运动的，地球是静止的（正如在同样的意义上可以说，相对于恒星，地球是运动的）。但这类想象是不合理的，因为我们心灵的本性决定了它认识不到宇宙中有任何界限，因此，只要注意到上帝的伟大

和我们感官的弱点，那么任何人都会断言，所有可见的恒星之外可能还有其他物体，相对于它们可以说，地球是静止的，而所有恒星都在同时运动，这肯定要比认为〈造物主的力量是如此不完美，以至于〉不可能存在这样的物体合理得多。〈因为持后面这种看法的人一定是以这种方式坚持地球在运动的。但如果我们仍然按照通常的用法把一部分运动归于地球，那就必须记住，这种说话方式是不恰当的，这就像我们有时候会说，乘客们躺在渡船上睡觉的时候，却同时从加莱到了多佛，因为船把他们带到了那里。〉

30. 所有行星都由天携带着围绕太阳旋转。

既然已经消除了对地球运动的所有疑虑，那么让我们假设，行星所处的天的所有物质像一个以太阳为中心的涡旋一样不断旋转，离太阳较近的涡旋部分比离太阳较远的部分运动更快，而且所有行星(〈从现在起〉包括地球)总是处于相同部分的天界物质之中。仅凭这个假设，无需任何机械装置，就能使我们很容易理解行星的所有现象。比如在一条河里的几个地方，河水会围绕自己转起来，形成一个漩涡。如果有一些稻草〈或其他轻物〉漂浮在这个漩涡中，我们看到它们被这个漩涡携带着一起旋转。有时我们也会看到，其中一些稻草围绕它们自己的中心旋转；而且离漩涡中心越近的稻草，转完一圈的速度就越快。最后，虽然这些稻草总是做圆周运动，但它们实际上从未描出过完美的圆，而是在长度或宽度上有所偏差，〈因此它们描出的圆周的各个部分并非都与中心等距〉。由此我们很容易想象，所有这些都以同样的方式发生在行星上；仅凭这一点就能解释所有行星现象。

31. 单个行星是如何被携带的。

于是［见图 9］，假设 S 是太阳，包围它的所有天界物质都朝同一个方向旋转，即从西经南到东，或从 A 经 B 到 C 旋转，假设北极在这个图形的平面上方。那么，包围土星的天界物质要用将近 30 年时间才能带着它围绕圆 ♄ 旋转一周；包围木星的天界物质要用 12 年时间才能带着它〈连同伴随它的其他小行星[①]一起〉围绕圆 ♃ 旋转一周。以同样的方式，火星用 2 年，地球和月亮用 1 年，金星用 8 个月，水星用 3 个月才能分别围绕各自的圆 ♂ T ♀ ☿ 旋转一周。

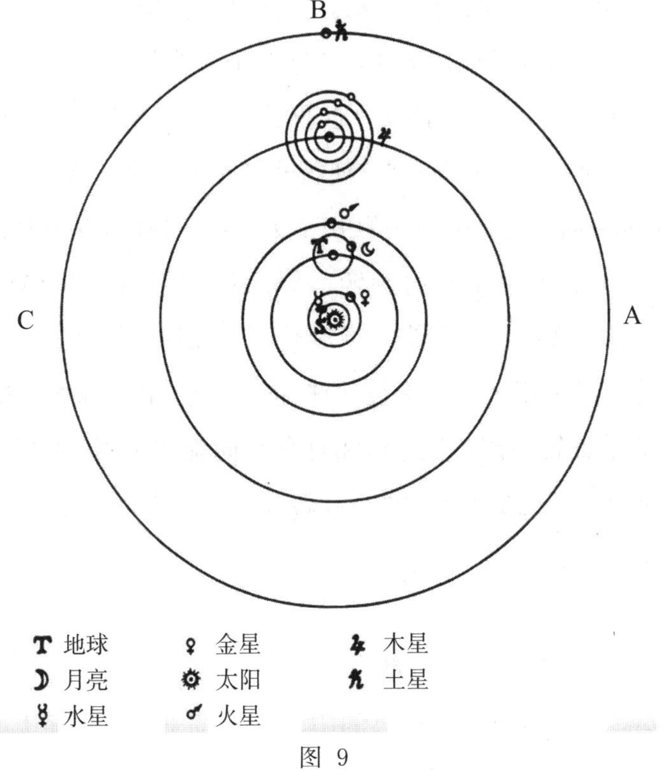

图 9

① 指的是 1609 年伽利略发现的木星的四颗卫星。

32. 太阳〈表面的〉黑子是如何被携带着运动的。

〈我们还假设，〉我们借助望远镜看到的那些被称为太阳黑子的、位于太阳表面附近的不透明物体，用26天时间旋转一周。

33. 地球是如何围绕自己的中心旋转的，月亮是如何围绕地球旋转的。

此外，就像我常常看到的水中漩涡那样，在每一个较大的天界物质涡旋中还有一些较小的涡旋，它们〈跟随着携带它们的更大涡旋，并且〉沿着更大涡旋的运动方向运动。其中一个涡旋以木星为中心，另一个涡旋以地球为中心，这两个涡旋都沿同一方向跟随着更大的涡旋运动。以木星为中心的涡旋携带着绕其旋转的四颗伴星以合比例的速度一起运动，使得离中心最远的一颗伴星大约用16天旋转一周，接下来的一颗用7天，第三颗用85小时，离中心最近的一颗伴星用42小时旋转一周；就这样，在木星围绕太阳旋转一周期间，这些伴星围绕木星旋转了好几周。同样，以地球为中心的涡旋使月亮用1个月围绕地球旋转一周，而地球本身用1天围绕自己的轴旋转一周；在地球和月亮共同旋转一周〈形成年的〉期间，地球围绕自己的轴〈大约〉旋转365周，月亮围绕地球〈大约〉旋转12周。

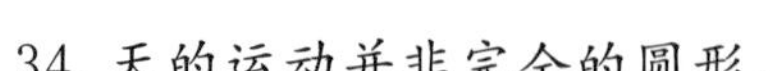

34. 天的运动并非完全的圆形。

最后，我们不应认为行星的中心全都位于同一平面上，或者它们所描出的圆是绝对完美的；它们总是不那么精确的，而且会随着时代的推移而不断变化，就像我们在所有其他自然事物那里所看到的那样。

35. 关于行星[与黄道面]的黄纬偏差。[①]

现在，如果这幅图[见图9]代表地球中心所在的平面，这个平面被称为黄道面，由恒星所决定；那么必须认为，其他每一颗行星都在其他平面上旋转，其中每一个平面都略微倾斜于黄道面，并与黄道面相交于一条距离太阳中心不远的线，因此所有这些平面的倾角都可以借助恒星来确定。例如，土星轨道现在与黄道相交于巨蟹宫和摩羯宫，也就是说，在天秤座向北倾斜，在白羊座向南倾斜；由此与黄道平面形成的倾角大约为2.5度。同样，其他行星的轨道也与黄道相交于其他线上，而木星和火星[与黄道面]的倾角比土星小，金星的倾角比土星大1度左右，水星的倾角则要大得多，约为7度。此外，太阳黑子也在与黄道面成7度或更大倾角的平面上围绕太阳旋转（至少如果谢纳神父[②]的观测是正确的话，他对黑子现象的研究是如此仔细，以至于似乎没有理由再企盼别的结果了）；因此在这方面，它们的运动与行星的运动没有区别。月亮也在一个与黄道面成5度倾角的平面上围绕地球旋转。地球则在与黄道面成23.5度倾角的赤道面上绕轴自转，赤道面总是被地球本身所携带。行星与黄道之间的这种〈度数〉偏差被称为行星黄纬。

① 法文版标题为：“所有行星并非总是位于同一平面内。”

② 1611年，英戈尔施塔特大学的耶稣会讲师克里斯托弗·谢纳（Christopher Scheiner）宣布他发现了太阳上的斑点。此后，他与伽利略之间发生了一场关于发现太阳黑子的优先权和黑子本性的漫长而激烈的争论。

36. 关于行星的黄经运动。[①]

然而，行星围绕太阳的旋转被称为它们的黄经运动。这些运动也有偏差，因为〈由于〉它们并不总与太阳等距，〈因此它们似乎并不总以相同的速度相对于太阳运动〉。因为在我们所处的时代，土星在射手座时与太阳的距离要比在双子座时远大约 1/20；木星在天秤宫时要比在白羊宫时更远；同样，其他行星的远日点和近日点所在之处也不同，且并不总在相同星座的相对位置。但是再过几个世纪，所有这一切都将〈从现在的样子〉改变；〈生活在那时的人将能观察到，〉行星以及地球将与现在的黄道面交于不同〈于现在相交〉的地方，[②] 与黄道面的倾角也会略大或略小；远日点和近日点也会位于不同的宫。

37.［太阳系的］所有现象都很容易用这种假说来解释。

现在我无需表明，如何由这一假说来理解白天和黑夜，夏天和冬天，太阳的回归运动，月亮的盈亏，日食和月食，行星的留和逆行，分点进动，黄道倾角的变化，以及类似的事物：只要对天文学的基础有所了解，就很容易理解这些。

38. 根据第谷的假说，应当说地球是围绕它自己的中心旋转的。

---

① 法文版标题为：“且并非每个行星都始终距离同一中心同样远。”另外，天体的黄经是从春分点开始以沿黄道的度数来测量的，春分点是太阳的视路径与天赤道相交的两点之一。

② 当然，地球的轨道面与黄道面在任何时候都不会相交，它们是同一个平面。毫无疑问，这句话只是源于笛卡尔的句法混乱。

这里我只想简要表明，哥白尼的反对者们大都承认的第谷假说是如何比哥白尼的假说将更多的运动归于地球的。首先，在第谷看来，当地球静止不动时，整个天及其星辰必须每天绕地球旋转一周，这是不可思议的，除非我们同时认为，地球的所有部分都是从与之接触的天的部分附近转移到其他天的部分附近。如前所述，[①]由于这种转移是相互的，而且由于地球需要与天有同样多的力或作用，因此没有理由把运动归于天而不是地球；事实上，根据前面所说，这种运动应当只归于地球，因为运动发生在地球的整个表面上，但不是类似地发生在天的整个表面上，而是只发生在天与地球相邻接的凹的部分上；与凸的部分相比，这个区域非常之小。有人说，在他们看来，不仅星天的凹面同地球发生了分离，而且星天的凸面也同包围它的另一层天即水晶天或最高天发生了分离，因此他们把运动归于天而不是地球；但这样说并没有什么区别。因为他们没有证据表明，星天的整个凸面与包围它的另一层天发生了这种分离，而只是随意假定了这一点。因此，根据他们的假说，把运动归于地球的理由是确定的和明显的，而把运动归于天、把静止归于地球的理由则是假想的，完全出自他们的幻想。

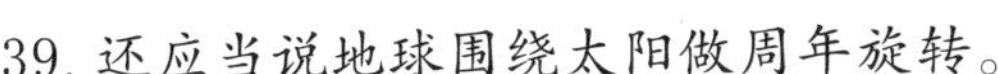

39. 还应当说地球围绕太阳做周年旋转。

根据第谷的同一假说，太阳围绕地球做周年旋转时，不仅携带着水星和金星，而且携带着比地球更远的火星、木星和土星。如果介于太阳和那些星体之间的所有天界物质都被携带着一起运动，而

① 第三部分，第28条；第二部分，第28、29条。

与此同时地球却受到某种独特的、不同于移动天界的力的作用，从与之相邻接的物质部分中分离出来，并且在其中描出一个圆，这是让人无法理解的，特别是在他们认为是流动的天当中。因此，按照这种方式施加于整个地球的分离，理应被称为地球的运动。

40. 地球的［周年］运动不会使恒星的外观发生变化，因为它们距离非常遥远。

对我的假说还有一种可能的反驳：既然太阳在恒星之中总保持相同的位置，那么地球在围绕太阳做周年旋转的轨道上，必定会时而靠近、时而远离恒星；但迄今为止的观测尚未表明这种现象。然而，〈很容易回答说，〉这一点可以通过地球与恒星之间的巨大距离来解释：这一距离是如此之大，以至于地球围绕太阳所描出的整个圆和它相比只能算是一个点。我承认，对于那些不习惯于沉思上帝的伟大的人来说，这也许是难以置信的，他们认为，地球是宇宙中最重要的部分，因为它是人类的居所，〈他们没有根据地相信，〉万物是为他们而造的；但〈我相信，〉天文学家们都已经知道，地球和天相比只不过是一个点，他们不会觉得这很奇怪。

41. 恒星的这个距离对于解释现已公认在天上的彗星的运动也是必需的。

此外，现已确定，彗星并不像〈天文学家在研究它们的视差之前〉不开化的古人所认为的那样位于我们的大气中。彗星需要土星天球与恒星之间有这个极为巨大的空间来完成它们的所有游走；因为它们是如此多样，如此巨大，与恒星的稳定性和行星围绕太阳的规则旋转是如此不同，以至于如果没有这个空间，似乎无法用任何自然定律来解释它们。我们绝不要受第谷和其他认真探究过彗星视差的天文学家说法的影响，他们只说彗星在月亮之外，朝着金星天球或水星天球的方向；本来他们根据自己的观测，可以更好地推出彗星在土星之外；但由于他们旨在反驳那些把彗星归入月下的〈在大气中形成的〉流星的古人，故而他们只是满足于表明彗星在天上，而不敢把他们计算出来的整个高度都赋予彗星，生怕别人不相信他们。

42. 我们在地球上看到的一切也与这些现象有关，但没有必要从一开始就考虑它们。

除了这些比较一般的东西，这里的相关现象中还可以包括许多具体的东西，不仅涉及太阳、行星、彗星和恒星，而且涉及地球（即我们在〈地球周围，或者〉地球表面所看到的一切）。特别是为了认识这个可见世界的真实本性，仅仅找到一些原因来解释我们看到的遥远的天上的事物是不够的；还必须能够从这些原因中推出我们切近可见〈和明显可感〉的事物。但尽管如此，〈我认为〉没有必要〈立即〉考虑所有这些地界现象，〈并认为我们最好是先来尝试〉确定更一般事物的原因。〈我已经列举了这些原因，以便随后可以看到，我们是否也能从这些原因中推出我们在寻找这些原因时可能忽视的所有更具体的事物。〉但是当我们注意到，借助于它们不仅可以解释我们已经考虑的那些事物，而且可以解释我们未曾考虑过的其他一切事物时，我们就能确信自己正走在正确的道路上。

43. 我们能借以推出所有现象的原因，几乎不可能是错误的。

假定我只使用非常清楚的原理，而且所有结论都只以数学方式推导出来；如果我这样推导出来的结果与所有自然现象完全一致，那么倘若认为，以这种方式发现的事物原因竟然是错误的，这〈在我看来〉肯定是对上帝的不公，因为这等于是指责他把我们造得如此不完美，以至于在正确地运用〈他赋予〉我们的理性时，也倾向于犯错。

44. 不过，我希望我在这里提出的那些原因只被当作假说。

然而，由于这里讨论的问题并非无关紧要，如果断言我们发现了〈别人都没有发现的〉真正的真理，这也许会被认为太过狂妄；因此我宁愿不做决断；而且〈为了使每一位读者都能自由地形成自己的意见，〉我希望我接下来要写的东西只被当作一个假说，〈它也许与事实相去甚远〉。但即使这个假说被认为是错误的，如果从中导出的所有结果都与经验完全一致，我也认为我的辛苦付出是值得的；因为那样一来，这个假说对生命的用处就如同它是真的一样，〈因为我们将以同样的方式用它来处理自然原因，以产生我们所希望的结果〉。

45. 我甚至会在这里假设一些明显错误的东西。

事实上，为了更好地解释自然事物，我甚至可以把它们的原因追溯到一个我认为它们尚未实际产生的时代。[①] 例如，我并不怀疑

① 法文版的这句话是："事实上，我并不希望读者相信我所写的一切，我计划提出一些我认为绝对错误的命题。"

世界起初是以它现在拥有的一切完美性被创造出来的；因此，太阳、地球、月亮和星星存在于其中；地球不仅包含着植物的种子，而且包含着植物本身；亚当和夏娃出生时不是孩子，而是已经成人。基督教信仰教导我们这一点，自然理性使我们确信这是真的；因为考虑到上帝的全能，我们必须相信他所创造的一切都是完全完美的。然而，要想理解植物或人的本性，更好的方式是思考它们如何从种子中逐渐生长出来，而不是思考它们如何在世界的开端由上帝创造出来；因此，如果我们能够想出一些非常简单和容易知晓的原理，以此清晰地表明，星星、地球以及整个可见的世界能够像从种子中生长出来一样从这些原理中生长出来（尽管我们知道事情不是这样发生的），我们就可以比只是如实地描述它们〈或者相信它们是被创造出来的〉更好地解释它们的本性。既然我认为我已经发现了一些这样的原理，这里我将简要地阐述它们。

46. 我在这里为解释所有现象所做的假设是什么。

由以上所述可以确定，宇宙中的所有物体都是由同一种物质构成的，这种物质可以分成任意多个部分，而且已经被分成了许多部分，这些部分以各种不同的方式运动，并且有某种圆周运动，此外，宇宙中总保持着相同的运动的量。但我们无法仅凭理性确定这些物质部分有多大，运动有多快，以及描出什么样的圆。由于上帝有无数种方式可以调配这些部分，所以只有凭借经验而非理性的力量，我们才能知晓他实际选择了哪种方式。因此我们可以自由地对这些事物做出任何假设，只要从中导出的推论〈完全〉符合经验。因此让我们假设，上帝从一开始就把构成可见世界的所有物质分成了大致相等的中等大小的微粒，或者说，与构成天和星星的那些微粒相比，这些微粒的大小处于中间。我们还假设，它们所拥有的运动总量就等于目前宇宙中运动的量；而且他以相等的力使它们〈以两种不同的方式〉开始运动：第一种是，它们分别围绕自己的中心旋转，从而形成了一种像我们所理解的天那样的流体；另一种是，它们成群地围绕着按当前所见宇宙中的恒星中心同样方式排布的中心点旋转，但这些中心的数量更为庞大，以至于与行星〈和彗星〉的数目相等。因此，举例来说［见图 8］，〈可以认为上帝把〉空间

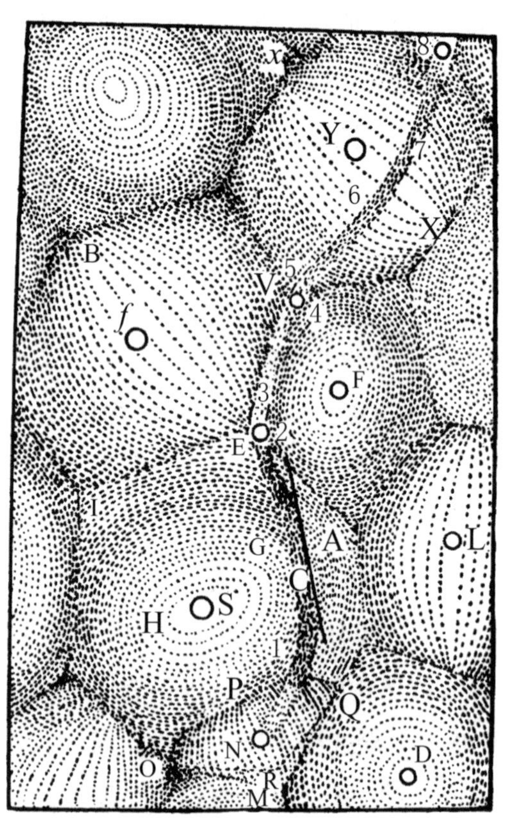

图 8

AEI 中的所有物质〈分成了非常多的微粒，他不仅使每一个微粒都围绕自己的中心旋转，而且使〉所有微粒都围绕点 S 一起旋转；同样，他使空间 AEV 中的所有微粒都围绕 F 旋转，依此类推；所有［这些］便形成了和现在宇宙中的天体一样多的涡旋。〈从现在起，我将用这个词来表示围绕这些中心旋转的所有物质。〉

47. 它们是错误的并不妨碍由它们导出的推论是正确和确定的。

在我看来，这几个〈假设〉足以使这个宇宙中观察到的所有结果都按照前面解释的自然定律产生出来，就好像是［这些结果的］原因〈或原理〉一样。我认为不可能想出比它们更简单、更容易理解甚至更有可能的事物的原理了。虽然我们可以从〈诗人所描述的〉混沌〈即宇宙所有部分的完全混乱〉出发，按照自然定律从中导出事物目前的秩序，而且我曾经着手做这样一种解释，但由于〈使上帝成为〉混乱〈的创造者〉似乎不如比例或秩序更符合创造万物的上帝的至上完美，而且我们不可能分明地知觉到它；此外，由于比例和秩序并不比在所有方面都完全均等的东西更简单和更容易认识：因此，我在这里假设，所有物质微粒起初在大小和运动上是彼此相等的；而且除了存在于恒星那里的东西（每一个凝视夜空的人都会清楚地看到，它们是无法否认的），我没有在宇宙中构想其他的任何不均等。此外，做什么样的初始假设是无关紧要的，因为所有这些随后都必定会按照自然定律而发生转变。无论做任何假设，几乎都可以按照这些自然定律从中导出相同的结果（尽管〈从某些假设〉可能〈比从其他假设〉更费力些）；〈因为它必须不断变化，直到最终形成一个与这个世界完全相似的世界〉。因为借助于这些

定律，物质将会逐渐具有它所能具有的所有形态；如果我们依次思考这些形态，我们最终将会达到这个世界〈目前〉的形态。因此在这方面，无需担心从错误的假设会产生任何错误。〈我在这里有意申明这一点，以使人注意到，虽然我谈的是假设，但我所做的假设不会使人怀疑从中得出结论的正确性，即使众所周知这些假设是错误的。〉

48. 所有天界物质微粒是如何变成球形的。

因此，为了开始展示这些假说中自然定律的效力，让我们考虑，既然我们假定组成世界的所有物质开始时被分成许多微粒，那么这些微粒起初不可能都是球形的，因为若干个球体连在一起〈形不成像宇宙这样完全坚固和连续的物体，正如我之前所证明的，这个宇宙中不可能有虚空〉。[①] 然而，无论这些微粒当时的形状如何，由于它们做着各种圆周运动，所以随着时间的推移，它们必定都会变成球形。如果开始时推动它们的力足以使它们彼此分离，那么后来当它们相互接触时，保持〈在它们之中〉的同样的力无疑也足以把它们的所有角都磨掉，因为此时需要的力不如之前多。仅凭某个物体的所有角都这样被磨掉，我们就很容易理解，该物体最终都会变成球形，因为这里所说的“角”是指该物体伸到球形以外的所有部分。

① 拉丁文版是“……不能充满一个连续的空间”。

49. 这些球形微粒周围一定还有其他更精细的物质〈来填满它们所处的所有空间〉。

然而，由于〈宇宙中〉任何地方都不可能有空的空间，而且这些球形物质微粒的彼此结合不可避免会在它们周围留下一些小的间隔〈或空间〉，因此，这些间隔必定由其他某些极其微小的物质碎片所填满，这些碎片必须能够随时改变自己的形状，以符合它们所要占据的处所的形状。事实上，从正在变成球形的那些物质微粒的角上逐渐磨下来的物质是如此微小，获得的速度如此之快，以至于仅凭运动的迅猛就能将其分成无数碎片，并且〈由于没有确定的大小或形状，所以很容易〉填满其他物质微粒无法进入的所有细小的角〈或空间〉。

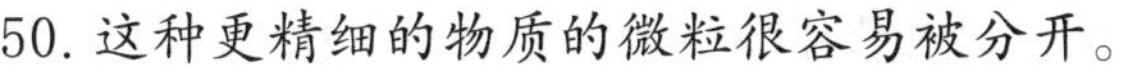
50. 这种更精细的物质的微粒很容易被分开。

因为必须注意，其他微粒的这些碎片越小，就越容易运动，并且〈再次〉细化或分解成更小的碎片。因为一个物体越小，其表面积与体积之比就越大，〈这个表面积的大小使它相应地遇到更多试图推动或分开它的物体，而它微小的物质的量则使之相应地更加不能够抵抗这些力〉:它依其表面积遇到其他物体，依其体积被分开。[①]

51. 这些微粒运动很快。

我们还必须注意，这些微粒〈脱离了正在变成球形的物质微

① 拉丁文版相对简洁，仅为一句“依其大小被分开”(dividuntur vero secundum molem)。

粒,〉比它们由以获得运动的其他物质微粒运动快得多;因为后面这些[较大的]微粒沿着直的开放路径运动,驱使它们〈或其中的尘埃〉沿着斜的狭窄路径运动。同理,我们看到,虽然只是非常缓慢地推压风箱,但由于通道很窄,空气很快就被排出了风箱。而且前已表明,应当〈必然〉有某个物质部分运动极快,并且被分成了无定限〈数目〉的微粒,以使〈宇宙中〉各种不等的圆周运动都能在没有稀化或虚空的情况下发生;而〈我认为,〉我们无法找到〈或想象〉其他[种类的物质]〈比上述物质更〉适合产生这种结果。

52. 这个可见的世界有三种元素。

因此,我们已经有两种非常不同的物质,可以被称为这个可见世界的前两种元素。第一元素是在物质的其他部分变成球形的过程中分离的碎片,它运动的速度如此之快,以至于单单凭借其搅动的力,便能使之与其他物体相碰撞,它会被分成无定限小的微粒,并且会调整形状来填满其他物体周围的所有狭窄角落;第二元素是构成物质其他部分的球形微粒,虽然与我们肉眼可见的那些物体相比,这些微粒仍然很小,但它们具有某个确定的量,并且可以被分成其他更小的物体;我们很快就会发现第三种物质,它由体积大得多或者形状不太适合运动的微粒所组成。我们将会表明,这个可见世界的所有物体都是由这三种元素组成的:太阳和恒星由第一元素组成,天由第二元素组成,地球、行星和彗星由第三元素组成。事实上,太阳和恒星自己发光,天传送光,地球、行星和彗星反射光;我们将不无根据地把这三种视觉差异归因于三种元素。

53. 在其中还可以区分三层天。

〈从现在起〉[见图 8]，我们可以把围绕中心 S 旋转的空间 AEI 中的所有物质当作第一层天；把围绕中心 F、f〈以及其他类似的点〉形成大量其他涡旋的所有物质当作第二层天；以及最后，把这两层天之外的所有物质当作第三层天。此外，我们认为第三层比第二层大得多，就像第二层比第一层大得多一样。但我这里不去讨论第三层天，因为我们今生今世根本看不到它，我们只讨论可见的宇宙。然而，我们把中心 F、f 周围的所有涡旋只看成一层天，〈因

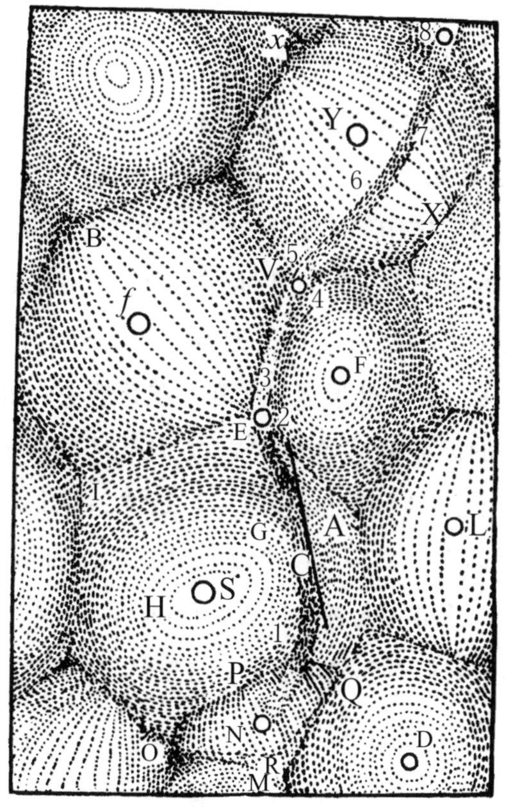

图 8

为在我们看来，它们并没有什么不同，而且〉因为我们仅以同一种方式来思考它们。而中心为S的涡旋，虽然这里没有显示它与其他涡旋有什么不同，但我们仍然认为它是特殊的一层天，事实上是所有天中的第一层天或首要的天；因为我们很快就会发现，我们居住的地球就在它里面，因此，我们在它之中会比在其他〈两层〉天中看到多得多的东西；我们并不习惯于按照事物本身来命名，而仅仅是为了阐明我们对事物的想法；〈而且一般来说，我们应该更关注它们是如何影响我们的，而不是它们实际上是什么〉。

54. 太阳和恒星是如何形成的。

由于第二元素的微粒从一开始就不断通过它们的运动相互磨损，所以〈必定是从第二元素的角的碎片形成的〉第一元素的物质会逐渐增加。当宇宙中第一元素的量超出了填满第二元素相邻球形微粒之间的微小空间所需的量时，剩下的第一元素在这些空间被填满后都流向了中心S、F、f，并且在那里形成了某些极易流动的球形物体，即在中心S处形成了太阳，在其他中心处形成了恒星。由于第二元素的微粒被更多地磨损〈并且变成球形〉之后，占据的空间比以前少了，所以它们并没有一直延伸到各个中心，而是朝各个方向均匀地远离，留下一些球形空间，这些空间〈立即〉被从周围所有处所流入的第一元素的物质所填满；因为所有做圆周运动的物体都试图远离它们所围绕的中心，这是一条自然定律。[1]

① 在拉丁文版中，最后一句话出现在第55条开头；这里按照法文版将它置于第54条最后，似乎更加恰当。

55. 什么是光。

现在，我将尽可能准确地解释，第二元素的〈小〉球以及围绕中心 S、F、f 积聚起来的第一元素的物质试图远离这些中心所凭借的力〈的本性〉。因为接下来我将表明，光的本性完全构成于这个力〈或努力〉；对其他许多事物的理解都依赖于对这一点的认识。

56. 应当如何理解无生命物体朝着运动的努力。[①]

当我说第二元素的小球努力〈或者倾向于〉远离它们围绕旋转的中心时，不要认为我是在把任何引起这种努力〈或倾向〉的思想归于它们。我仅仅是指，它们的位置和运动倾向使其如果不受其他原因的阻碍，实际就会如此远离。

57. 同一个物体如何可能在同一时间有做不同运动的努力。

常常有许多不同的原因同时作用于同一个物体，其中一些原因会阻碍另一些原因的结果；因此，根据我们考虑的是哪些原因，我们可以说这个物体在同一时间努力或倾向于朝向〈几个〉不同的方向运动。例如［见图 5］，如果我们考虑决定其运动的所有原因，那么围绕中心 E 旋转的吊索 EA 中的石头 A 肯定倾向于从 A 移向 B，因为它实际上正是朝这个方向运动的。但如果我们只考虑石头本身之中的运动〈和搅动〉的力，那么我们也可以说，按照前面解释的运动定律，这块石头在 A 点时倾向于朝着 C 运动（当然，假设 AC 是在 A 点与圆相切的一条直线）。因为〈可以肯定，〉如果这块

① 法文版标题为：“如何能说一个无生命物体会产生一些努力。”

石头在从 L 到达 A 点的那一刻离开吊索，它将朝着 C 运动，而不是朝着 B 运动；吊索虽然阻碍了朝着 C 运动这一结果的发生，但并未阻碍〈朝着 C 运动的〉这种努力。最后，如果我们不考虑石头所有运动〈或搅动〉的力，而只考虑其中效果被吊索阻碍的那部分力，并且把这部分力与产生该效果的另一部分力区分开来，则我们可以说，当石头在 A 点时，它只倾向于朝着 D［运动］，或者它努力沿直线 EAD 远离中心 E。

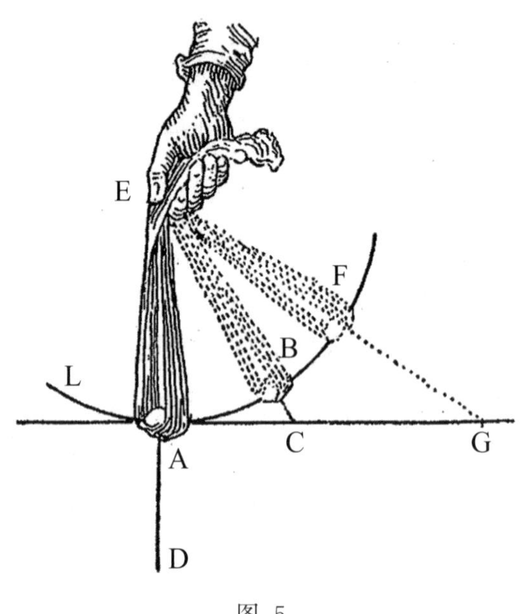

图 5

58. 做圆周运动的物体如何努力远离其运动中心。

为了清楚地理解这一点，让我们将［见图 10］这块石头（如果不受其他力的阻碍）从 A 点向 C 的运动和一只位于 A 点的蚂蚁向 C 的运动相类比。假设线 EY 是一根杆，蚂蚁在杆上沿直线从 A 向

Y 运动，在此期间，当杆本身围绕中心 E 旋转时，其点 A 将描出圆 ABF。再假设这两种运动合比例地同步进行，当杆在 C 时，蚂蚁在 X，当杆在 G 时，蚂蚁在 Y，依此类推，从而使得蚂蚁本身总在直线 ACG 上。接着，我们也将类比这块石头在吊索中旋转并且描出圆 ABF 时[见图 5]，努力沿直线 AD、BC 和 FG 远离中心 E 的力，与这只蚂蚁在点 A 被绳子或胶附于杆 EY 上的 A 点时，由此被杆携带着绕中心 E 旋转，并同时沿直线 EAY、EBY 和其他类似的直线尽全力去到 Y、远离中心 E 所做的努力。

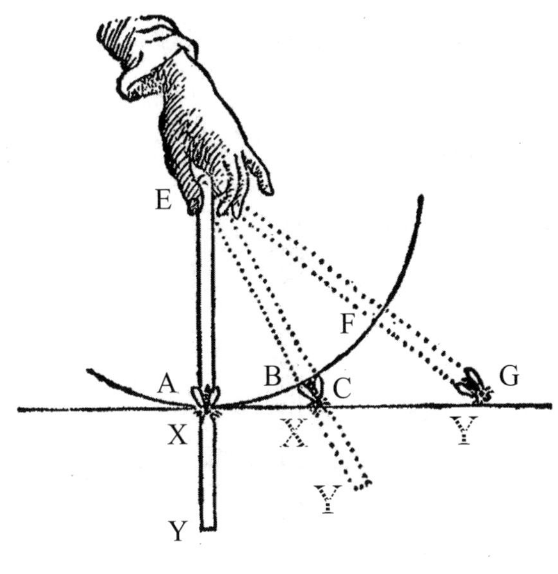

图 10

59. 这种努力的力有多大。

我知道，这只蚂蚁的运动起初一定很慢，因此，仅从这种初始运动来判断，它的努力似乎并不是很大；但不能说这种努力完全不存在，特别是随着其效果的产生，这一努力也与之俱增，由此产生的运动速度可以在短时间内变得足够大。不过，〈为了避免任何可能的困难，〉让我们再举一个例子。如果小球 A 在管子 EY 中[见图 11]，〈让我们看看会发生什么〉；当我们围绕中心 E 旋转这根管子时，该小球在开始的时刻只会缓慢地向 Y 移动。但是在下一时刻，它会移动得稍快一些，因为除了保持原有的力，它还会凭借远离中心 E 的新的努力而获得新的力：因为只要圆周运动持续下去，这种努力就会持续下去，仿佛在每一时刻都会更新自己。经验也确证了这一点，因为当这根管子 EY 围绕中心 E 快速旋转时，里面的小球会从 A 迅速移向 Y。吊索的例子也能确证这一点；吊索中的石头旋转越快，吊索就张得更紧，而且这种张力仅仅源于石头努力远离其运动中心所凭借的力，因此这种张力可以显示这个力的大小。

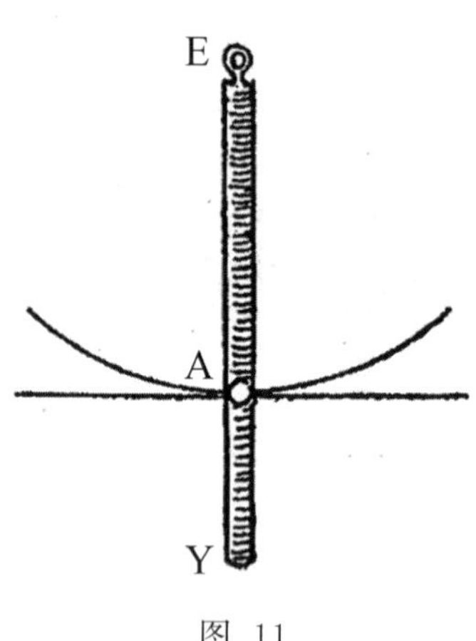

图 11

60. 类似地，所有天界物质也都努力〈远离某些中心〉。

我们很容易理解，我刚才关于围绕中心 E 旋转的吊索中的石头或者管子中的小球所说的话，也适用于第二元素的所有微粒小球；也就是说，每一个小球都努力以足够大的力远离它在其中旋转的涡旋的中心；它被包围它的其他小球所束缚，就像石头被吊索〈所束缚〉一样。此外，〈应当注意的是，〉这些小球中的力会大大增加，因为它们会被那些介于它们和涡旋中心星体之间的小球不断挤压，同时也受到中心的第一元素〈星体〉物质的挤压。然而，为了准确地区分所有事物，我们首先只讨论这些小球〈的影响〉，而认为所有被第一元素的〈星体〉物质占据的空间好像都是空的，或者认为这些空间只被一种既不增进也不阻碍其他物体运动的物质所填满。因为由上所述，我们对虚空的理解正应如此。

61. 这种努力导致太阳和恒星是球形的。

〈首先〉[见图 12]，我们已经表明，涡旋 AEI 中围绕 S 旋转的所有小球都努力远离中心 S，由此可知，位于直线 SA 上的所有小球都会把彼此推向 A，而位于直线 SE 上的所有小球都会把彼此推向 E，依此类推；因此，如果没有足够多的小球来占据 S 与圆周 AEI 之间的所有空间，那么所有未被占据的空间都将位于 S 附近。由于彼此挤压的那些物体（例如位于直线 SE 上的那些物体）不像杆那样同时旋转，而是有些较快、有些较慢地完成其旋转（稍后我将给出解释），[①] 所以它们在 S 周围留下的空间必定是球形的。因为即使我们设想，起初位于直线 SE 上的小球比位于直线 SA 或 SI 上的更多，以至于直线 SE 最下端的小球 [②] 将比直线 SI 最下端的小球更

① 见第三部分，第 83、84 条。

② 即 C 处的小球。

接近中心 S；然而这样一来，最下端的那些小球也将比上端的小球更快地完成旋转，其中一些小球会被挤到直线 SI 末端，以便更加远离中心 S。这就是为什么〈我们必须得出结论说，〉位于这些线最下端的所有小球最终都与点 S 等距，因此它们在这个中心周围留下的空间 BCD 是球形的。

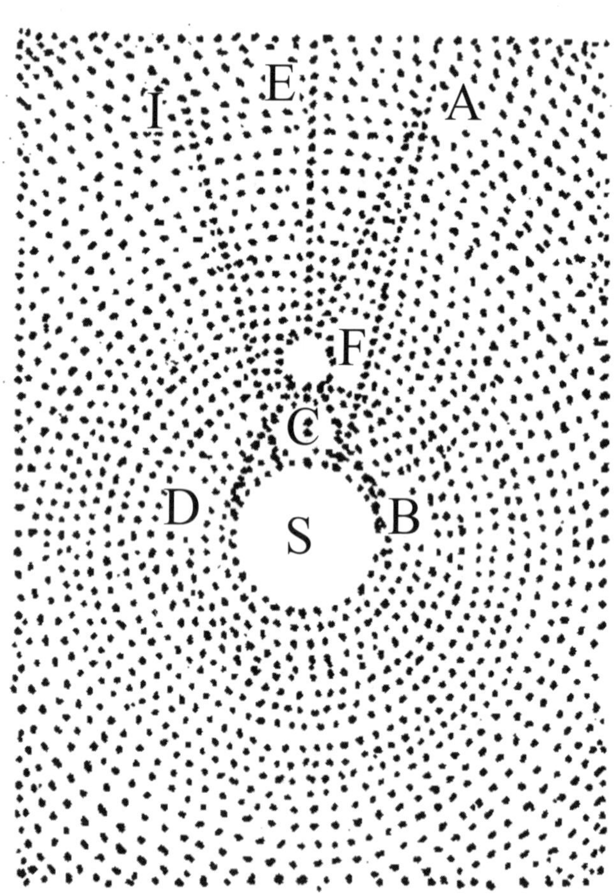

图 12

62. 同样的原因也使天界物质努力远离每颗星体或太阳圆周上的所有点。

此外还应注意，不仅直线 SE 上的所有小球都彼此推向 E，而且每一个小球也被从它引出的与圆周 BCD 相切的直线之间的所有其他小球所推动。例如，小球 F 被直线 BF 与直线 DF 之间的或者说三角形空间 BFD 之内的所有小球所推动，但没有被在此之外的任何小球所推动；这样如果 F 处的空间是空的，那么空间 BFD 中包含的所有小球，而非其他小球，将尽可能地赶过去以填充它。此外，正如我们已经看到的，使一块石头在空中沿直线自由落向地心的重量，在石头沿一座山体斜坡落下时，则会使它斜着滚向地心；同样，我们也应当认为，使空间 BFD 中的所有小球努力沿着从中心 S 引出的直线远离该中心的力，也能使它们沿着〈有些〉偏离中心的直线远离同一中心。

63. 在这种努力中，天界物质的小球并不相互阻碍。

用这个重量的例子可以清楚地说明问题：让我们想象[见图 13]，容器 BFD 中有一些铅球，它们互相挤压，以至于当容器底部开口时，小球 1 由于自身的重力〈以及上面其他小球的力〉将被挤出去。因为在它掉出去的同时，〈我们将看到〉另外两个分别标着“2”“2”的小球，以及另外三个分别标着“3”“30”“3”的小球都将跟进，依此类推。与此同时，〈我们也能看到〉，在最底部的球“1”开始运动的时候，位于三角形 BFD 之内的所有小球会随着跟进，而位于三角形之外的其他小球则无一会〈朝那个方向〉运动。〈在这个例子中，〉两个小球“2”“2”在稍微下降之后会〈相互接触〉，〈从而〉阻止对方进一步下降；而第二元素的小球却不是这样，因为它们一直在运动。虽然有时它们的排列方式类似于图中所示的铅球，却只能停留极短暂的一刻即一瞬间，因为它们会不停地改变位置，这也是为什么它们能不间断地持续其运动的原因。此外还要注意，光的力并不在于某种运动的持续，而只在于那些小球受到挤压，并努力朝向某个地方运动，尽管当下它们可能并没有移动过去。

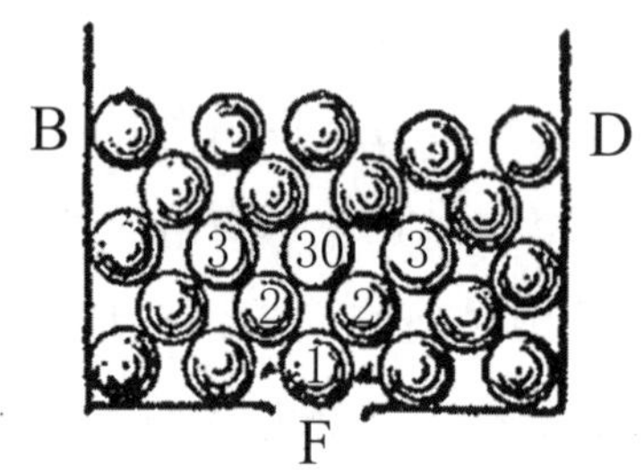

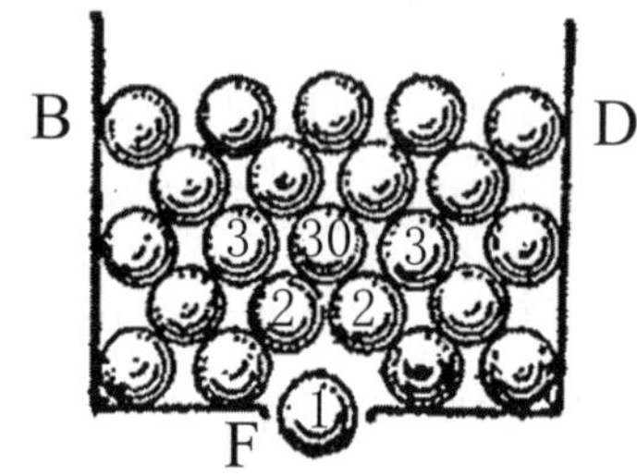

图 13

64. 光的所有属性都可见于这种努力；凭借着这种力，可以看到光从星体发出来，尽管星体本身之中并没有［产生光的］力。[①]

由此可以清楚地看出，被我看成光的那种作用是如何沿环绕太阳或恒星球面的各个方向均匀发出的，如何在最短的时间内扩展到任意距离的，以及如何沿着不仅从发光体的中心、而且也从其表面的所有点引出的直线发出。[②] 其中包含了光的主要属性，从中我们也可以推导出其他的性质。这里我们也能发现一个会被许多人认

① 法文版的标题为："这足以解释光的所有属性，并显明发光星体的存在，尽管星体对光的显现并无任何贡献。"

② 因此，在笛卡尔看来，光仅仅是透明物体的各个部分的压力或离心运动的倾向，而不涉及任何物理的东西从太阳或恒星到眼睛的运动。

为很悖谬的真相，即所有这一切都存在于天界物质中，尽管它旋转时所围绕的太阳或其他星体之中完全没有贡献任何力；因此，即使太阳仅仅是一个空的空间，我们也仍然可以看到被认为是太阳射入我们眼睛的光；尽管不会那么强烈，但除此之外，这种光和现在看到的没有什么区别，至少在天界物质旋转所沿的圆中〈是如此〉；因为我们这里并未考虑球体的所有方向〈向两极延伸的其他方向〉。不过，为了也能解释太阳本身和星体之中存在的东西（它使光的这种力得以增强，并且朝着球体的所有方向传播），[①] 我们需要先来谈谈天的运动。

65. 天界被分成许多涡旋，其中每一个涡旋的两极都与其他涡旋远离其两极的部分相接触。

不论单个涡旋最初是如何运动的，现在它们必须彼此协调地排列，使得每一个涡旋都朝着周围所有其他涡旋的运动阻碍最小的方向运动；因为每一个物体的运动都很容易通过与另一个物体的相遇而发生偏转，这是自然定律。因此［见图 8］，我们假设中心为 S 的第一个涡旋从 A 经由 E 向 I 旋转，如果不受其他涡旋的阻碍，那么它附近的中心为 F 的另一个涡旋必定从 A 经由 E 向 V 旋转，因为这样一来，它们的运动彼此之间最为协调。同样，中心不在平面 SAFE 而在它之上（与中心 S 和 F 形成一个三角形）、并且与线 AE 上的另外两个涡旋 AEI 和 AEV 相连的第三个涡旋，必定从 A 经由

① 法文版的这句话为：“为了也能解释太阳本身和星体之中的物质可以对这一光的发生有所贡献，以及它不仅延伸到黄道，延伸到两极，也传播到球体的所有方向……”

E 向上旋转。在这种情况下，为使其运动与第一个涡旋的运动相协调，中心为 f 的第四个涡旋就不可能从 E 向 I 旋转，因为那样一来，它将阻碍第二个和第三个涡旋的运动；它也不可能像第二个涡旋一样从 E 向 V 旋转，因为那样一来，它将阻碍第一个和第三个涡旋的运动；最后，它也不可能像第三个涡旋一样从 E 向上旋转，因为那样一来，它将阻碍第一个和第二个涡旋的运动。因此还剩下一种可能，那就是它的一个极点朝着 E，另一个极点朝着 B 的对侧，围绕它的轴 EB 从 I 向 V 旋转。

图 8

66. 这些涡旋的运动必定有某种偏转，以便能协调一致。

我们还要注意，如果前三个涡旋的黄道，[①] 也就是离它们的极点最远的圆，在第四个涡旋的极点 E 相遇，那么这些运动仍然会有某种阻碍。例如[见图 14]，如果 IVX 是第四个涡旋的极点 E 周围按照 IVX 的顺序旋转的那个部分，则第一个涡旋会沿着直线 EI 和与之平行的其他直线摩擦这个部分，第二个涡旋会沿着直线 EV 摩擦

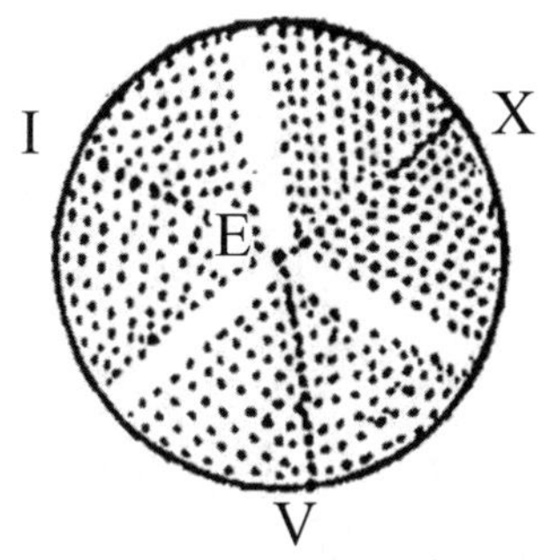

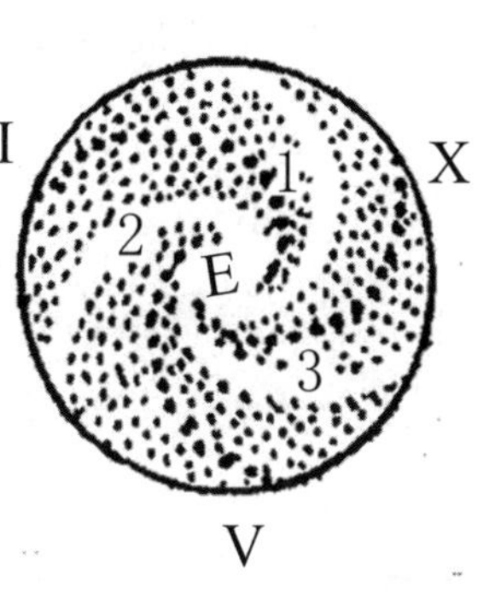

图 14

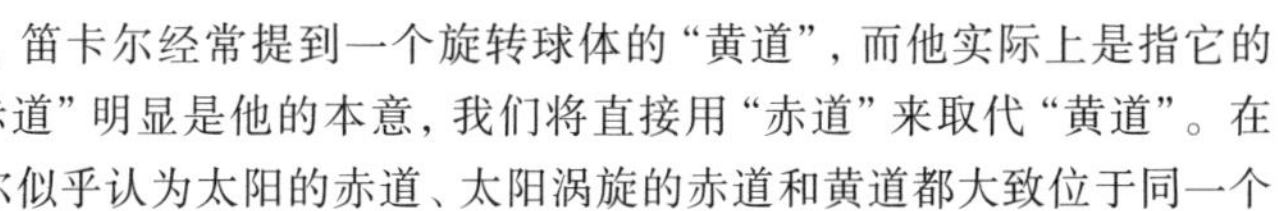

① 从这里开始，笛卡尔经常提到一个旋转球体的“黄道”，而他实际上是指它的赤道。因此，如果“赤道”明显是他的本意，我们将直接用“赤道”来取代“黄道”。在整个第三部分，笛卡尔似乎认为太阳的赤道、太阳涡旋的赤道和黄道都大致位于同一个平面上，尽管他从未明确断言这一点。

它，第三个涡旋会沿着直线 EX 摩擦它，所有这些涡旋都会对它的圆周运动产生阻碍。但大自然很容易通过运动定律来纠正这一点：她让这三个涡旋的赤道微微偏向第四个涡旋 IVX 旋转的方向，使这三个涡旋不再沿着直线 EI、EV 和 EX，而是沿着曲线 1I、2V 和 3X 摩擦它，从而与它的运动协调得很好。

67. 两个涡旋的极点不能相互接触。

在我看来，不可能想出什么更好的方法来使不同涡旋的运动之间减少阻碍。事实上，如果假设有两个涡旋的极点相互接触，则这两个涡旋要么都沿同一个方向转动，从而联合成一个涡旋，要么沿相反的方向转动，从而彼此阻碍最大。因此，虽然我不敢擅自确定天上所有涡旋的位置和运动，但我认为可以一般性地确定，每一个涡旋的极点所接触的并非其附近那个涡旋的极点，而是离后一涡旋的极点非常远的部分，而且我似乎在此也提供了充分的证明。[①]

68. 这些涡旋不可能都是同样大小。

此外，在恒星处出现的无法解释的多样性似乎清楚地表明，围绕它们旋转的那些涡旋彼此［大小］并不相等。但我认为，从恒星的光来看很明显，恒星只可能处于这种涡旋的中心；因为由之前所说和之后要说的话可以清楚地看出，这种光只有通过这些涡旋才能得到非常精确的解释。因为对于恒星，我们凭借感官只能知觉到它

① 法文版的这句话是："……每一个涡旋的极点距离最靠近它的那些涡旋的极点要比距离后者的赤道更远。"

们的光和视位置，因此我们只应为解释这两者而做必要的假定。而要想了解光的本性，唯有假定每一个涡旋都携带着其中的天界物质围绕一颗星旋转；同样，要想解释恒星的视位置，也唯有假定这些涡旋大小不等。我相信这两个假定都必须得到认可。但如果它们果真不等，则一个涡旋离极点较远的部分就必然接触的是另一个涡旋离极点较近的部分，因为大小不等的物体的相似部分不可能彼此相契合。

69. 第一元素的物质从每一个涡旋的极点流向中心，从中心流向其他部分。[①]

由此可推知，第一元素的物质不断地从每一个涡旋中经由离极点最远的部分流出，同时也从周围的其他涡旋经由离极点最近的部分流入。例如我们假设［见图 15］，AYBM 是第一层天的涡旋，太阳位于它的中心，A 和 B 分别是它的南极和北极，整个涡旋围绕这两极旋转；四个周围的涡旋 K、O、L 和 C 围绕它们的轴 TT、YY、ZZ 和 MM 旋转，AYBM 与 O 和 C 在极点接触，与另外两个涡旋 K 和 L 在离极点很远的部分接触。由以上所述可以清楚地看出，AYBM 的所有物质都努力远离轴 AB，因此以更大的力趋于 Y 和 M 方向，而不是 A 和 B 方向。由于它在 Y 和 M 遇到了涡旋 O 和 C 的极点，那里没有很大的力来抵抗它，而在 A 和 B，它遇到了涡旋 K 和 L 的那些离极点最远的部分（因此从 L 和 K 移向 S 要比涡旋 S 极点周围的部分移向 L 和 K 有更大的力），因此毫无疑问，K 和 L

① 第 69-86 条均参见图 15。

处的物质必须向 S 前进，S 处的物质必须向 O 和 C 前进。

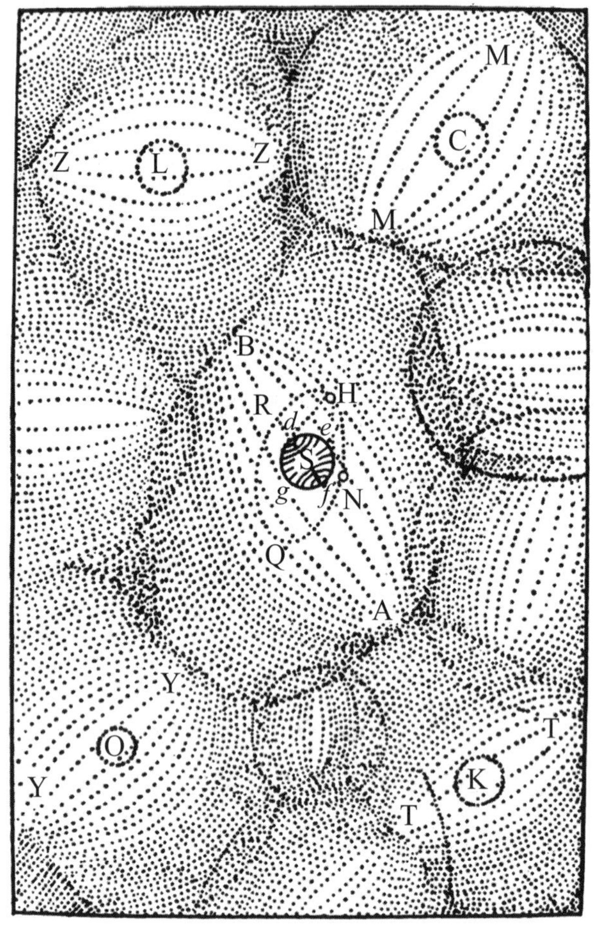

图 15

70. 对第二元素的物质不能做同样的理解。

事实上，如果不是有什么特殊原因阻碍它们朝这个方向运动，那么不仅第一元素的物质，而且第二元素的小球，都应做这样的理解。但由于第一元素的搅动比第二元素快得多，而且它总有自由通道可以通过第二元素的小球所无法占据的那些小角，因此即使我们想象，包含在涡旋L中的第一元素和第二元素的所有物质开始从中心S与L中间的一个位置同时向S前进，我们也会理解，第一元素的物质必定比第二元素的物质更快地到达中心S。不过，正如我稍后会解释的，进入空间S之后，第一元素的物质以巨大的力驱动第二元素的小球不仅向赤道eg或MY，而且主要向极点fd或AB运动，从而阻止了那些来自涡旋L的小球比用字母B标记的边界更靠近S。关于涡旋K和所有其他涡旋，也应做同样的理解。

71. 这一差异的原因。

此外，还必须考虑，围绕中心L旋转的第二元素的微粒不仅拥有远离这个中心的力，而且拥有继续保持其速度的力。这两者之间有某种对立；因为这些微粒在涡旋L中旋转时，它们所能延伸的空间被限制在它们借由附近其他涡旋所绘制的边界之内，我们应想象那些涡旋位于该图平面的上方和下方；这就使得上述微粒不可能进一步向B〈在那里它们的空间不那么受限制〉运动；除非L与B之间比L与附近其他涡旋之间的空间更大，从而使其运动更慢。[①] 由于它们在做圆周运动，它们穿越L与其他涡旋之间的时间不可能比穿越L与B之间的时间更多。因此，尽管它们远离中心L的力使这些微粒更倾向于朝B而非其他方向运动，因为这些微粒在那里遇到了很容易让位于它们的、涡旋S极点周围的部分；但它们保持其运动速度的［较小的］力却阻碍它们持续远离，从而使它们无法到

① 事实上，空间LB越大，运动就越慢。参见第二部分，第33条。

达 S。而第一元素的物质却不是这样。因为即使与第二元素的微粒一样，它们也会在包含它们的涡旋中旋转，并且会努力远离涡旋中心，但两者在以下方面依然有很大不同，即第一元素的物质在远离其中心时可以不失去任何速度，因为在未被第二元素的小球填满的狭小缝隙中，它到处都能找到几乎同样〈大小〉的通道来继续运动。这样一来，第一元素的这种物质就经由极点 A 和 B 附近的部分，不仅从涡旋 K 和 L，而且也从图中不便呈现的其他许多涡旋持续流向 S；因为它们必然不会都位于同一个平面上，而我也不能确定它们的位置、大小和数目，也因为它们从中心 S 流向涡旋 O 和 C，以及其他我无法确定其位置、大小和数目的类似涡旋，同样不确定的还有这些物质是否立即从 O、C 返回 K、L，或者在完成其循环运动之前，是否还经过了离此处的 S 涡旋更远的其他许多涡旋。

72. 形成太阳的物质是如何运动的。

但我们必须更仔细地考虑一下这种［物质］是如何运动到空间 defg 中的。事实上，它的来自 A 的一部分沿直线前进到 d，在那里遇到了第二元素的小球并把它们推向 B；来自 B 的另一部分也以同样的方式沿直线前进到 f，在那里遇到了第二元素的小球并把它们推向 A。d 处的物质和 f 处的物质都沿各个方向转回赤道 eg，并且均匀地驱动周围所有第二元素的小球，最后经由赤道 eg 周围那些小球之间的通道向 M 和 Y 逃逸。此外，当第一元素的这种物质被自己的运动沿直线从 A 和 B 推向 d 和 f 时，它也被围绕轴 AB 旋转的整个涡旋的运动携带着旋转；因此其单个碎片描出了螺旋线或者像耳蜗一样扭曲的线；到达 d 和 f 之后，螺旋线在那里从两侧向赤道 eg 转回来。如果第一元素的物质只能借由这些螺旋孔道穿过第二元素进出中心球体 defg，由于它们所能占据的空间不如 defg 的空间大，所以必然会在其中再多停留一阵，并形成围绕轴 fd 不停旋转的极易流动的物体，即太阳。

73. 太阳〈在它所处涡旋中〉的位置存在许多不均等性。

我们必须特别注意，这个物体必须是球形的。由于〈包围着天 AMBY〉涡旋的不均等性，我们不能认为由它的一个极点附近的涡旋向 S 发送的第一元素的物质的量恰好等于另一个极点附近的涡旋向 S 发送的量，也不能认为为了使 ASB 成为严格的直线，两极位置就是直接相对的；此外，我们也不能认为，在其赤道接触第一层天的其他涡旋〈的极点排列使它们〉都与这个赤道圈有同样的位置关系，或者这些涡旋能够同样容易地接受从 S 经由这个赤道圈及其附近的所有部分发出的物质；[1] 但由此并不能推出太阳形状的不均等性，而能推出它在位置、运动和量上有不均等性。事实上，如果从极点 A 移向 S 的第一元素的物质的力大于来自极点 B 的物质的力，那么在前一种物质因为遇到后一种物质而被推回来之前，前者朝着 B 的前进会甚于后者朝着 A 的前进；但如果再往前走，它的力会减弱；而且根据自然定律，两者最终会把对方赶回到那个使它们的力完全相等的处所，并且在那里形成太阳：因此，它离极点 A 将比离极点 B 更远。但第二元素的小球在其圆周的 d 处并不比在

① 法文版的这句话是："我们也不能认为，存在任何完美的圆可以作为该涡旋的黄道，且围绕着它的涡旋如此均等地与其相关联，以至于来自太阳的第一元素物质都能经由黄道上的各个位置均等地离开这一层天。"

f处被更大的力驱动，因此这个圆周将同样是圆的。类似地，如果第一元素的物质朝着O比朝着C更容易离开S(因为前者的空间更为自由)，那么仅凭这一点就可以使物体S靠近O一些，从而在某种程度上减少中间的空间，并且最终停在两者的力相等的地方。于是，虽然我们只考虑了L、C、K和O四个涡旋，但只要假设它们大小不等，就可以由此推出，太阳S既不可能正好在O与C的中间，也不可能正好在L与K的中间。从它周围还有其他许多涡旋可以看出，它的位置还有许多其他的不均等性。[①]

74. 太阳物质的运动也存在许多不均等性。[②]

此外，如果来自涡旋K和L的第一元素的物质并非直接朝着S运动，而是朝着S附近的其他地方运动，例如，来自K的物质朝着e运动，来自L的物质朝着g运动，那么太阳的所有物质绕之旋转的极点f、d将不在从K和L到S所引的直线上，而是南极f将更靠近e，北极d更靠近g。同样，如果直线SM(〈我假定〉第一元素的物质沿着它〈比沿着其他直线〉更容易从S移向C)与圆周fed的交点距离点d比距离点f更近，如果〈我假定〉这种物质从S移向O所沿的直线SY与圆周fgd的交点距离f比距离d更近，那么太阳的赤道gSe，也就是太阳的物质在其上旋转并且描出最大圆的平面，在e处相较于极点f更偏向于极点d，但仍然没有直线SM偏

① 这也许是为了说明，在哥白尼体系中，太阳并非位于行星轨道的正中心。

② 此条目将采用法文版的译法，因为它要更加清晰，而且也符合笛卡尔1645年2月就此条目对法文版译者的解释。

向那么多；它在 g 处相较于极点 d 更偏向于极点 f，但同样没有直线 SY 偏向那么多。由此可知，太阳的所有物质绕之旋转并以极点 f 和 d 为端点的轴并不是完全的直线，而是〈两边〉略有弯曲；这种物质在 e 与 d 之间或 f 与 g 之间的旋转要比在 e 与 f 或 d 与 g 之间稍快一些，而且，它在 e 与 d 之间旋转的速度也许并不完全等于它在 f 与 g 之间旋转的速度。

75. 然而，这些不均等性并不妨碍太阳的形状是球形的。

然而，这并不妨碍太阳物体是近乎球形的，因为与此同时，从极点向赤道的另一种运动抵消了这些不均等性。正如我们看到，仅仅通过一根铁管将空气吹入一个玻璃瓶的熔融物质，就可以使瓶子变成球形：事实上，由于空气从瓶口移向瓶底的力并不大于从那里转到所有其他部分的力，而且同样容易地驱动它们，因此，经由太阳的极点进入太阳物体的第一元素的物质，也必定会从各个方向均等地推动周围所有第二元素的小球，既包括与之斜向相撞的小球，也包括与之正面相撞的小球。

76. 第一元素位于第二元素的小球之间时的运动。

接下来要注意，第一元素的这种物质只要位于第二元素的小球之间，就肯定有一个从极点 AB 到太阳以及从太阳到赤道 YM 的直线运动，以及〈参与〉围绕整个天 AMBY 的共有极点的一个圆周运动。但这种物质也把自己最大和最主要部分的搅动用在了持续改变其小微粒的形状上，从而可以刚好填满它们穿过的所有狭窄角落。这也是为什么这种物质的力在经如此分裂后变得更弱，而在它们行经的每一处狭小空间中，这些微量的物质也总是准备好离开并随着那些小球运动，以继续朝向其所在方向沿直线前进。然而，在朝向 S 并构成太阳物体的物质那里，有着很显著且很大的力，因为它的所有部分都协调成朝同一个方向运动，它也用这种力推动太阳周围所有第二元素的小球。

77. 太阳光如何不仅向黄道散播，而且也向两极散播。

由此可以看到，有多少第一元素的物质参与了我们此前表明光所是的那种作用，以及那种作用如何向四面八方传播；不仅向黄道散播，也向两极散播。因为首先，如果假定在 H 处[①]有一个空间只被第一元素的物质所充满，但是大到足以容纳第二元素的一个或多个小球，那么毫无疑问，以凹半球 def 为底的圆锥 dHf 中包含的所有小球都将同时向那里运动。

78. 太阳光如何向黄道散播。

关于以太阳赤道的半圆为底的三角形中所包含的小球，我们已经表明了这种[朝着 H 运动的倾向]，[②]尽管第一元素的作用尚未被考虑；但是借助于第一元素[的作用]，我们可以就这些小球以及整个圆锥[③]中包含的其余小球更清楚地揭示出同样的东西。因为构成太阳物体的[第一元素物质的]那个部分不仅驱动位于赤道 e，而且驱动位于极点 d 和 f 以及圆锥 dHf 中的所有那些第二元素的小球向

① 应当注意，H 靠近太阳的赤道。

② 参见第 62 条。

③ 即以 H 为顶点、以太阳的半球为底的圆锥。

H运动；因为它向e运动的力并不比向d和f以及其间的其他位置运动的力更大。事实上，被我们假设位于H的物质向C运动，并从那里经过K和L向S运动，仿佛形成一个圆形回路。因此，第一元素物质并不阻止这些包含在圆锥dHf中的［第二元素］小球靠近H，而且在它们靠近H的同时，第一元素物质也从K、L和其他类似的涡旋朝着太阳涌入，而且和进入H空间的第二元素物质同样多。

79. 一个小物体的运动如何很容易使离它很远的其他物体运动。

事实上，这种［第一元素的］物质〈非但没有阻止第二元素的各个部分前进到H〉，反而有助于这个结果；既然所有运动都倾向于沿直线进行，所以位于H的被搅动最大的物质更倾向于离开那里而不是留在那里；因为它所处的空间越狭窄，它的运动就越需要弯曲。因此毫不奇怪，我们常常看到，一个极小的物体的运动，就会使距离极为遥远的其他物体同时运动；因此我们也不应感到奇怪，为什么不仅太阳的作用，而且还有最遥远的星体的作用，都会在最短的时间内到达地球。

80. 太阳光如何向两极运动。

〈既已看到太阳相对于黄道是如何作用的，我们现在可以以同样的方式看看太阳相对于极点是如何作用的。〉如果假设点N处的空间仅由第一元素的物质所填充，〈虽然它大到足以包含第二元素的某些小球〉，因为构成太阳的物质以很大的力朝各个方向推动周围的天，所以很明显，它也会促使圆锥eNg中的所有第二元素小球向N运动，虽然它们自身可能没有做这种运动的倾向，但也并不反抗；位于 N 的第一元素的物质也不会阻止它们〈进入那个空间〉，因为它随时准备向 S 运动，并且在那里填充凹半球 efg 的小球向 N 运动时给太阳留下的空间。〈圆锥 eNg 中的〉第二元素的小球也不难〈沿直线〉从 S 向 N 运动，同时第一元素的物质沿相反方向从 N 向 S 运动。由于第一元素的物质只穿过了第二元素的小球没有填满的那些非常狭窄的缝隙，所以它的运动不可能〈阻碍它们，或者〉被它们阻碍。同理我们可以看到，在沙漏（我们现在用它来代替水钟）中，从上方容器落下的沙粒不会阻止空气从下方容器经由沙粒之间的缝隙上升。

81. 光在两极和黄道上的力是否相等。

现在我们只需问，包含在圆锥 eNg 中的小球纯粹被太阳的物质驱向 N 的力，是否与圆锥 dHf 中的小球被太阳的同样物质及其自身的运动〈倾向于使它们远离中心 S〉驱向 H 的力相等；如果 H 和 N 与〈点〉S 等距，那么这两个力〈很可能〉是不等的。但正如我们已经指出的，太阳与环绕太阳的天的圆周之间的距离在两极处小于在黄道处，因此〈我认为应当断定，〉为了使它们被驱向 N 和 H 的力相等，至少应当使得线 SH 与 SN 之比等于 SM 与 SA 之比。大自然中只有一种现象可以使我们获得对这件事的经验，那就是当一颗彗星穿过这样一片天时，人们先是看到它在黄道上，然后在一个极点附近，接着又在黄道上。如果能够估算它的距离之比，我们就可以判断，在其他条件相同的情况下，它的光（正如我稍后要表明的，来自太阳）在黄道是否比在两极看起来更强。

82. 在某个距离之内，太阳附近的第二元素的小球要比离太阳更远的小球更小，运动更快；超出了这个距离，所有小球都大小相等，而且离太阳越远，运动就越快。

还需要注意，离每一个涡旋中心最近的第二元素的小球要比离它稍远的小球更小，运动更快，但仅在某个界限之内才是如此；超出了这个界限，较高的小球要比较低的小球运动更快，并且大小相等。例如，必须认为，在第一层天中，第二元素的所有最微小的小球都靠近太阳表面 defg；离它渐远的小球则逐渐变大，直到椭球体的表面 HNQR，超出这个表面的那些小球则大小相等。所有小球中运动最慢的是表面 HNQR 中的那些小球，以至于〈位于〉H 和 Q 的第二元素的小球需要 30 年或更长的时间才能绕极点 AB 完成一次旋转。而位于 M 和 Y 的较高的小球和位于 e 和 g 的较低的小球则运动较快，只需几个星期就能完成其旋转。

83. 为什么最远的小球比不那么远的小球运动得更快。

首先，很容易证明，位于 M 和 Y 的较高的小球必定比位于 H 和 Q 的较低的小球运动得更快。这是因为，我们假设它们在创世之初大小都相等（我认为这个假设是恰当的，因为没有证据表明它们不相等），还因为如涡旋一般包含并携带着它们做循环运动的天，并非严格意义上的球形——由于与之接触的其他涡旋大小并不相等，也由于这些涡旋中心相互之间的通道比其他地方更加紧凑；因此，当它们必须改换阵列，以从较宽的路径移到较窄的通道时，其中一些部分必定比其他部分运动得更快。〈正如我们在这里看到的〉[见图 16]，点 A 与点 B 之间的两个球无法从〈我假设靠得更近的〉另外两个点 C 和 D 之间穿过，除非一个球走在另一个球前面；显然，[要使这种情况发生，]前面那个球必须比另一个球运动得更快。由于第一层天的〈第二元素的〉所有小球都尽全力努力远离中心 S，一旦有一个小球比附近的那些小球运动得更快，它就会凭借这个更大的力更加远离中心，因此，越高的小球总是运动越快。〈我没有指明〉它们的速度，〈因为〉只有通过经验才能教导我们〈这一点〉。在这方面，我们只有彗星的经验，我稍后将会表明，彗星从一层天漫游到另一层天，〈并且多多少少沿着它们所在的路径〉。我们也无法确定圆 HQ 的运动有多慢，因为我们对它的了解都来自土星的轨道〈它需要 30 年时间来完成旋转〉；我稍后将会表明，土星轨道应当也包含在这个圆中。

图 16

84. 为什么离太阳最近的小球比稍远的小球运动得更快。

同样很容易证明，在区域 HQ 包含的第二元素的小球中，离中心 S 较近的小球会比较远的小球更快地完成旋转，因为太阳物质的旋转会携带着附近所有天的部分。由于太阳物质比它们运动得更快，而且太阳物质的某些部分经由第二元素的小球之间的狭窄通道不断从赤道流出和在两极流入；因此，它必定有力把〈周围的天的〉这些小球携带到一定的距离。这里用椭圆 HNQR 而不是圆来表示这个距离的边界。因为虽然太阳是球形的，并且通过作为光之本性的那种作用，以同样强大的力撞击极点附近的天的部分和赤道附近的天的部分，但它携带着附近的天界物质旋转所凭借的其他作用却不是如此；因为这仅仅依赖于它的绕轴自转，而且在赤道附近的力无疑要强于在两极附近的力。因此，H 和 Q 必定比 N 和 R 更远离中心 S。这在后文中也将解释，为什么彗星的尾部〈在我们〉看起来有时是直的、有时是弯的。

85. 为什么离太阳最近的小球比较远的小球更小。

由于边界 HQ 中包含的那些较低的天界物质小球要比较高的小球运动得更快，所以它们也必定更小；因为如果它们更大或者同样大小，那么它们将因此具有更大的力来超过那些较高的小球，〈因为它们的速度比那些较高的小球更快〉。但当这些小球中的一个相比在它之上的小球变得如此之小，以至于前者在速度上超过后者而增强的力量（由于它更靠近太阳），仍比不上后者在大小上超过前者而增强的力量。显然，这一小球必定会始终停留在那些小球的下方，更接近太阳，尽管它的速度更快。虽然我们已经假设，上帝在创世之初把第二元素的所有这些小球造得完全相等，但随着时间的流逝，如前所述，由于它们所要通过的空间的不均等，以及由此产生的运动的不均等，〈这必然导致其大小的不均等，因为那些运动最快的小球碰撞得更为猛烈，从而失去了更多物质，〉其中一些小球必定变得比另一些小球更小。那些变得〈明显〉小于其他微粒的小球必然不会太少，不难认为它们足以填充空间 HNQR；因为相比于整个涡旋 AYBM，这个空间非常小，尽管相比于太阳，它又大得多。但这些比例无法在图中显示，因为那样一来，这幅图会太过巨大。此外，天界部分的运动中还有其他各种不均等性，尤其是位于空间 HNQR 的那些部分，我们还是稍后再讨论这些更合适。

86. 第二元素的小球同时以各种方式运动，因此变成完全的球形。

最后，不应忽视，尽管来自涡旋 K、L 和其他类似涡旋的第一元素的物质主要被携带着朝太阳运动，但它也朝向涡旋 AYBM 中不同方向上的其他地方流去，并从那里移到了 C、O 和其他类似的涡旋中，未曾抵达太阳。通过在第二元素的小球周围流动，它们使这些小球围绕自己的中心旋转，或许还以其他方式运动。由于这些小球不仅以一种方式这样搅动，而且同时以许多不同的方式运动，由此我们清楚地看出，无论它们起初是什么形状，现在它们必定是完全的球形，而不只是像圆柱或只有一面是圆的球状体那样。

87. 第一元素的微粒有不同程度的速度。

既然我们已经详细解释了第一元素和第二元素的本性，最后为了能够讨论第三元素，我们必须想到，第一元素物质的所有微粒并非均等地搅动，而是常常在极少量的这种物质中有无数不同程度的速度。由上述它的产生方式和它持续实现的用途很容易表明这一点。因为我们假设它是这样产生的：当时第二元素的微粒还不是球形，而是有角的，并且填满了它们所处的整个空间；若不磨掉它们的角〈的小尖〉，它们就不可能运动，从它们分离出的小碎片〈当它们变成球形时〉按照它们所要占据的各种处所，以各种方式改变其形状，这样便具有了第一元素的形态。现在我们以同样的方式假设，这种第一元素的功能仍然是填满所有其他物体之间的狭窄空间。由此显然可知，这些小碎片起初必不大于〈必须与第二元素的微粒分离的〉微粒的角，也不大于第二元素的三个相邻小球〈既然已经变成球形〉在它们中间留下的空间。因此，虽然有些小碎片随后可能一直完全未分，但另一些小碎片在离开〈第二元素运动微粒之间的〉狭窄空间时，必定会越来越改变形状，从而无定限地磨损和分裂成更小的碎片，而且为了适应运动时经过的第二元素微粒间不同空间的大小，它们也没有任何确定的大小或形状。例如[见图17]，假设有三个小球A、B、C，前两个小球A和B在点G相互接触，只围绕自己的中心旋转，而第三个小球C与第一个小球接触于点E，它从E向I滚过第一个小球〈的表面〉，直到它的点D与第二个小球接触于点F。显然，包含在三角形空间FGI中的第一元素的物质（可能由多个碎片所组成，也可能只由一个碎片所组成）在此期间可以保持不动，但空间FIED中的物质却必定运动。同样，在点F与点D之间无法确定一个足够小的碎片，使得它不大于那些每一时刻都在离开线FD的碎片；因为小球C靠近B的所有时刻，都在缩

短线 DF，并使其连续获得更多不同的长度，我们难以将其表示为数字。

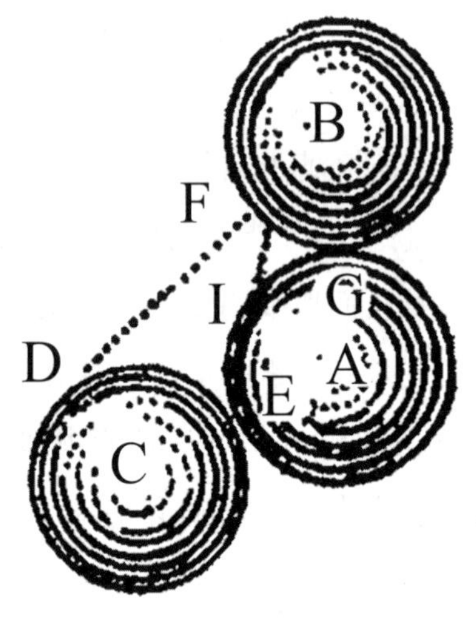

图 17

88. 那些速度最小的小微粒很容易把它们的速度转移给其他微粒，并且彼此粘合。

因此，在第一元素的物质中，有一些碎片的分裂不如另一些碎片，搅动也不那么快。既然我们假设，这些碎片来自第二元素微粒的角（当这些微粒还没有被磨成球形，而且所有空间只被它们填充时），所以这些碎片必定棱角分明，不适合运动。因此，它们很容易彼此粘合，并将它们的很大一部分搅动转移给那些最微小、搅动最迅速的碎片。因为根据自然定律，〈当不同大小的物体混在一起时，其中一些物体的运动常常会传导给另一些物体；但〉在其他条件相同的情况下，较大物体把它们的搅动转移给较小物体，要比从较小物体那里获得新的搅动更容易。〈因此可以说，最小的微粒通

常是搅动最快的。〉

89. 这种彼此粘合的小微粒主要见于从涡旋的两极流向中心的第一元素物质。

这种〈彼此粘合并且保持最少搅动的〉碎片主要见于从天的两极向其中心沿直线运动的第一元素的物质；因为这些部分最少的搅动足以使这种直线运动发生，但不足以使别处更为倾斜和多样的其他运动发生。因此，〈当这些部分在别处时，〉它们常常被驱赶到这种直线运动的路径上，并且在那里聚合成一些小物体，我将对其形状做出更仔细的思考。

90. 这些小微粒的形状（从现在起将被称为"有沟槽的"）是什么样的。[①]

事实上，从宽和深上看，它们的横截面必定是三角形的，因为它们经常穿过第二元素的三个小球相互接触时形成的那些狭窄的三角形空间；至于它们的长则不容易确定，因为它似乎只取决于这些小物体所由以构成的物质的量；但我们只需把它们想象成有三个如蜗牛壳一般扭曲的沟槽〈或通道〉的〈有沟槽的〉细柱就够了［见图 17］，这使它们能够旋转着穿过具有曲线三角形 FGI 的形状、并且总是见于第二元素的三个相互接触的小球之间的狭窄通道。由于这些〈有沟槽的微粒〉是细长的，并且非常快速地在第二元素的小球之间穿过（与此同时，它们本身则以另一种运动围绕天极旋

① 后文中也将"有沟槽的微粒"简称为"沟槽微粒"。

转），所以我们可以清晰地看到，其沟槽必定如蜗牛壳一般扭曲，而且这〈三个沟槽〉会按照它们所要穿过的部分与涡旋轴的远近而或多或少地扭曲；因为如前所述，第二元素的小球离轴较远时要比离轴较近时旋转更快。

91. 来自相反极点的微粒沿完全相反的方向旋转。

此外，由于它们从相反方向靠近天的中心，也就是说，有些来自南〈极〉，有些来自北〈极〉，而在此期间，整个涡旋沿同一个方向绕轴自转，因此显然，来自南极的微粒与来自北极的微粒不是沿着相同的方向旋转，而是沿着完全相反的方向旋转。在我看来，这一点非常值得注意，因为我们后面会讲到的磁力[①]主要据此加以解释。

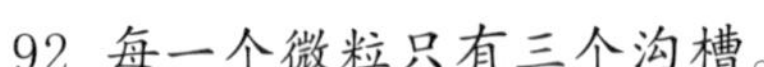
92. 每一个微粒只有三个沟槽。

我断言第一元素的这些微粒表面只有三个沟槽，然而第二元素小球的相互接触并不总能留下三角形空间。为了避免让人认为我无缘无故地下此断言，我们可以在这里看到［见图 18］，这些位于〈第二元素的〉微粒之间的间隙所具有的其他形状，始终拥有和三角形 FGI 完全相等的角。此外，这些空间在不断变化；因此，穿过它们的第一元素的沟槽微粒[②]必定也有我们所描述的那种形状。例如，四个小球 A、B、C、H 在点 K、L、G、E 上相互接触，在它们

---

① 第四部分，第 133 条及以下。

② 这里所谓“第一元素的沟槽微粒”，拉丁文作“particulæ striatæ primi elementi”。

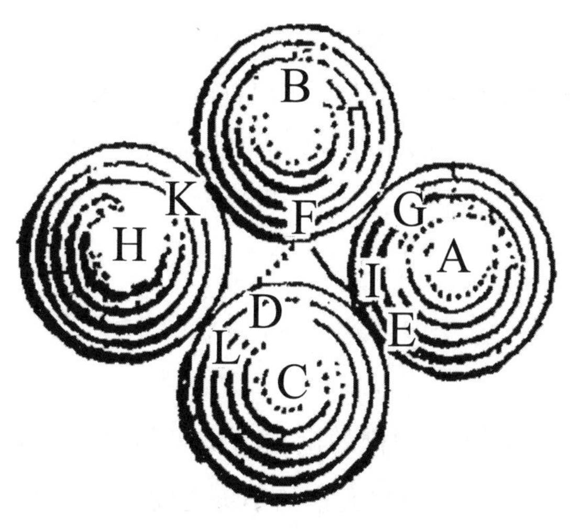

图 18

之间留下了一个四边形空间，每个角完全等于三角形 FGI① 的某个角。这四个小球运动时，这个空间会不断改变形状，有时是正方形，有时是长方形，有时也被分成两个三角形空间；② 因此，位于其中的第一元素的搅动不太快的物质必定流向其中的一两个角，并把剩余的空间留给更容易〈随时〉改变形状以适应这些小球的所有运动的搅动更快的物质。此外，如果偶然有〈第一元素的这种物质的〉一个碎片位于其中一个角，并且越过等边三角形 FGI 的空间朝着与这个角相对的方向延伸，则它将被逐出那里，并且在第三个小球与形成这个碎片所处的角的那两个小球相接触的时候相应地减小尺寸。例如，如果占据角 G 的搅动不太快的物质越过线 FI 向 D 延伸，则当小球 C 靠近 B 从而使三角形 GFI 闭合时，它会被从那里逐出，并

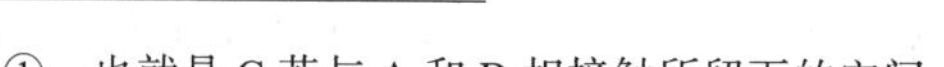

① 也就是 C 若与 A 和 B 相接触所留下的空间。

② 例如，B 与 C 相互接触，并与 A 和 H 接触的时候。

且减小尺寸。由于第一元素的这些微粒最大，而且比其他微粒搅动更慢，在天界穿行时必定经常处于以这种方式相互靠近并接触的三个小球之间，因此，它们能够确定而持久地具有的形状似乎只能是我们所描述的那种形状。

93. 在沟槽微粒与最小的微粒之间，第一元素还有其他各种大小的微粒。

现在，虽然这些有沟槽的微粒与更小的第一元素物质非常不同，但只要它们围绕在第二元素的小球之间，我就仍能将其归入第一元素〈的范畴〉中加以理解。这既是因为，我们没有注意到它们产生了什么〈不同的〉特殊结果；也是因为，我们判断，在最小的微粒与这些沟槽微粒之间，还有无数不同尺寸的微粒居于其中，这很容易由它们经过〈并且填充〉的位置的多样性得到证明。

94. 太阳或星体表面的黑子是如何由这些微粒产生的。

但是当第一元素的这种物质到达太阳或另一颗星体时，它所有搅动最快的小微粒都努力在那里结合成类似的运动，因为它们不会被第二元素小球的任何屏障所阻碍。由此，这些沟槽微粒以及其他许多小一些的微粒，由于棱角分明的形状无法接受如此迅速的运动，于是被它们所构成的星体之外的更为精微的物质所拒，并且很容易相互粘合。由于形状的不规则，它们有时会形成巨大的物质，与天的表面直接相邻，并与分离出它们的星体相连。而且在那里，通过抵抗前述光的力所由以构成的那种作用，它们形成了类似于我们在太阳表面观察到的那些黑子。同样的道理，我们看到，如果把水和其他液体放到火的附近煮沸，而且其中包含着一些与其余的微粒本性不同且不太容易运动的微粒，那么它将释放出由这些微粒组成的致密泡沫，这些泡沫浮在其表面上，形状非常不规则和容易变化。因此很明显，沿两侧从两极向赤道涌出的太阳物质，必定像排出泡沫一样排出其沟槽微粒和所有其他容易相互粘合的微粒，并且很难服从其共同的运动。

95. 由此可知这些黑子的主要属性。

由此很容易知晓，为什么太阳黑子通常不出现在极点附近，而是更多地出现在赤道附近的区域；为什么它们的形状极为多变和不确定；以及最后，为什么它们围绕太阳的轴旋转，即使不是和太阳的物质运动得同样快，至少也是和离太阳最近的那部分天同时运动。

96. 这些黑子是如何被摧毁，以及新的黑子是如何产生的。

然而，正如许多液体最初通过沸腾释放出泡沫，后来经过更长时间的煮沸，又会重新吸收和耗尽它们；因此我们也必须认为，这些黑子的物质同样容易从太阳物体中浮现出来，并且堆积在它的表面，不久以后也消失了，一部分回到了太阳物质中，一部分散入邻近的天界。（因为这些黑子不是由整个太阳物体形成的，而是仅仅由新近进入太阳的物质形成的。）在太阳里待的时间更长的其他物质（可以说已经被熬煮和净化）以极大的力不断旋转，磨掉了一部分已经形成的黑子，而新的黑子又在别的地方由进入太阳的新的物质所产生：由此可见，并非所有黑子都出现在同一处。当然，除了极点周围的部分，太阳的整个表面通常都被形成黑子的物质所覆盖；尽管只有在这种物质非常致密和拥挤，以至于来自太阳的光的力被明显削弱的那些地方，我们才称其为黑子。

97. 为什么彩虹的颜色出现在某些黑子的边缘。

此外，这些黑子在较为稠密时，在其圆周有可能比在其中心被绕之流动的更为纯净的太阳物质磨损得更快。于是，其圆周的边缘变得越来越薄，使太阳光可以透过；因此，正如我以前在我的《气象学》第八讲就玻璃棱镜所解释的那样，这些[边缘]必定呈现出彩虹的颜色。这种颜色常常可见于黑子边缘。

98. 黑子是如何变成光斑[1]的，反之亦然。

在这些黑子周围流动的太阳物质也常常越过其边缘，在黑子与附近的天的表面之间被阻断，并且被迫运动得比通常更快；这就如同河流的速度在浅窄之处总是比在宽深之处更大一样。由此可知，那里的太阳光必定更强一些。因此，黑子常常变成亮斑，即太阳表面上的一些以前〈比其他〉更暗、后来变得更亮的部分。反过来，当亮斑在一个区域没入更为精细的太阳物质中，而大量[适合形成黑子的]新物质从另一个区域出现并粘合起来时，我们便看到亮斑变成了黑子。

① 光斑(faculæ)是指太阳表面上比正常区域更亮的区域。它们通常会变成黑子，黑子逐渐消失之后又重新出现。

99. 黑子分解成的微粒种类。

然而，当这些黑子分解时，它们不会被分成与形成它们的微粒完全相似的小微粒：而是有些部分更小，但同时更坚固，或者形状不那么棱角分明，这些微粒更适合运动，因此很容易经由周围的天的小球之间的通道向其他涡旋运动；另一些部分极为精细，它们磨去了前者的角，这些微粒要么变成了最纯净的太阳物质，要么也向天而去；最后一些部分更为粗大，由多个微粒（沟槽微粒和其他形式的微粒）联合构成，它们被逐向天界（在那里，由于它们无法穿过第二元素的小球周围的三角形空间），遂进入了其中一些小球所在的处所；而且它们有极不规则的分叉形状，所以不可能像这些小球一样容易移动。

100. 太阳和星体周围的以太是如何由这些微粒产生的。这种以太和那些黑子属于第三元素。[1]

但它们相互粘合，在那里形成了某种巨大而非常稀薄的[2]物质，类似于地球周围的空气（或者更确切地说是以太）；它从太阳周围朝各个方向一直延伸到水星天球甚至更远的地方。但这种以太不能无限增加（尽管不断有黑子分解成的新微粒来增加它），因为第二元素的小球在这种以太之中和周围持续搅动，很容易分解掉其中与新增部分同样多的微粒，并将它们拆分成数个部分，重新恢复为第一元素的物质。当然，我们把太阳和其他星体的所有黑子以及包围

---

① 这一段中的“以太”（æther），法文版译作“空气”（l’air）。下同。

② 笛卡尔这里所说的“稀薄”似乎是指只在少数几个点上彼此相连的微粒，从而形成了一种网。参见第102条。

它们的整个以太(因为它的各个部分比第二元素的小球更不适合运动)都算作第三元素。[①]

101. 黑子的产生和分解取决于很不确定的原因。

然而,黑子的产生或分解取决于一些非常微小和不确定的原因,以至于如果有时太阳上没有出现任何黑子,或者如果相反,它们有时多到完全遮掩了太阳光,[②] 那并不奇怪。因为第一元素的少数碎片一旦彼此粘合,就会开始产生一个黑子;它随后很容易与其他许多碎片结合在一起(除非通过撞击先前的那些碎片而失去一部分搅动,否则这些碎片不会彼此粘合)。

102. 同一个黑子如何能够覆盖整个星体。

还必须指出,这些黑子最初产生时是非常柔软和稀薄的物体,因此很容易减少与之相撞并粘合的第一元素碎片的搅动。但随后,其内表面因为与之邻接的太阳物质的持续运动,不仅变得光滑而均匀,而且逐渐致密和坚硬;而它们朝向天的另一个表面仍然保持柔软和稀薄。因此,这些黑子并不容易被冲刷其内表面的太阳物质所分解,除非这些太阳物质也同时在其边缘周围和之外流动。恰恰相反,只要这些伸到太阳表面之上的黑子边缘,并未因为与太阳物质的接触而变得更致密,黑子就会不断增加。因此,同一个黑子有时

① 法文版的这句话是:“不过,由于它们构成了围绕着太阳或其他星体的大气或黑子(在此意义上都是相似的),它们也具有被我归于第三元素的形式,因为相比于前两种元素,它们更大而且更不适合运动。”

② 法文版这里是“……它的光明显变暗”。

可能会延伸到一颗星体的整个表面以外，在被分解之前在那里保持很长时间。

103. 为什么太阳有时显得更暗，为什么某些星体的视大小［或视亮度］[1] 发生了变化。

因此，根据某些历史学家的记载，太阳一连多日甚至在一整年的时间里相较平常更为黯淡，仅呈现出一种非常微弱且氤氲不明的光亮。[2] 还应注意的是，许多星体现在显得比天文学家以前描述的更小或更大。其原因似乎只可能是，〈相较过去，现在〉这些星体被黑子遮掩的部分更多或更少〈，因而在我们看来，它们的光就显得更微弱或更明亮〉。

104. 为什么有些恒星会消失或突然出现。

事实上，〈随着时间的流逝，〉某颗星体甚至可能被非常致密的黑子所覆盖，以致完全不为我们所见。例如，我们曾经可以数出七颗昴宿星，而现在却只能看到六颗。同样，也可能有一颗我们从未见过的星体在很短时间里突然出现，发出非常明亮的光。〈其原因在于，〉如果整个那颗星体此前一直被一个巨大而稠密的黑子完全覆盖，一旦在某一时刻，比平时更丰沛的第一元素的物质流向这颗

---

① 由于直到笛卡尔时代，人们认为所有恒星与地球同距离，因此视亮度［即视星等］可以暗示恒星的视大小。

② “氤氲不明”的说法（英文：rayless；法文：sans rayons）出自拜占庭历史学家高尔吉乌斯·凯得莱努斯（Georgius Cedrenus）的编年史著作，大致意为无法清晰地投出影子的微弱的光。

星体，倾泻在这一黑子的外表面，那么它将在很短的时间内完全覆盖这个黑子，使星体看起来就像没有黑子覆盖时一样明亮。这颗星体可能在之后的很长一段时间里继续这样闪耀，也可能渐渐变暗。比如 1572 年，一颗前所未见的星星出现在仙后宫，起初发出非常强烈的光，随后逐渐变暗，直到 1574 年年初完全消失。[①] 我们现在也能在天上看到一些〈古人〉前所未见的星星，它们并未很快消失。我们现在就来更详细地解释其原因。

105. 黑子中有许多通道，沟槽微粒可以自由穿过。[②]

例如［见图 19］，如果星体 I 被黑子 defg 完全覆盖，那么这个黑子不可能过于致密——其中总有许多孔洞或〈小〉孔道，可以让包括上述沟槽微粒在内的第一元素的所有物质穿过。由于黑子刚产生时非常柔软和稀薄，所以很容易在其中形成这些孔洞。尽管这些（黑子）微粒后来会变得越来越致密〈和坚硬〉，但借助于不断穿过孔道的沟槽微粒和其他的第一元素微粒，它不会允许孔道完全关闭，只许它们缩窄到仅能容纳第一元素中最大的微粒，即沟槽微粒穿过的大小。甚至这些空间的大小，也正好是那些微粒从通常进入的边穿过所需的尺寸；这样一来，允许来自一个极点〈向 I〉的微粒穿过的通道，将不会允许它们〈从 I〉返回〈同一个极点〉；也不会允许来自另一个极点的微粒穿过，因为它们螺旋环绕的方式正好相反。

① 这里指的是第谷观察到的新星。

② 第 105–113 条均参见图 19。

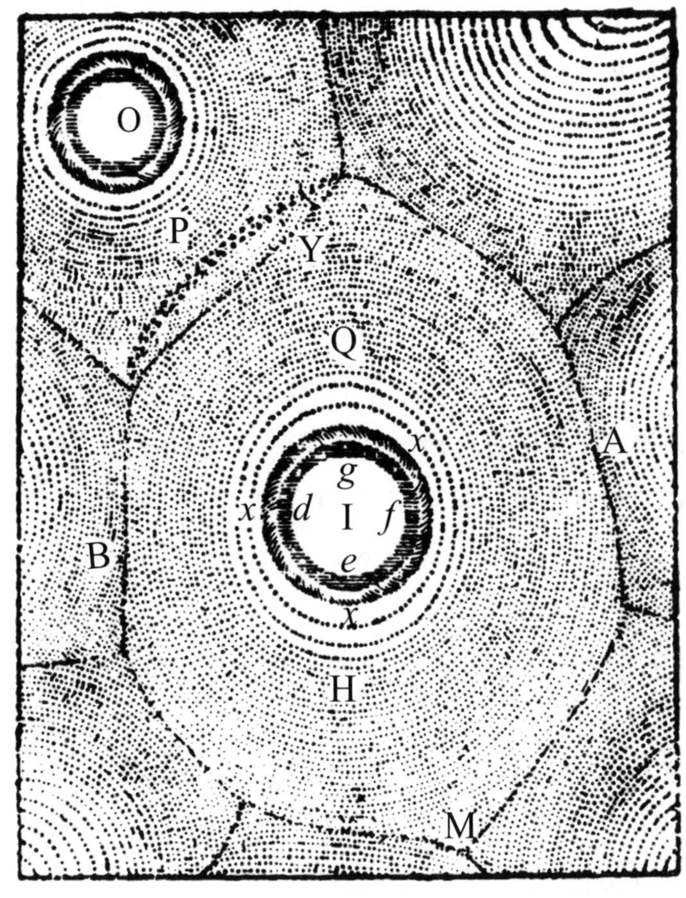

图 19

106. 这些通道是如何排列的，以及为什么沟槽微粒不能经由它们返回。

因此，第一元素的沟槽微粒不是来自一个点，而是来自极点 A 周围的整个天区的所有点，它们不仅〈持续〉流向点 I，而且流向整个天 HIQ 的中心；它们沿着与轴 fd 平行的直线，（或者沿两侧朝着 d 会聚，〈因为它们的出发地 A 处比目的地 I 处有更多空间〉），在黑子 defg 中形成了一些通道。这些通道的入口分布在占据其整个表面一半的 efg 上，出口分布在另一半 edg 上，使得来自 A 的沟槽微粒很容易经由 efg 进入和经由 edg 离开，但不能经由 edg 返回和经由 efg 离开。原因在于，整个黑子仅由第一元素的最小碎片所组成，这些碎片〈非常小，而且形状极不规则，〉当它们相互粘合，就会形成类似于〈一堆〉枝杈的东西。因此，来自〈A 经由〉f〈向 d 运动〉的沟槽微粒必定会使它们在穿过通道时遇到的这些枝杈的末端〈从 f〉向 d 弯曲；因此，如果它们经由同样的通道从 d 返回 f，则这些枝杈的〈朝错误方向弯曲的〉有所高耸的末端会阻碍它们通过。[①] 类似地，来自 B 侧的沟槽微粒〈在这个黑子 defg 中〉为自己打通了另一些通道，其入口分布在整个表面 edg 上，而出口在相对的表面 efg 上。

107. 为什么来自一极的微粒和来自另一极的微粒不穿过同样的通道。

必须指出，这些通道按照它们所接纳的沟槽微粒的形状像蜗牛壳一样被挖空了。[②] 因此，某些微粒进得去的通道，来自相反一极的沿反方向旋转的微粒却进不去。

108. 第一元素的物质是如何流过这些通道的。

因此，第一元素的物质可以从两极的任意一边经由这些通道到达星体 I；由于这些沟槽微粒比其他微粒更粗大，从而有更大的力

① 法文版的后半句是："……便会遭遇那些末端已经扭向对立方向的枝杈，这时再重新扭转这些枝杈，通道便被阻塞了。"

② 法文版这里的比附略有不同，而以"螺母"作喻，其文为："这些通道的内部已经被挖空，如同螺母一样，从而使得平常接纳的沟槽微粒能自由通过。"

沿直线前进，所以它们通常不留在星体之中，而是一从 f 进入，就立即从 d 离开。在那里，它们要么遇到第二元素的小球，要么遇到来自 B 的第一元素物质，因此无法继续沿直线前进，而是沿各个方向回转，经由周围的以太（用 xx 表示）朝着半球 efg 返回。能在那里进入覆盖这颗星体的黑子通道的微粒，又经由这些通道从 f 向 d 运动；通过这样不断地穿过星体中心，并经由周围的以太返回，它们在那里形成了一种涡旋。而那些不能被这些通道接纳的微粒，则要么因为与以太微粒碰撞而分解，要么被迫经由赤道 QH 附近的区域进入天界。当然，必须注意，在某一时刻靠近星体 I 表面的沟槽微粒并没有多到足以填满黑子 efg 中允许其通过的所有通道；因为即使在天上，它们也并没有填满第二元素小球之间的所有空隙，而是由于这些小球的各种运动，必定有大量更为精细的物质与之混合；如果从星体的另一个半球回转的沟槽微粒没有更大的力来占据这些通道，则这种更加精细的物质会随之进入这些通道。这里关于经由半球 efg 进入的沟槽微粒的论述，也必定适用于那些〈来自极点 B〉经由半球 edg 进入的沟槽微粒。事实上，它们在星体 I 和周围的黑子中凿出了与之前的孔道完全不同的〈沿相反方向旋转的〉其他通道，其中大多数沟槽微粒不断地经由这些通道从 d 流向 f，然后沿各方向回转，经由以太 xx 向 d 返回〈，由此形成了一种围绕该星体的涡旋〉；在此期间，有多少新的沟槽微粒从极点 B 而来，就有多少沟槽微粒朝着赤道 MY 散入或流向天界。

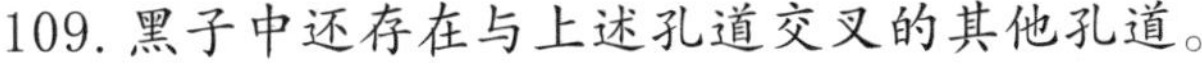

109. 黑子中还存在与上述孔道交叉的其他孔道。

包含在空间 I 中的第一元素物质的其余部分围绕轴 fd 旋转，并且总是努力远离轴，〈以及经由天流向赤道 MY〉；因此从一开始就有另外一些通道形成，它们一直保留在黑子 defg 之中，并同之前的那些通道相互交叉。始终会有一些这种物质的微粒从中流出，因为不断也有同样一些这种物质和沟槽微粒一道，经由之前的通道进入。然而，由于黑子的所有部分都相互粘合在一起，以至于圆周 defg 不可能变得有时更大、有时更小；因此，星体 I 中必定始终包含着等量的第一元素物质。

110. 这颗星体的光几乎不可能穿过黑子。

出于同样的理由，前述构成光的那种力在这颗星体中必定完全不存在，或者被大大减弱了。这是因为，它的物质围绕轴 fd 旋转，它努力远离那个轴所凭借的所有力都在黑子中被减弱了，无法作用于另一边的第二元素微粒；同样，〈离开该星体〉，从一极直接移向另一极的沟槽微粒所凭借的力，在这里也显示不出任何效果：这不仅是因为，这些微粒与它们碰撞的那些天的小球相比非常小〈它们必须驱动这些小球才能产生光〉，运动也不如第一元素的其余物质那么快；而且主要是因为，来自一极的沟槽微粒沿一个方向对这些小球的驱动，并不强于来自另一极的其他沟槽微粒沿相反方向对它们的驱动。①

111. 描述一颗突然出现的星体。②

但与此同时，围绕着这颗星体 I 的整个涡旋〈AYBM〉中包含

① 法文版的这句话为：“……离开这一星体的微粒朝向极点推动天界物质的力，并不强于同时从极点朝向这一星体的反向推动的力。”

② 法文版的标题为：“一颗新星突然出现在天界的情况是如何发生的。”

的天界物质可以保持它〈由以挤压周围其他涡旋〉的力，即使这个力可能不足以在我们的眼睛里激起光感，〈因为我假设这个涡旋非常遥远〉；同时这个涡旋也可能胜过它附近的其他涡旋，对后者的挤压比后者对它的挤压更大。由此可知，倘若〈沿各个方向〉包围星体I的黑子defg没有阻碍它，则星体I必定会增加尺寸。因此，如果当前涡旋I的圆周是AYBM，则我们必须认为，距离这个圆周最近的这个涡旋的小球努力超出它进入周围其他涡旋的力，既不大于、也不小于而是正好等于其他涡旋的小球努力向I前进的力。因为只有这样，这个圆周的边界才能在此处而非彼处。但如果在其他条件不变的情况下，涡旋O的物质趋向I的力减小了（这可能有各种不同的原因：比如它的物质进入〈与之相邻的〉另一个涡旋，或者位于O的星体周围产生了许多黑子，等等），那么根据自然定律，涡旋I的圆周Y附近的小球必然会越过它向P前进；而且由于I和Y之间的所有其余物质也都朝着P运动，所以如果不是被黑子defg所限制，星体I所处的空间必然会增大；但由于这个黑子不允许那个空间增大，所以离它最近的天界小球会在自己周围留下比平常更大的空隙，〈以占据比之前更大的空间。当然，它们可能会稍微分开一些，既不完全分离，也不停止附于黑子上，因为〉这些［更大的］空隙中包含的更多的第一元素物质会非常分散，以至于不可能有很大的力。但如果碰巧〈它们运动得太开，以至于〉从黑子通道中出现的与这些小球相撞的第一元素微粒或其他某种原因，将其中一些小球与黑子表面分开，则第一元素的物质会立即填满这个中间的空间，并有足够的力将附近的其他小球与黑子表面分开。与黑子表面分离的小球越多，获得的力就越大，因此第一元素的物质将在很短

的时间内，几乎瞬时扩展到黑子的整个表面。在那里它将以与〈形成星体I的〉黑子中包含的物质相同的方式旋转，从而像星体I在不受周围黑子的阻碍时一样驱动周围的天界小球。因此，星体I将〈突然出现，并〉出人意料地闪耀出强光。

112. 描述一颗渐渐消失的星体。[①]

现在，如果这个黑子碰巧非常稀薄，以至于可以被铺展在其外表面的第一元素物质所分解，则此后星体I将不会再轻易消失；因为要使这种情况发生，必须有一个新的黑子覆盖其整个表面。但如果黑子太厚，以至于无法〈被第一元素物质的搅动〉分解，那么由于在它周围流动的物质的冲击，其外表面将变得越来越厚。而与此同时，如果先前使得涡旋O的物质从Y退向P的原因发生了变化，使其反过来逐渐从P移向Y，则铺展在黑子defg表面上的第一元素物质将会减少，新的黑子将在星体表面产生，从而使星体的光渐渐变暗；如果这些原因继续存在，则这些黑子最终会完全熄灭它，并且占据以前被第一元素填充的〈黑子defg与天xx之间的〉所有处所。因此，位于外圆周APBM的涡旋I的小球会比平常受到更多的挤压，它们也会更多地挤压位于内圆周xx上的那些小球。然后，这些微粒将与在星体周围产生的以太的枝杈微粒混合在一起，阻止散布在黑子defg上的第一元素物质的沟槽微粒以及其他并非最小的微粒像往常一样自由地〈进入天xx〉。因此，沟槽微粒和其他微

① 法文版的标题为：“一颗星如何能逐渐消失。”

粒将很容易在那里聚集成黑子。〈最终占据 defg 与 xx 之间所有空间的黑子将在那里形成一种新的外壳，覆盖在最初覆盖星体 I 的黑子上。〉

113. 沟槽微粒在所有黑子中都挖凿出许多通道。

顺便说一句，这里应当注意，沟槽微粒在这些黑子的所有外壳中都挖凿出连续的通道，而且它们能〈不受阻碍地〉在其中穿行，就像穿过单个黑子那样。因为这些黑子是由第一元素的物质形成的，所以一开始就非常柔软，很容易让这些沟槽微粒穿过。同样的说法并不适用于周围的以太：尽管它那些最粗大的微粒确实保留了这些通道的一些痕迹，因为它们是由黑子的分解而产生的；但这些微粒遵从第二元素小球的运动，所以并不总是保持相同的状况，〈那些通道的出口和入口也并非相互连接，〉因此很难让沿直线行进的沟槽微粒穿过。

114. 同一颗星体可以交替出现和消失。

但很容易发生同一颗恒星〈在我们看来〉交替出现和消失的情况；它每一次消失时，都被一层新的黑子覆盖。运动物体的这种交替变化在自然之中很常见，比如一个物体被某个原因推向某个界限，它不是停留在那里，而是〈通常〉继续前进，直到被另一个原因推回来。因此，当一个悬在绳子上的重物被其重力从一侧向它的垂线推动时，它所获得的冲力使它越过那条垂线，朝着〈它开始运动的〉对侧运动，直到它的重量重新超过那个冲力，使它朝着垂线运动，从而又在其中产生新的冲力〈使之越过那条垂线〉。同样，当一个容器被移动时，〈即使它只沿一个方向运动，〉其中所盛的液体要来回移动很多次才会静止下来；因此，由于形成天的所有涡旋之间存在某种平衡，所以当其中某个涡旋的物质远离那种平衡时，它也要前进后退很多次才会停止运动。

115. 以一颗星为中心的涡旋，有时可能整个被摧毁。

也可能发生这样的情况：包含这样一颗星体的整个涡旋被周围的其他涡旋所吸收，它的星体被其中一个涡旋拖走，变成了行星或

图 8

彗星。事实上，我们前面只发现有两种原因可以防止某个涡旋被其他涡旋所摧毁：一种原因是，一个涡旋的物质因为相邻涡旋的抵抗而无法扩展到另一个涡旋中，但这个原因不可能适用于所有涡旋。例如[见图8]，如果涡旋S的物质被涡旋L和N的物质从两边压着，从而被阻止向D进一步扩展，那么通过同样的方式，涡旋D或任何其他涡旋的物质，并不能阻止涡旋S向L和N扩展，除非那些涡旋〈比L和N〉离得更近。因此，这种原因不会在最近的涡旋中生效；然而，另一种原因，即形成每个涡旋中心的星体的第一元素物质把那里的第二元素小球从它自身推向附近的其他涡旋，的确适用于星体未被黑子覆盖的所有那些涡旋中。但毫无疑问，对于表面完全被黑子覆盖的星体，上述原因就不再适用了，特别是当这些黑子像层层叠叠的外壳一样叠加了许多层时。

116. 一个涡旋如何在许多黑子聚集在它的星体周围之前被摧毁。

由此可以明显看出，只要其中心的星体没有黑子，那么任何涡旋都没有被附近的其他涡旋摧毁的危险；而当星体被黑子〈完全〉覆盖和阻挡时，这个涡旋是更快还是更慢被其他涡旋吸收，则只取决于它相对于它们的位置。事实上，如果它的位置使它严重阻碍了附近其他涡旋〈的物质〉的运动，那么它将在其星体周围的许多层黑子变得致密之前被其他涡旋摧毁；但如果对其他涡旋的阻碍不太大，则它将只是慢慢减小；与此同时，把星体包围在中心的黑子也会变得更加致密，并且越来越多地聚集〈在它周围〉，不仅在它上面〈正如已经解释的〉，而且也在它内部。例如[见图8]，涡旋N的位置使它对涡旋S运动的阻碍明显超过了其他涡旋；因此，其〈中心处的〉星体一被黑子覆盖，它就很容易被涡旋 S 拖走；也就是说，现在终止于〈曲〉线 OPQ 的涡旋 S 的圆周稍后将终止于线 ORQ；这两条线之间包含的所有物质都将靠近涡旋 S 并跟随其运动，而线 ORQ 与 OMQ 之间的其余物质将〈类似地〉进入附近的其他涡旋。因为能把涡旋 N 保持在它现在被认为所处位置上的，只有其中心处的第一元素物质的很大的力；这个力朝各个方向驱动第二元素的小球，使之更多地服从这种推动，而不是服从附近涡旋的运动；但随着这颗星体渐渐被黑子覆盖，这个力变得越来越弱，〈并最终完全消失〉。

117. 为什么在其涡旋被摧毁之前，某颗星体周围会有许多黑子。

然而[见图 20]，涡旋 C 位于四个涡旋 S、F、G、H 和另外两个涡旋 M、N(必须设想它们高于前四个涡旋)之间，以至于即使有〈大量〉致密的黑子在其星体周围聚集，只要周围这六个涡旋的力保持相等，它就不会被完全摧毁。事实上我假设，涡旋 S、F 以及在上方点 D 处贴着它们的第三个涡旋 M，都围绕各自的中心从 D 向 C 旋转；同样，涡旋 G 和 H，还有它们之上的第六个涡旋 N，则从 E 向 C 旋转；涡旋 C 被这六个涡旋包围，以至于只能接触到这些涡旋，它的中心与其他六个涡旋的中心等距，其旋转轴在线 DE 上。因此，这七个涡旋的运动极为和谐，即使涡旋 C 的星体被许多黑子覆盖，以至于它只有很小的力或根本无力带着周围的天界小球一起旋转，但其他六个涡旋只要都保有相等的力，就没有理由把 C 的星体逐出现有的处所。

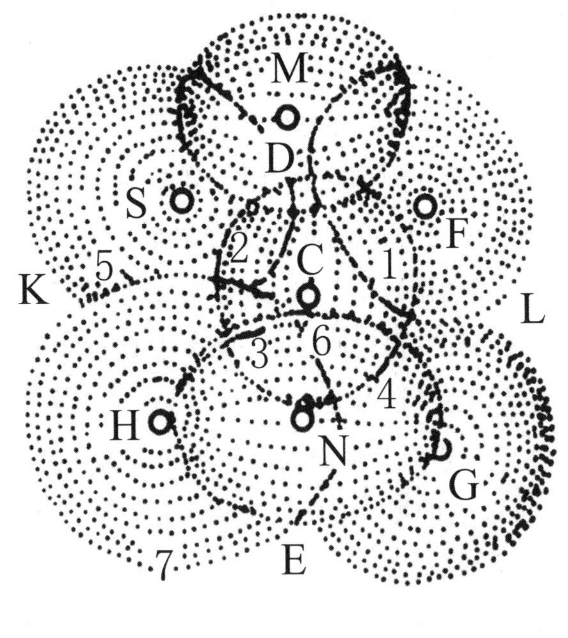

图 20

118. 这么多黑子是如何产生的。

为了知道这么多黑子是如何可能在星体周围产生的，我们假设它的涡旋起初并不小于周围的其他六个涡旋中的〈任何〉一个，因此其圆周延伸到点1、2、3、4；其中心有一颗非常大的星体，由第一元素的物质所组成，这些物质从三个涡旋S、F和M经由D，以及从另外三个涡旋G、H、N经由E，直接朝着C运动，在那里只能朝着K和L〈经由其赤道〉重新回到这些涡旋。因此，这颗星体可能会有足够的力，使〈包含在圆周〉1、2、3、4之内的所有天界物质同它一起旋转，〈从而形成它的涡旋〉。但由于宇宙其他微粒的大小和运动的不均等性和不可公度性，所以〈这七个涡旋的力无法保持相等，因为〉没有什么东西能够一直保持平衡。因此，当涡旋C的力变得比它周围的涡旋更小时，它的一部分物质会转移到它们之中，这一过程是如此迅猛，以至于转移进去的量会超过〈它的力与其他涡旋的力之间的〉差异所要求的量。因此，其他涡旋的一部分物质随后必定重新回到它之中，并且发生若干次物质交换。在此期间，由于在星体周围〈以前面解释的方式〉[①]产生了许多层黑子，所以星体的力变得越来越小。因此，每次回到它的物质都少于离开它的物质，直到涡旋变得很小，甚至除了中心的星体，一点都没剩下。而只要这些涡旋〈在力上〉彼此相等，那么被许多黑子包围的这颗星体既不会转移到其他涡旋的物质中，也不会被它们逐出处所。但在此期间，它的黑子必定变得越来越致密，当附近的一个涡旋最后变得比其他涡旋更大更强时（例如，当涡旋H的表面延伸到线567时），它将很容易携带整个星体C运动；星体C将不再是流动的和发光的，而会像彗星或行星一样坚硬和〈黑暗或〉不透明。

119. 恒星如何转变成行星或彗星。

现在我们来考察，当这样一个由许多黑子聚集而成的坚硬而不透明的球体开始〈以这种方式〉被一个相邻的涡旋拖走时是如何运动的。事实上，它随着拖走它的那个涡旋的物质旋转，只要它的搅动小于那种物质的搅动，它就会被〈那种物质〉推向这个旋转的中心。由于〈形成〉这个涡旋的所有〈物质〉部分无论在速度上还是大小上都不尽相同，而是从其圆周向内到某一边界，运动逐渐变慢，然后从这一边界到中点，运动又逐渐变快，而且如前所述，其各个

① 参见第112条。

部分变得越来越小；因此，如果这个球体是如此坚固，[1]以至于在下降到涡旋运动最慢的那个边界之前所获得的搅动等于它周围那些部分的搅动，那么它将不再下降，而会进入另一个涡旋，变成一颗彗星；另一方面，如果它不够坚固，以至于能够下降到〈涡旋的各个部分运动最慢的〉那个边界以下，那么它将与占据这个涡旋中心的星体保持一定的距离，并将变成一颗围绕它旋转的行星。

120. 当这样一颗星体开始不再固定时，它会被携带到哪里。

例如我们假设[见图 8]，涡旋 AEIO 的物质现在开始拖着星体 N 一起运动，让我们考察一下这种物质将把它带向何方。由于所有这些物质都围绕中心 S 旋转，所以如前所述，它们必定努力远离这个中心。因此毫无疑问，现在位于 O 的物质将在从 R 向 Q 运动的过程中，驱使星体沿直线〈从 N〉向 S 运动，〈从而使它朝那个方向下降〉。此外，由我们稍后会解释的重量的本性可以理解，星体 N 或任何其他天体朝着它所在的涡旋中心的这样一种运动可以被〈严格地〉称为它的下降。因此我说，N 开始时必定被驱动，因为我们不知道它还有其他什么运动；[2]但与此同时，这种将 N 团团包围的物质也携带着 N 向 A 一起做圆周运动；由于这种圆周运动使星体有了远离中心 S 的力，〈并且由于这两个力是相反的，〉所以它下降多少完全取决于其坚固性。如果它的坚固性很小，则它将朝着 S 下降很多；如果坚固性很大，则它将远离 S。

① 关于对“坚固性”和“搅动”概念的解释，参见第 121、122 条。

② 法文版这里是：“可以说，这种朝向 O 的天界物质从一开始就驱使着这颗星体下降，我们也想象不出它还能赋予其任何别的运动。”

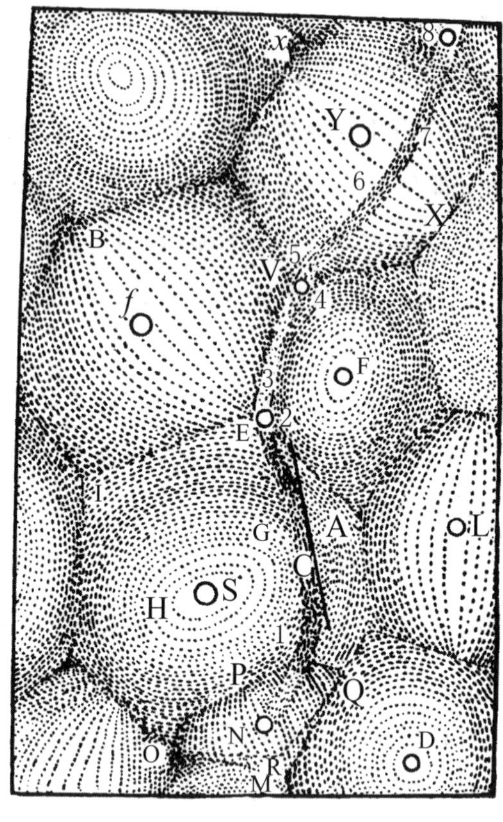

图 8

121. 所谓物体的坚固性和搅动是什么意思。

所谓坚固性(soliditas),我指的是与这颗星体的体积(mole)和表面积成比例的、构成覆盖其上的黑子〈和以太〉的第三元素物质的量。事实上[见图 8],涡旋 AEIO 的物质携带 N 围绕中心 S 旋转所凭借的力,须根据它所遇到的[星体的]表面积大小来估算;因为这个表面积越大,作用于其上的物质就越多。然而,同样的物质驱动 N〈向下〉朝着中心 S 运动的力须根据 N 所占据的空间大小来估算。因为虽然涡旋 AEIO 中的所有物质都努力远离 S，但并非所有物质都作用于星体 N，而是只有当 N 下降时升起来〈占据星体位置〉的那部分物质才作用于星体 N；这个部分等于 N 所占据的空间大小。最后，星体 N 被包含它的天界物质所携带，通过围绕中心 S 旋转所获得的力，也即它用以继续保持其运动的力，我称之为它的搅动（agitatio）；这个力不能根据星体的表面积来估算，也不能根据〈构成星体的〉整个体积来估算，而只能根据由第三元素的物质，即彼此粘合成覆盖星体的黑子的物质微粒所组成的那部分体积来估算。至于其中的第一元素甚至第二元素的物质，则不断离开星体，并且有新的物质进来取代它们；因此，这种正在靠近的新物质不可能保持已经离开的物质所获得的那种搅动力（无论如何，这种搅动力很小）。新物质从其他来源获得的运动只是一种沿某个方向〈而不是沿其他方向〉的运动倾向，这种运动倾向可能被各种原因所改变。

122. 坚固性不仅取决于物质，而且取决于大小和形状。

于是我们在地球上看到，金、铅和其他金属一旦运动起来，会比同样大小和形状的木头和石头有更大的搅动或力来保持其运动；因此，金属也被认为更加坚固，或者含有更多的第三元素物质，以及更少的被第一元素和第二元素的物质充满的孔洞。但一个小金球可以小到不会像一个大得多的石球或木球那样有那么大的力来保持其运动。一个金块也可能有这样的形状，使一个较小的木球能有更大的搅动；事实上，如果将它拉成丝，〈锻造成〉箔片，挖成像海绵一样有许多小洞，或者按照它的物质和体积的比例，用其他方法使它获得比那个木球更多的表面积，就可以做到这一点。

123. 天界小球如何能比整个星体更坚固。

因此，虽然星体 N 体积非常大，而且覆盖着许多层黑子，但其坚固性可能没有它周围的第二元素小球那么大，或者说，没有那么大能力来保持它的运动。因为我们知道，这些小球就和一切同样大小的物体一样坚固，尤其它们没有包含被其他不那么坚固的物质[①]充满的通道；而且它们的形状是球形，正如几何学家所知道的，球体是所有形体中表面积与体积之比最小的形体。此外，虽然它们的微小与星体的大小之间有很大差异，但这在部分程度上被一个事实所补偿，即不是单个小球的力、而是多个小球的力一齐对抗这颗星体的力。[②]因此，当这些小球和某颗星体围绕中心 S 旋转时，它们和这颗星体都倾向于远离中心；如果这颗星体中的这个力碰巧大于占据它的空间所需的所有小球的合力，则这颗星体将远离 S，使这些小球下降到它的处所；反之，如果这些小球的力较大，则它们将把这颗星体驱向 S。

124. 这些［小球］如何可能也不那么坚固。

此外，也很容易发生这样的情况，即星体 N 比它周围的天界物质小球有更大的力保持其直线运动，即使这颗星体包含的第三元素

① 拉丁文版这里说的是“其他更坚固的物质”，似乎有误。法文版略去了“更坚固”，也许实际应为“不那么坚固”。

② 法文版这里与拉丁文版差异较大，其译为：“但因为这里与星体相比的不是其中一个小球，而是能占据相同空间的许多这样的小球，这就补偿了上述差异。”

物质少于占据与星体相等的空间所需的第二元素物质小球。由于这些小球彼此分离，并且做着各种不同的〈个体的〉运动，因此，尽管它们以合力作用于星体，但它们的力不能同时联合起来，[以确保]没有任何一部分力被浪费。而组成覆盖这颗星体的黑子和它周围以太的所有第三元素物质则只形成了一个质量，一旦整个运动起来，它保持运动的所有的力都会被施加到同一个方向。出于类似的原因，我们看到，漂浮在水面上的冰块或木块以比水本身更大的力沿直线前进；因此，它们往往以更大的力拍击河岸的弯曲处，尽管它们比同体积的水包含的第三元素物质更少。

125. 为什么有些[小球]比某颗星体更坚固，另一些小球没有它坚固。

最后，有可能发生这样的情况，即这颗星体没有某些天界小球坚固，但比另一些更小的小球坚固，这既是因为如前所述的原因，〈即若干小球的力在统一性上是不如一个相当于所有这些小球相加的更大物体的力的，〉也是因为，虽然占据相等空间的较小的小球和较大的小球包含着同样多的第二元素物质，但那些较小的小球有〈较小的力，因为依照其物质的量，它们拥有〉更大的表面积；因此，它们可能比那些更大的小球更容易被填满周围角落的第一元素物质或者它们遇到的任何其他物体拉离路径，转到其他方向。

126. 关于彗星运动的起源。[1]

因此，如果我们假设[见图 8]，星体 N 比距离涡旋中心 S 很

---

[1] 第 126-132 条均参见图 8。

远且被认为彼此相等的第二元素小球更坚固，那么开始时，它可能会朝着各个方向被驱动，并且或多或少地靠近S，这取决于它正在远离其附近的其他涡旋的不同排列；因为这些涡旋能以各种方式阻碍它或驱动它；它的运动也取决于相应的坚固性，其坚固性越大，就越能阻止其他原因此后使它偏离最初的方向。与此同时，它也不能被附近的涡旋以极大的力驱动，因为我们假设它以前同这些涡旋是相对静止的；因此，它也不能逆着涡旋AEIOQ的运动方向，即朝着介于〈它的圆周的〉I〈O一侧〉与〈中心〉S之间的那部分涡

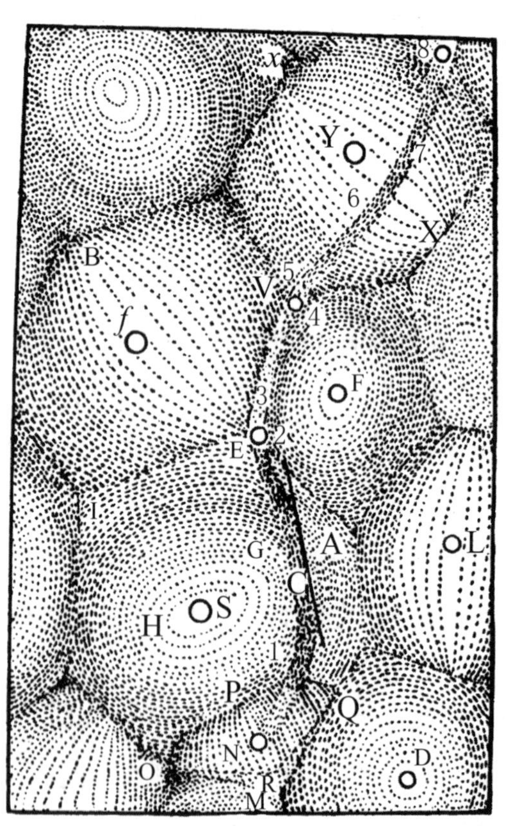

图 8

旋移动，而只会〈沿相反的方向〉朝着 A 与 S 之间的那些区域移动。最后，它必定会到达〈那个区域〉的某一点，在那里，其运动描出的线将与天界小球围绕中心 S 旋转时描出的一个圆相切。它到达那里之后，将继续这样不断地远离 S，直到从涡旋 AEIO 进入另一个涡旋。例如，如果它一开始沿着线 NC 运动，到达 C（在那里，该曲线 NC 与第二元素小球围绕中心 S 旋转时描出的圆相切）之后，它必定立即沿曲线 C2（在这个圆和在点 C 与之相切的直线之间）远离 S。因为在那里，这颗星体被比 C 处的物质距离 S 更远、因此运动更快、而且根据假设比 C 处的物质更坚固的第二元素物质携带着向 C 运动；因此，它必定有更大的力来保持它沿着与这个圆相切的直线的运动。然而，它一远离点 C，就会遇到〈比 C 处的物质〉运动稍快并且使星体偏离直线的第二元素物质。这种物质既增加了星体的速度，又使它沿着曲线 C2 进一步上升；星体越是坚固，以及它从 N 向 C 移动的速度越大，C2 与相切［于这个圆］的直线的偏离就越小。

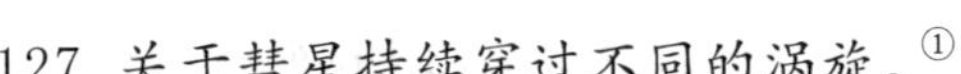

127. 关于彗星持续穿过不同的涡旋。[①]

它在这样穿过涡旋 AEIO 时，获得了很大的搅动力，因此很容易进入其他涡旋，〈随后〉又从那里进入其他涡旋。〈它以这种方式继续运动，对此需要注意两点。第一点是，这颗星体从一个涡旋进入另一个涡旋时，总是把它正在离开的这个涡旋的一部分物质驱赶到它前面，直到它完全处于另一个涡旋的范围内，才能完全摆脱这

① 法文版标题是：“彗星如何延续其运动。”

些物质。例如〉，当它离开涡旋 AEIO 到达 2 时，仍然有这个涡旋的一些物质在围绕它旋转，直到进入涡旋 AEV 到达 3 时，它才完全摆脱这些物质。同样，它把这第二个涡旋的物质携带到 4，使其处在第三个涡旋的范围内；然后把这第三个涡旋的物质携带到 8，使其处在第四个涡旋的范围内；每当它从一个涡旋迁移到另一个涡旋，就会发生这样的事。〈需要注意的第二点是，〉这颗星体的运动所描出的线按照它所穿过涡旋的物质的不同运动而弯曲。例如，这条线的第 234 部分的弯曲与前一部分 NC2 非常不同；因为涡旋 F 的物质从 A 经由 E 向 V 旋转，而涡旋 S 的物质从 A 经由 E 向 I 旋转；那条线的第 5678 部分几乎是直的，因为它所处的涡旋的物质被认为在围绕轴 xx 旋转。以这种方式从一个涡旋迁移到另一个涡旋的星星即为〈我们所谓的〉彗星，我现在就来尝试解释它们的所有现象。

128.〈主要的〉彗星现象。[1]

首先，我们观察到，不同的彗星穿过不同的天区，并不遵守我们已知的任何规则，它们在几天或几个月里从我们的视野中消失；它们也从未穿越超过半个天[球]，或者肯定超过不多，在大多数情况下要少很多。此外，刚刚变得可见时，它们常常看起来非常大，随后尺寸也不会大大增加，除非穿越了天的很大一部分；然而，在

① 此处描绘的现象也是很可疑的。彗星的视运动极不规则，很难分析。直到 1681 年，德国天文学家德费尔（Georg Samuel Dörffel）才第一次成功确定彗星的路径。彗星的视大小与速度随其与地球的相对位置而剧烈变化。可见的彗星常常离地球轨道很近，甚至穿过地球轨道，但同时地球很可能不在交叉点附近。笛卡尔的概括似乎仅基于少量天文观测，他自己也承认 1475 年的彗星现象并不典型。

〈其显现〉行将结束时，它们总是逐渐减小。起初，或其运动开始时，它们看起来移动得最快，但运动结束时最慢。我记得只读到过一颗彗星大约穿越了天的一半。[①] 据说它 1475 年出现在室女座，起初很小，运动很慢，没过多久就达到了惊人的尺寸，然后迅速穿过北极，以至于一天之内就跨越了〈我们想象的球体上一个〉大圆的 30 或 40 度。最后，它在双鱼座或白羊宫[②] 附近从我们的视野中渐渐消失。

129. 对这些现象的解释。

所有这些都很容易理解。因为我们看到，〈我们描述的〉同一颗彗星穿过天在涡旋 F 中的一部分和在涡旋 Y 中的另一部分，[一个涡旋]没有任何部分是它不能以这种方式穿过的。我们也必须认为，它总是保持大致相同的速度，也就是它在奔向这些涡旋端点时获得的速度；正如已经说过的，[③] 天界物质在那里运动得如此之快，以至于几个月之内就能完成整个旋转。现在，由于这颗彗星在涡旋 Y 中只完成了一半旋转，在涡旋 F 中旋转得更少，而且在任何涡旋中都不会旋转得比一半多很多，因此它在同一个涡旋中只能保持几个月。如果我们认为，它只有〈在第一层天，即〉在我们位于其中心附近的那个涡旋中时才能被我们看见，只有在不再被它所来自的涡旋的物质跟随和完全包围时，才能在这里显现；那么我们将能够理解，为什么虽然这颗彗星总是保持着相同的大小和大致相同的速

① 在格拉修斯（Lotharius Sarsius 或 Horatio Grassius）的《天文学的天平》（*Libra Astronomica*）中，它被称为两颗彗星。但我认为它是一颗，其叙述由两位作者雷吉奥蒙塔努斯（Regiomantanus）和庞塔努斯（Pontanus）给出。——笛卡尔原注

② 在笛卡尔的时代，双鱼座在白羊宫。

③ 参见第 82 条。

度，但它在开始时会比结束时显得更大、更快，有时在中间时显得最大、最快。因为如果我们认为，观察者的眼睛在涡旋 F 的中心附近，那么在他看来，彗星在 3 时(开始变得可见)将比在 4 时(消失的地方)显得更大、更快，因为线 F3 比线 F4 短得多，角 F43 比角 F34 更尖。但如果观察者在 Y，则这颗彗星在 5 时(开始变得可见)将比在 8 时(消失的地方)显得更大、更快；但是在 6 和 7 之间时(离观察者最近)，它会显得最大、最快。因此，〈如果假设涡旋 Y 是我们所处的第一层天，〉当它在 5 时，它可能出现在处女座的群星之中；在 6 和 7 之间时，它在北极附近，在那里一天之内就能跨越 30 或 40 度，最后在 8 消失于双鱼座的群星附近；据说雷吉奥蒙塔努斯在 1475 年观测到的这颗奇妙的彗星就是如此。

130. 恒星的光如何到达地球。

诚然，人们可能会问，为什么彗星只有位于我们的天中时才可见，而恒星尽管非常遥远却清晰可见。但区别在于，恒星比只向我们反射太阳光的彗星更强烈地发出自己的光。如果我们注意到，每颗星体的光就在于那种作用，即它所处涡旋的所有物质努力沿直线远离其表面的所有点，从而沿着同样的直线或其他同样有效的直线(即当它们斜着从一个物体穿越到另一个物体时依照折射法则所产生的直线，正如我在《屈光学》[*Dioptrics*]中所解释的)挤压周围涡旋的所有物质，那么很容易相信，不仅〈离地球〉最近的星体，比如 f、F、〈L 和 D〉的光，而且还有像 Y 那样更远的星体的光，都有力来影响地球居民的眼睛(假设地球离中心 S 不远)。由于这些星体〈其中包括太阳〉的力和它们周围涡旋的那些力总是处于平衡，所以从 F 向 S 发出的〈光〉线的力因为涡旋 AEIO 物质的抵抗而减小，但只有在中心 S 才彻底消失。因此，有些光线能够到达距离那个中心不太远的地球。同样，除了距离的缘故，从 Y 到达地球的光线在穿过涡旋 AEV 时不会失去任何力；因为涡旋 AEV 的物质努力从 F 向圆周的 VX 部分〈或 Y〉运动时的阻力，不会大于其努力从 F 向圆周的 AE 部分〈或 S〉运动时的助力。其他星体也是如此。

131. 恒星是否展示了其真实位置；以及天穹是什么。

顺便说一句，这里还要注意，从 Y 到达地球的光线与线 AE 和 VX（两者代表了将〈S、F 和 Y〉这些涡旋彼此分开的表面）斜向相交，因此，这些光线必定在那里被折射。由此可知，从地球上看，恒星并不都出现在它们实际所处的位置上，而是好像出现在它们到达地球或太阳附近的光线穿过〈我们的〉涡旋 AEIO 表面的那些地方。因此，同一颗星体有可能出现在两个或更多的位置，〈因此我们把它算作若干颗。例如，Y 星体的光线既可以斜着穿过涡旋 f 的表面到达 S，也可以穿过涡旋 F 的表面到达 S，结果我们必定在 E 和 I 之间以及 A 和 E 之间这两个位置看到这颗星体〉。由于星体所在的位置在天文学家观测期间并没有改变，所以在我看来，天穹不过是这些〈将涡旋彼此分开的〉表面罢了〈，如果星体的视位置不变，它就不会改变〉。

132. 当彗星在我们的天之外时，为什么我们看不到它们；顺便说一下，为什么煤是黑色的，而灰烬是白色的。

至于彗星的光，由于比恒星的光弱得多，所以没有足够的力使我们的眼睛产生反应，除非彗星对着一个足够大的角，因此，彗星的距离使它们在离我们的天太远的时候无法被我们看见；因为众所周知，一个物体距离我们越远，它相对我们所张开的角度就越小。然而，当彗星靠近我们的天时，有各种理由可以表明它们最初进入我们的天时为什么是不可见的；虽然不容易确定其中哪一个原因是最重要的。例如，如果观察者的眼睛在 F 处，那么他〈将直到这颗彗星在 3 时才开始看到它，而〉在 2 时还看不到它，因为〈正如上面所解释的，〉它在那里仍然被它所离开的涡旋的物质包围着；但是当彗星在 4 时，他将能看到它，虽然〈F 与 4 之间的〉距离大于〈F 与 2 之间的〉距离。其原因可能在于，向 2 移动的星体 F 的光线在仍然包裹着彗星的涡旋 AEIO 的物质的凸表面上被折射；而且就像我在《屈光学》中解释的那样，该折射使光线远离了垂线，因为这些光线穿过涡旋 AEIO 的物质要比穿过涡旋 AEVX 的物质困难得多；因此，实际到达彗星的光线要比折射未发生的情况下少得多，而由于光线较少，它们在反射进入眼睛时不足以使其显现。然而，另一个非常可信的原因是，正如月亮总以同一面面向地球，每颗彗星也总以同一面转向它所在的涡旋的中心，而且只有这一面适合反射光线。于是［见图 8］，当彗星在 2 时，它适合反射光线的一面仍然对着中心 S，因此无法被位于 F 的人看到；但随着它从 2 向 3 继续前进，它在很短的时间内就会〈把这一面〉转向 F，从而开始变得可见。因此我们完全有理由认为：首先，当彗星从 N 经由 C 向 2 运动时，在星体 S 的〈光的〉作用下，转向星体 S 一面的微粒会比另一面变得更加活跃或易于搅动，并且更加稀薄。其次，有理由认为，彗星〈这一面的〉表面上更为精细，或者可以说更加柔软的第三元素微粒因为这种搅动而与之分离，这使得这一面比另一面的表面更适合反射光线。同样，从下面关于火的说法也可以理解，熄灭的煤之所以看起来是黑色的，仅仅是因为它们内部和外部的所有表面都已经被第三元素的更软的微粒所覆盖。当火的力［随后］把这些更软的微粒与其余分开时，黑色的煤就转化成灰烬，后者完全由坚硬和坚固的微粒所组成，因此呈白色〈因为它们能够抵抗火的作用，也能抵抗光的作用，并将其反射回去〉。因而最适合反射光线的物体是白色的，最不适合反射光线的物体是黑色的。第三，我们有充分的理由认为，彗星中较稀薄的部分比另一部分更不适合运动，〈因为它不太坚固〉。因此，根据力学定律，它必定始终位于运动的彗星所描出曲线的凹侧，因为这一侧比另一侧运动得稍慢一些。而且由于凹侧总是面向彗星所在涡旋的中心（就像这里凹的部分 NC2 面向中心 S，凹的部分 234 面向 F，等等），因此，彗星必定从一个涡旋转到另一个涡旋。正如我们看到，当箭在空中飞过时，其有羽毛的〈最轻的〉部分总是在上升时最低，下降时最高。[①] 最后，还可以给出其他许多原因来解释，为什么彗星只有在经过我们的天时才能被看到；因为一个物体是否适合反射光线，取决于非常小的因素。关于这些特殊的影响，我们还没有足够的经验，只要给出可能的原因就够了，即使它们或许不是真的。

① 此处法文版略有差异：“我们也看见过箭矢在空中转向，使得它最轻的一面在上升过程中总是位于最下方，而在下降过程中总是位于最上方。因此这样一来，彗星更稀薄的一侧和箭矢更轻的一边划出的轨迹，就总是比另一侧或一边的轨迹更短。就像在这里，标示为 NC2、朝向 S 的彗星轨迹凹侧，就比凸的一侧要更短一点；而标记为 234、朝向 F 的轨迹的凹侧也是最短的，以此类推。”

133. 彗尾及其各种现象。

但除此之外，还有一种像长发一样的[光]线被观察到在彗星周围发光，彗星也因此而得名。[①] 而且，这条尾巴总是在或多或少远离太阳的部分被看到；因此，如果地球位于彗星与太阳之间的直线上，则彗尾会呈现为沿各个方向散布在彗星四周。当1475年的彗星最初被观测到时，它的前面有一条尾巴；不过在它的亮相行将结束时，由于位于相反的天区，所以它的尾巴拖到了后边。这条尾巴也或长或短；不仅是因为彗星的〈视〉大小，使得我们在很小的彗星上看不见任何彗尾，而在其他彗星上，随着其临近尾声而显得更小，彗尾也会变小；也因为它们所在的处所，因为在其他条件相等的情况下，地球距离从彗星到太阳所引的直线越远，彗尾就越长。有的时候，彗星会隐藏在太阳光线之下，只有其尾巴的末端能被看到，就像一根燃烧的木头。最后，这条尾巴时宽时窄，时直时弯，有时直接背离太阳，有时也不那么精确。

134. 彗尾所依赖的某种折射。

为了理解所有这一切的原因，这里必须考虑在《屈光学》中没有讨论的一种新的折射，因为它没有在地界物体中被观察到。由于各个天球并不彼此相等，而是以土星天球为边界一直到太阳逐渐变小，因此，当被较大的微粒传送的光线到达较小的微粒时，它

① “彗星”(comet)源自希腊词“kometes”，意思是“长头发的”；后者又源自“kome”，意思是“头发”。但由于我们现在更多会使用“彗尾”而不是“彗发”，所以后面出现“头发”的地方，我们大都译成“尾巴”。

们除了会沿直线前进，在两边都会部分地偏离[这些直线]，并发生折射。

135. 对折射的解释。

例如，我们考虑这样一个图形[见图 21]，一些很大的球靠在许多小得多的球上，我们假设它们都在持续地运动，就像之前描述的第二元素小球那样。如果其中一个球被推向某个方向，比如 A 被推向 B，则它的作用立即沿着从它到 B 所引的直线被传到所有其他球上。这里需要注意，整个作用从 A 到达 C，但只有它的一部分可以从 C 传到 B，其余部分则朝着 D 和 E 分散。因为球 C 如果不把小球 1 和小球 3 同时推向 D 和 E，〈从而也推动包含在三角形 DCE 中的所有那些小球〉，就不可能把小球 2 推向 B。然而，当球 A 把球 4 和球 5 推向 C 时，情况却并不一样；因为〈A 推动球 4 和球 5 所凭借的〉这种作用虽然被球 4 和球 5 所接受，以至于似乎也偏向了 D 和 E，但它仍然直着指向 C。这既是因为球 4 和球 5 在两边受到附近小球相等的支撑，将整个作用都传回给球 6；也是因为它们的持续运动使这种作用无法在任何一段时间内被两个球同时接受，而是只允许它被相继传递，即先被一个球传递〈倾向于把它转到某个方向〉，然后被另一个球传递〈倾向于把它转到相反的方向，结果使它总是沿着同一条直线继续〉。但是当球 C 同时把三个〈较小的球〉1、2、3 推向 B 时，其作用不会这样被从 C 传递给单个球；而且无论它们如何被推动，总有其中一些小球斜着接受这个作用；因此，虽然它们〈总是〉把这种作用的主光线直着引向 B，但它们还是把无数其他较弱的光线沿两侧朝着 D 和 E 分散。同样，如果球 F

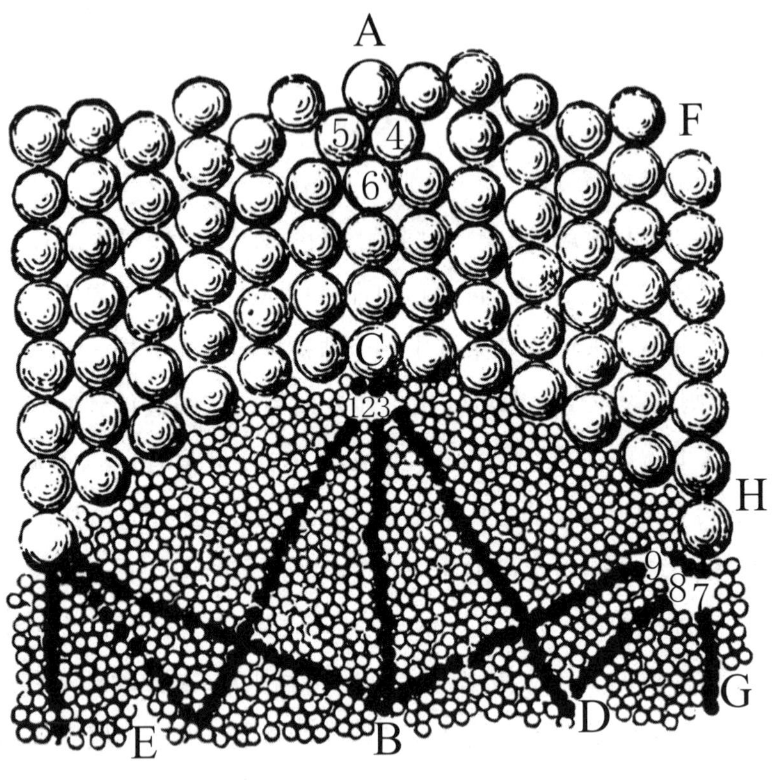

图 21

被推向 G，则当它的作用到达 H 时，在那里被传给了小球 7、8、9，它们将向 G 发出这种作用的主光线，但也会把其他光线向 D 和 B 分散。这里我们要注意这种作用斜着入射到圆 CH 上的程度所产生的差异：[①] 从 A 到 C 的作用〈向 B 发出它的主光线，并且〉垂直入射到这个圆上，所以沿两侧向 D 和 E 均等地分散它的光线。然而，由

① 法文版此处补充了一段：“因为我假设线 CH 是一个圆，大球沿着这条线位于小球上方，由于入射到圆上的［角度］不同，作用于它们的光必然会转向不同方向。”

于从 F 到 H 的光线的作用与同一个圆斜着相交，它仅仅分散到了与圆心连线的一边；至少如果我们假设入射倾角是 90 度的话。[1] 但如果假设这个倾角较小，则这种作用的一些光线也会被传到另一个方向，但要弱得多。因此，除非倾角很小，否则它们很难被感觉到。反过来，[主光线]的倾角越大，斜着散向圆心的那些光线就越强。

136. 对彗尾出现的解释。

一旦掌握了对所有这些东西的证明，就很容易把它用于天界小球；因为虽然没有位置能使其中较大的小球〈以这种方式〉接触其他更小的小球，但如前所述，由于它们从某个边界开始一直到太阳逐渐减小，所以很容易相信，土星轨道以外的那些小球与地球轨道附近的小球之间的差异不小于刚才描述的大球与小球之间的差异。因此可以理解，这种不均等性在这个地球轨道[区域]的影响必定等同于最小的小球紧跟着更大的小球时的情况；〈唯一的差异在于，在后一种情况下，这种作用的光线只在一点发生了很大偏转，而在陆续变小的天界小球的情况下，偏转只是逐渐的。〉对于中间的位置也是如此，只不过这些光线分散所沿的线不是直的，而是略微弯曲的。事实上[见图 22]，如果 S 是太阳，2345 是地球每年按照 234 的顺序运转的轨道，如果 DEFG 是那条边界，天界小球从它开始逐渐变小，直到太阳（如前所述，这条边界的形状不是一个完美

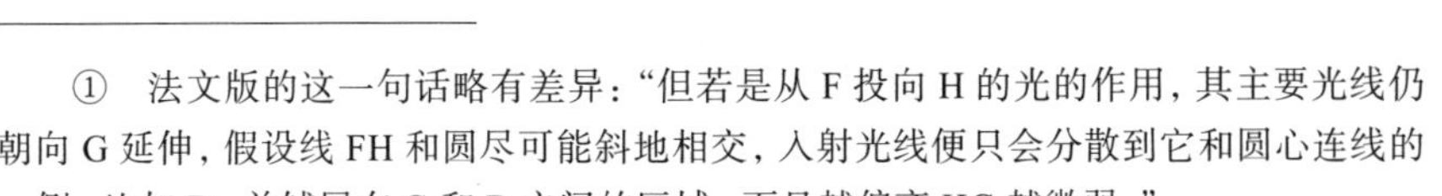

① 法文版的这一句话略有差异："但若是从 F 投向 H 的光的作用，其主要光线仍朝向 G 延伸，假设线 FH 和圆尽可能斜地相交，入射光线便只会分散到它和圆心连线的一侧，比如 D，并铺展在 G 和 B 之间的区域，而且越偏离 HG 越微弱。"

的球体，而是一个不规则的椭球体，在极点附近要比在赤道附近平得多），如果 C 是一颗位于我们的天的〈土星以外的〉彗星，那么必须认为，撞击这颗彗星的太阳光线会朝着椭球体 DEFGH 的所有位置偏转，以至于在 F 垂直入射的那些太阳光线大部分继续直着前进到 3，但也有一些光线在这里被分散；在 G 斜着入射的那些太阳光线不仅直着向 4 前进，而且也在部分程度上向 3 折射；最后，在 H

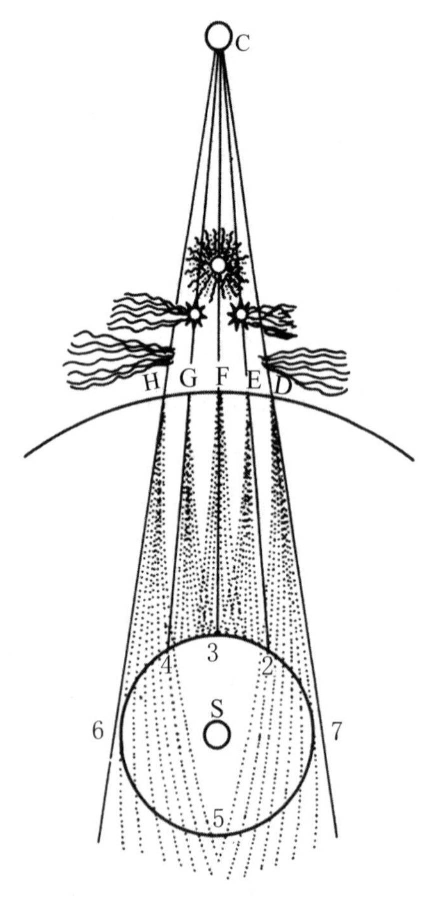

图 22

入射的那些太阳光线根本无法直着到达地球轨道，[到达它]仅仅是因为它们转向了4和5，依此类推。由此可知，如果地球在其轨道的位置3，那么从地球上可以看到这颗彗星，而且彗尾朝各个方向分散；这种彗星被称为玫瑰彗星，因为直接从C到3的光线显示它的头部，从E和G向3偏转的其他较弱的光线则显示它的尾巴。但如果地球在4，则这颗彗星[的头部]将通过直的光线CG4在那里被看见，彗发或者说彗尾由于只朝一个方向延伸，将可以通过从H以及G与H之间的其他位置向4偏转的光线被看见。同样，如果地球在2，则这颗彗星将通过直的光线CE2被看见，彗尾将通过CE2和CD2之间斜的光线被看见；不同之处仅仅在于，如果眼睛在2，则彗星将在清晨被看见，而且彗尾顶在它前面；如果眼睛在4，则彗星将在夜晚被看见，而且彗尾拖在它后面。

137. 火束又是如何出现的。

最后，如果眼睛靠近点5，[①]那么太阳的光线将使我们无法看到彗星本身，〈因为太阳将位于我们和彗星之间，〉而只能看到彗尾的一部分，它就像一束火，出现在夜晚或早晨，这取决于眼睛靠近点4还是点2；所以如果眼睛在中点5，则〈借助于从H和D向5发出的弯曲光线，〉这颗彗星可能显现两束火，一束在夜晚，另一束在清晨。〈我只说这是可能的，因为除非彗星很大，否则其弯曲光线的强度将不足以被我们的眼睛察觉。〉

① 拉丁文版这里写成了“点S”，应为“点5”之误。

138. 为什么彗尾并不总是直接出现在与太阳直接相对的方向，而且看起来并不总是直的。

事实上，彗发或彗尾必定有时显得直，有时有些弯；有时位于穿过太阳中心和彗星中心的直线上，有时稍微偏离它；最后，它有时更宽、有时更窄，或者也更亮，也就是当侧面光线向［观察者的］眼睛汇聚的时候。所有这一切都源于椭球体 DEFGH 的不规则性：由于靠近极点，在那里它的形状要更为扁平，所以彗尾看起来必定更直、更宽；在极点与黄道之间的曲线上，它们必定显得更加弯曲，并且〈稍微〉偏离太阳的正对面；沿着这条曲线，它们必定显得更亮、更窄。我认为，除了那些必须被视为神话或奇迹的东西，这里已经就迄今为止对彗星所观察到的一切给出了原因。

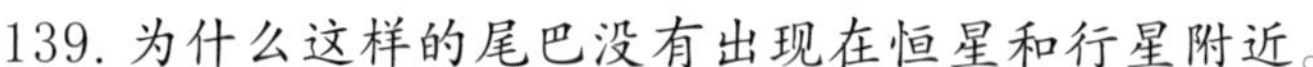

139. 为什么这样的尾巴没有出现在恒星和行星附近。

唯一〈剩下的〉问题是，为什么恒星以及土星和木星等更高的行星周围不会〈像在彗星周围那样〉也出现尾巴。但这个问题很容易回答。首先，即使是彗星，当它们的视直径不大于恒星的视直径时，通常也看不见这样的尾巴，因为那样一来，〈形成尾巴的〉次级光线的力将不足以使我们的眼睛产生反应。然后，关于恒星，〈我们必须特别注意〉，由于它们的光不是借自太阳，而是发出自己的光，所以如果它们周围出现了尾巴，它将〈均匀地〉分散在各个方向，并且很短，〈就像我们所谓的玫瑰彗星那样〉。事实上，我们的确看到它们周围有这样的尾巴，因为它们没有清晰的轮廓线，而是周围都是模糊的光线；它们之所以如此耀眼〈或闪烁〉，或许就与此有关，尽管还可以给出其他许多原因。但是就木星和土星而言，我毫不怀疑在空气十分清澈纯净的〈国家〉，它们有时也会在背离太阳的方向出现一条短尾巴；我记得曾在某个地方读到过这种事情，但我想不起作者的名字了；至于亚里士多德在其《气象学》第一卷第六章中所述，即埃及人有时看到恒星周围有这种尾巴，我认为应该更适用于行星。他关于他亲眼看到的大犬座大腿上一颗恒星的尾巴的记述，要么是因为空气中有某种非常斜的折射，或者更有可能是因为他的眼睛有某种缺陷；因为他补充说，当他的眼睛更加用力地看它时，它显得没有那么清楚。

140. 行星是如何开始运动的。

既已阐述关于彗星的所有这一切，现在让我们回到行星。假设［见图 8］星体 N 没有我们的天周围的第二元素小球那么坚固，或者〈保持其直线运动的力〉或搅动更小，但比太阳附近的那些小球更［坚固］。由此我们可以理解，一旦 N 被太阳涡旋拖走，它就必定不断地向其中心下降，直到到达〈一点，在那里〉那些天界小球在坚固性或保持其直线运动的能力上与之相等。在最后这一点上，它将既不会靠近也不会远离太阳（除非被其他某些原因来回推动），而会在这些〈在力上与之相等的〉悬浮的天界小球中持续绕太阳旋转，并且变成一颗行星。如果它继续靠近太阳，它将处于更小的天界小球之中，它远离其旋转中心的力会超过这些小球；这些小球〈在力上要逊于它〉，同时运动得更快，从而也增加了它自身的搅动和整个的力，使其立刻上升回去。另一方面，如果它进一步远离太阳，它将遇到运动不那么快从而减少它的搅动，以及稍大一点从而有力将它往回推向太阳的天界小球。

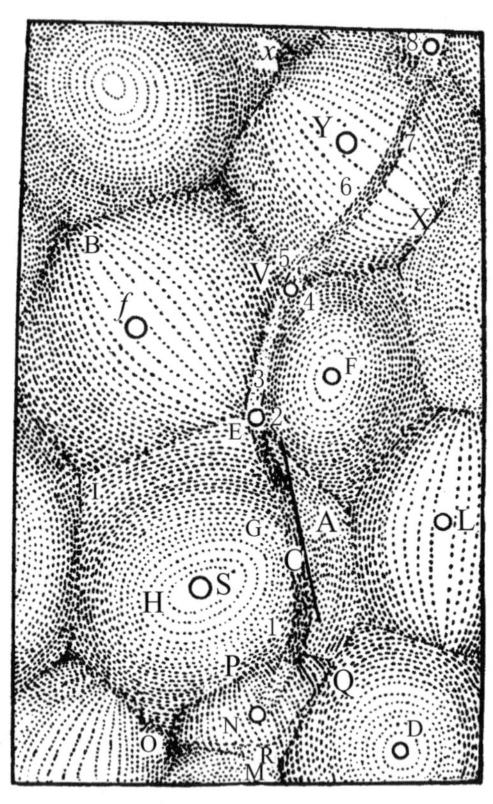

图 8

141. 行星运动偏离的各种原因：第一。

能让这个(由此悬浮在太阳周围的)行星稍微改变方向的其他原因是：第一，它和所有天界物质一起在其中旋转的空间不是完全的球形；因为在这个空间较宽的地方，天界物质必然会比在这个空间较窄的地方流动得更慢，〈从而使行星可以进一步远离太阳〉。

142. 第二。

第二个原因是，第一元素的物质从附近的某些涡旋流向第一层天的中心，并从那里重新流回其他某些地方，从而能够以各种方式推动第二元素的小球和悬浮在其中的行星。

143. *第三。*

第三个原因是，这颗行星中的孔道可能更适合接纳来自天界特定区域的沟槽微粒或别的第一元素微粒，而非其他。因此，如上所述，在覆盖星体的黑子两极周围形成的这些孔道的开口，更多地指向天的这部分区域而不是其他区域。

144. *第四。*

第四个原因是，之前这颗行星中可能有某种运动，并在其中保持了很长时间，即使其他原因抗拒它。因为我们看到，一个男孩只需转动陀螺一次，陀螺就能获得足够的力来保持其运动几分钟，在此期间〈围绕它的轴〉旋转数千次，尽管它体积很小，而且它周围的空气和它立于其上的大地都抵抗其运动。因此我们很容易相信，如果一颗行星从它最初被创造出来就在运动，那么仅凭这一点就足以让它从宇宙的开端一直到现在继续它的旋转而没有明显的速度下降，因为〈物体越大，就越能保持已经以这种方式传递给它的搅动；而且因为〉宇宙已经存在的五六千年与一颗行星的大小相比，要比一分钟与一个小陀螺的体积相比短得多。

145. *第五。*

最后，第五个原因是，这样保持其运动的力在行星中要比在它周围的天界物质中更为稳固和恒定，在大行星中也比在较小的行星中更稳固。当然，天界物质中的这种力取决于它的小球同时在相同的运动中协同一致。由于它们是彼此分离的，所以在很短的时间内这些小球可能时而更多、时而更少地协同一致地运动。[①] 由此可知，行星从未像它周围的［单个］天界小球运动得那样快。因为尽管行星的运动等于它与这些小球一起运转所凭借的［那部分］运动，但与此同时，这些小球还有其他许多运动，因为它们是彼此分离的。由此亦可知，当这些天界小球加速、减速或偏转时，位于其中的行星的运动不太容易这样加速、减速或偏转。

146. 所有行星是如何被创造出来的。

如果考虑了所有这一切，那么〈迄今为止所能观测到的〉关于行星的所有现象都会与我们阐述的自然定律完全一致，其理由很容易从已有的叙述中给出〈和导出〉。因为没有什么能阻止我们去判断，现在包含第一层天的涡旋的极为广阔的空间起初被分成了 14 个或更多的涡旋。［我们可以判断，］这些涡旋的排列使得位于其中心的星体逐渐被许多黑子所覆盖，然后其中一些涡旋被另一些涡旋按照前已描述的方式所摧毁，其早晚取决于它们的不同位置。因此，以太阳、木星和土星为中心的那三个涡旋比其他涡旋更大，位于木星周围的四个较小涡旋的中心的星体朝着木星下降，〈成为我们现在看到的那里的四颗小行星〉；同样，位于土星周围的另外两

① 法文版的这句话略有差异："……比在较小的行星中更稳固。其原因是较小的物体拥有相较其物质的量比例更大的表面积，因而在其移动路径上会遇到更多物体来阻碍或改变其运动方向。而大小上与行星相等的一部分天界物质则由多个小部分组成，要在运动上等同于行星就必须使各个部分在同一运动中协调一致，但因为它们彼此不相连属，最微小的因素也能使它们各自偏离运动方向。"

个涡旋的中心的星体以类似的方式朝着土星下降(至少如果〈看起来〉真有〈另外〉两颗〈较小的〉行星在围绕土星旋转)。〈当包含月亮的涡旋被摧毁时,月亮也朝着地球下降〉;当以水星、金星、地球……[①] 和火星为中心的涡旋〈被以太阳为中心的另一个更大的涡旋〉摧毁时,它们朝着太阳下降,〈并且在那里排列成现在的样子〉。最后,木星和土星带着与之结合的较小星体,也在它们的涡旋被摧毁之后,朝着比它们大得多的同一个太阳汇集。但如果剩余涡旋的空间中还有上述14个星体之外的星体,〈而且变得比土星更坚固〉,则它们都变成了彗星。

147. 为什么某些行星比其他行星离太阳更远,这不仅仅取决于它们的大小。

于是,当我们看到水星、金星、地球、火星、木星和土星等主要行星以不同的距离围绕太阳运转时,我们会判断这是由于〈它们并非同等坚固,而且〉离太阳较近的行星不如较远的坚固。毫不奇怪,火星虽然比地球更小,但离太阳更远,因为火星〈虽然更小,但〉可能比地球更坚固;因为坚固性并不仅仅取决于大小。

148. 为什么离太阳较近的行星比其他行星运动得更快,而太阳黑子却运动得很慢。

看到离太阳较近的行星运转得比离太阳较远的行星更快,我们会认为,这是因为形成太阳的第一元素物质〈绕着它的轴〉旋转得

① 拉丁文版在这里加入的“月亮”;法文版做了修改,以使地-月系统的形成类似于木星和土星。

很快，因此相较更远处的天，它携带着更近部分的天更快地运转。但我们不会惊讶于出现在它表面的黑子比任何行星运动得更慢，因为黑子需要 26 天才能完成其短小的一周；而轨道是它 60 倍大的水星只要 3 个月不到就能完成其旋转。土星需要 30 年才能完成旋转，而如果它的运动不比黑子更快，则需要 100 多年时间，〈因为它的路径大约是黑子的 2000 倍长。〉而我们认为，之所以出现这种情况，是由于黑子的持续解体所产生的第三元素微粒聚集在太阳周围，在那里形成了大量空气或以太，并可能延伸到水星天球甚至更远。这种以太微粒极不规则且有许多枝杈，它们相互粘合，无法像天界物质小球那样单独运动，而只能整体被太阳同时携带，连同太阳黑子和水星附近部分的天；结果，它们在同一时间内并不能比水星完成更多的旋转，因此也必然运转得更慢。

149. 为什么月亮绕着地球转。

由于月亮不仅绕着太阳旋转，而且也同时绕着地球旋转，所以我们将判断，这要么是因为在地球绕太阳旋转之前，月亮就向地球汇聚了，就像木星的行星向木星汇聚一样；或者更有可能是因为，月亮与地球有同样大的搅动力，因此月亮必定位于同一条轨道上绕太阳旋转；由于它体积较小，而且有同样大的搅动力，所以它必定运动得更快。因为［见图 23］如果地球位于太阳 S 附近，在圆 NTZ 上，并且沿着它从 N 经由 T 向 Z 运动，并且如果月亮［沿同一方向］运动得更快，并且到达同一个圆，那么无论它起初在圆 NZ 的哪个位置，都将很快到达 A，在那里，由于靠近地球〈以及地球周围的空气和天的部分的阻力〉，它将被阻止继续沿直线前进，并且转向 B。

我说向B而不是向D,是因为由此它的路径会与直线偏离得少一些。然而,当它这样从A走向B时,包含在空间ABCD中的携带着月亮的所有天界物质都将像涡旋一样围绕中心T旋转,〈而且自那以后一直旋转〉。这也将使地球绕轴自转,同时所有这些东西〈地球、月亮和这个天的空间〉都将沿着圆NTZ围绕中心S运转。

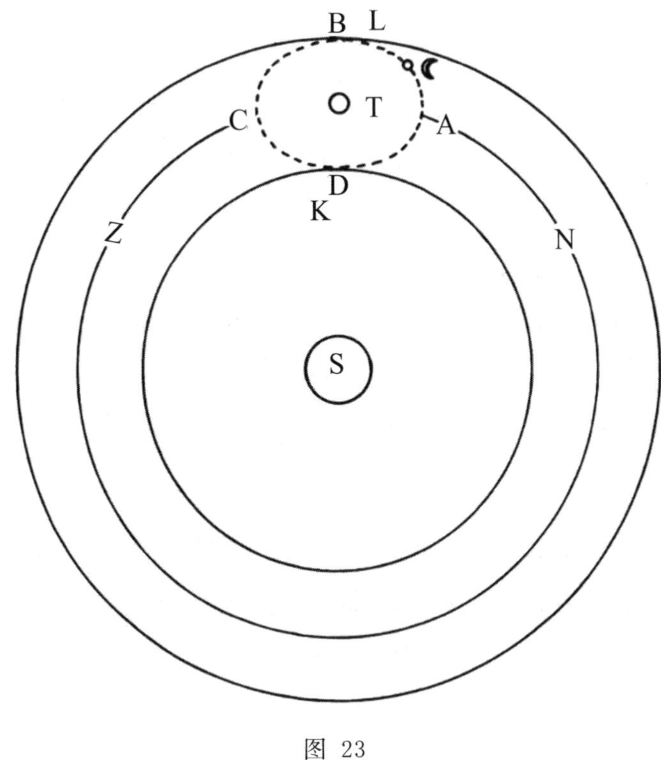

图 23

150. 为什么地球绕轴自转。

然而,地球绕轴自转可能还有其他原因。因为如果地球曾经是一颗位于某个涡旋中心的明亮星体,则它无疑会在那里这样旋转,现在在其中心积累起来的第一元素物质仍然有类似的运动，并且推动它这样运动。

151. 为什么月亮比地球运动得更快。

毫不奇怪，在月亮沿着圆 ABCD 旋转一圈的时间里，地球要绕轴自转大约 30 圈。由于该圆的周长大约是地球周长的 60 倍，所以月亮的运动速度是地球的两倍。而且，由于两者都由同一种天界物质驱动，这种物质在地球附近和在月亮附近可能运动得同样快，因此月亮运动更快的唯一原因似乎只能是，它比地球更小。

152. 为什么月亮的几乎同一侧总是面向地球。

我们也不应感到惊讶，月亮的同一侧总是面向地球，或者从未偏离许多。我们很容易判断，这是因为月亮的另一侧更为坚固，因此在绕地球旋转时必定走一个更大的轨道，前面提到的彗星便是一个例子。当然，借助望远镜在其近侧观察到的宛如山脉和山谷的无数不均等性似乎也证明，这一侧不如另一侧坚固。之所以坚固性较小，可能是因为我们看不到的那一侧只能接收直接由太阳发出的光，而靠近的这一侧也接收从地球反射的光。

153. 为什么月亮运动得更快，相合时比弦月时偏离其平运动更少；以及为什么它的天不是球形的。

我们也不会感到惊讶，月亮看起来运动得快一些，而且［见图 23］它在满月或新月时（即在天的 B 部分或 D 部分附近时），要比它只有一半可见时（即在 A 或 C 附近时）更少地沿任何方向偏离其路线；由于空间 ABCD 中的天界小球在大小和运动上不同于在 D 以下靠近 K 和在 B 以上靠近 L 的那些小球，但类似于 N 和 Z 附近的那些小球；所以它们向 A 和 C 的扩散要比向 B 和 D 的扩散更自由。由此可知，轨道 ABCD 并非完美的圆，而是更接近椭圆形；而且天界物质在 C 和 A 之间要比在 B 和 D 之间运动得更慢。因此，被这种天界物质携带的月亮〈也必定在 C 和 A 附近运动得更慢，偏离其路线更多，而且〉在渐盈时必定靠近地球，渐亏时必定远离地球，也就是说，在 A 或 C 附近时要比在 B 或 D 附近时更加远离地球。①

154. 为什么木星附近的二级行星运动这么快，而土星附近的那些二级行星却运动这么慢，或者根本不动。

此外，我们也不会感到惊讶，据说位于土星附近的〈两颗〉行星很慢地绕之旋转，或者可能根本不动；而与此相反，木星附近的〈四颗〉行星却〈很快地〉绕之旋转，而且离木星越近，旋转就越快。这种多样性的原因可能在于，木星像太阳和地球一样绕轴自转，而〈行星中最高的〉土星却像月亮和彗星那样，总是把同一侧转向包含它的涡旋的中心。

155. 为什么黄道和赤道的极点彼此之间非常遥远。

此外，我们也不会感到惊讶，地球每天旋转所围绕的轴并不垂

① 依照笛卡尔的图示，当月亮从 A 移向 B 时，即是“渐盈”，当月亮从 B 移向 C 时，则是“渐亏”。但这里英文版翻译似乎有歧义，法文版作：“因此，被这种天界物质携带的月亮也必定在 C 和 A 附近运动得更慢，偏离其路线更多，无论渐亏渐盈时都是如此。”

直于它在一年时间里绕太阳旋转所在的黄道平面，而是与垂线偏离超过 23 度，并由此产生了地球上夏季和冬季的差异。因为地球在黄道上的周年运动主要取决于绕太阳旋转的所有天界物质的共同作用，这显见于所有行星都尽可能地沿这条路线〈沿黄道〉运行；而地球周日旋转所围绕的轴的方向则更多地取决于流向地球的第一元素物质所来自的那些天区。当然，由于我们设想现在被第一层天占据的所有空间曾被分成了 14 个或更多的涡旋，其中心是现在变成了行星的那些星体，所以我们不能认为所有这些星体的轴朝着同一个方向旋转，因为这不符合自然定律。然而，流入地球星体的第一元素物质很可能来自现在其极点所面向的相同的天穹区域；而且当这颗星上逐渐产生了许多层黑子时，第一元素物质的沟槽微粒在这些层中形成了许多通道，并按照它们的大小和形状来调整这些通道，使得来自天穹其他区域的沟槽微粒不能或者很难被这些通道接纳。因此，由于那些按照地轴方向形成穿过地球的合适通道的沟槽微粒，仍然不断地流过地球，这就使得地球的极点转而朝向它们所源自的天区。

156. 为什么它们会逐渐彼此靠近。

与此同时，由于地球的周年旋转和周日旋转如果围绕平行的轴进行会更容易完成，而阻止这种情况发生的原因正逐渐从两方面改变。因此，随着时间的推移，黄道与赤道的倾角正在减小。

157. 宇宙中物体运动的所有不均等性的最终和最一般的原因。

最后，我们不会感到惊讶，所有行星虽然始终倾向于做圆周运动，但从未描出完美的圆，而是在纵向和横向上与之有些偏离。由于宇宙中的所有物体都是彼此邻接和相互作用的，〈虚空是根本不可能的〉，所以每一个物体的运动都依赖于所有其他物体的运动，因此有无数种变化。我认为，在遥远天界观察到的任何现象都已经在这里得到了充分的解释。接下来我们只需要〈以类似的方式〉解释我们在地球上看到的那些现象。

第四部分

论地球

De Terra

1. 我们已经使用的错误假说必须保留，以便解释事物的真实本性。[1]

正如我已经充分预先警告的那样，[2] 我并不希望人们相信，这个可见世界的各个物体是按照上述方式产生出来的，但我仍然必须保留同一假说，以便解释在地球上所见的事物。因为如果正如我希望的那样，我清楚地表明，所有自然事物的原因都可以通过这种方式而非其他方式来给出，那么就有理由断言，它们的本性就好像它们的确是以这种方式产生的一样，〈尽管世界最初并不是以这种方式形成的，而是由上帝直接创造的〉。

2. 根据这一假说，地球是如何产生的。

因此，让我们想象我们居住的这个地球曾经是像太阳一样完全由第一元素的物质所组成〈的星体〉，尽管它比太阳小得多，而且它位于一个巨大涡旋的中心。但由于第一元素物质的沟槽微粒以及其他不是最小的微粒相互粘合，从而转变成第三元素的物质，所以首先在地球表面产生了不透明的黑子，类似于我们看到在太阳周围不断产生和解体的黑子；然后，[让我们想象]由这些黑子的不断解体所剩下的第三元素微粒散布在附近的天上，在那里渐渐形成了大量空气或以太；最终，当这种以太变得极多时，在地球周围形成

① 法文版的标题是："为了找到地球上事物的真正原因，必须保留业已得出的假说，尽管它们是错的。"

② 第三部分，第 45 条。

的更加致密的黑子完全覆盖了它并使之变暗。而且，由于这些黑子不再能够解体，而且可能许多黑子彼此叠在一起，同时包含地球的涡旋的力在减小，所以最终地球连同黑子和包围它的整个空气一起下降到另一个更大的以太阳为中心的涡旋中。

3. 将地球划分成三个〈不同的〉区域；对第一区域的描述。

如果我们考虑尚未像这样向太阳下降、而是在之前很短一段时间的地球，则我们将在其中区分出三个截然不同的区域［见图 24］。其中第一个也是最里面的区域 I 似乎只包含第一元素的物质，它在那里的移动方式和在太阳里一样，在本性上与太阳里的物质也没有什么不同，只不过它可能没有那么纯净，因为它无法像太阳那样通过不断排出黑子物质来净化自己。因此，我倾向于认为，整个空间

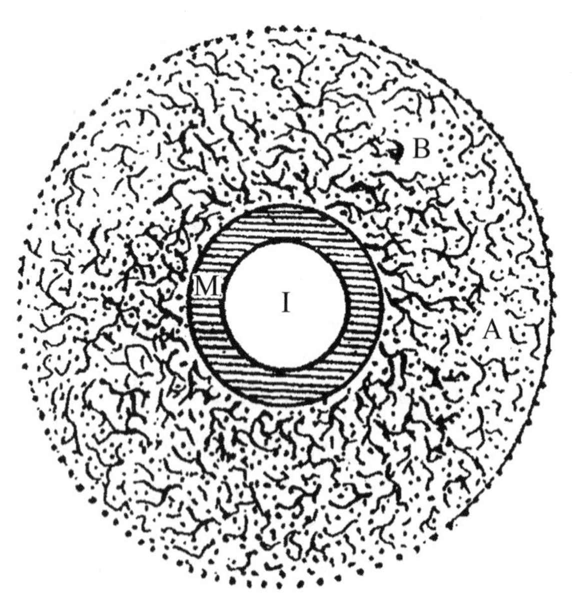

图 24

I现在几乎只由第三元素的物质所填充，〈这种物质由第一元素最不精细的部分相互粘合而成，〉除非可以由此推出：那样一来，地球将因为异常坚固而无法像现在这样与太阳保持这么近。〈此外，我们可以设想各种理由来解释，为什么空间I只可能包含第一元素最纯净的物质；也许，这种物质的最倾向于相互粘合的部分被其第二区域的物体阻止进入空间I；也许，当这种物质被限制在这个空间之内时，其运动有很大的力，以至于它不仅阻止了各个部分保持其联结，还会使一些微粒逐渐脱离包围它的物体。〉

4. 对第二区域的描述。

中间区域M完全被一个非常不透明和致密的物体所占据。由于该物体是由相互粘合的最细小的微粒（即先前属于第一元素的那些微粒）组成的，因此似乎只有很窄的通道留在其中，以至于只有上述那些沟槽微粒以及第一元素的其余物质才能穿过。经验表明，太阳黑子也是如此，它们和物体M具有相同的本性，只不过更为稀薄，但仍然阻碍了光的穿透。这就意味着它们没有足够大的通道来容许第二元素的微粒通过。因为它们是在一开始便在十分柔软、流动的〈且由很小很柔韧的微粒组成的〉物质中形成的。但如果这样的通道存在，它们将会是笔直而整齐的，并不会阻碍光的通过。[①]

5. 对第三区域的描述。

但地球的这两个内部区域与我们关系不大，因为没有人能活着

① 这句话的英文翻译有一定的歧义和混淆，因此这里主要根据法文版译出。

到达它们那里。仅剩下第三区域，正如我们接下来将会表明的，我们周围的所有物体都可能起源于它。但是现在，我们假设这第三区域不过是第三元素微粒的大量积聚而已，其周围有许多〈第二元素的〉天界物质，这些微粒的最内在本性可以从它们的产生方式中得知。〈于是我们也能得到关于必定由它们组成的所有物体的完美知识。〉

6. 该第三区域中的第三元素微粒必定很大。

当然，由于它们是由黑子的解体而产生的，这些黑子〈是在地球仍与太阳相似的时候在地球上形成的，并且〉是由彼此粘合在一起的第一元素的最小碎片组成的，所以每一个微粒必定由许多此类碎片所组成。而且它们必须足够大，以抵抗在它们周围运动的第二元素小球的冲击；因为任何无法做到这一点的东西都会重新解体为第一或第二元素。

7. 这些微粒可以被第一和第二元素改变。

但是，尽管这些〈第三元素的〉微粒〈足够大且坚硬，以至于〉整体上抵抗了第二元素的小球，但由于它们各自都是由〈许多非常小且柔韧的第一元素的〉碎片构成的，〈而这些部分很受第二元素的小球的影响，〉所以它们始终可能被小球改变，〈甚至久而久之还会被彻底摧毁〉。

8. 它们比第二元素的小球大，但不那么坚固和较少搅动。

由于第一元素的这些碎片具有不同的形状，所以由大量碎片紧密接合而成的第三元素微粒不可能不在其中留下许多非常狭窄的通道，只有最精细的第一元素物质才能穿透。因此，尽管这些微粒比天界小球大得多，但它们不可能同样坚固或者有同样多的搅动。它们有极不规则的形状，不如这些小球的球形更适合运动，也促成了这一结果。由于构成这些微粒的碎片以无数种不同方式粘合在一起，所以这些微粒在大小、坚固性和形状上必定彼此差异很大，而且几乎所有形状都极不规则。

9. 起初，这些微粒在地球周围相互叠压。[①]

这里必须注意，在地球像恒星一样位于其自身的涡旋中，尚未向太阳下降之前，包裹着地球的那些第三元素微粒虽然彼此分开，但却没有朝各个方向任意地散布于天上，而是全都聚集在球体 M 周围，相互叠压；这是因为它们被第二元素的小球推向了中心 I，第二元素的小球〈在地球周围形成了一个涡旋，体积更大，因此〉比第三元素的微粒具有更大的搅动力，正努力远离那个中心。[②]

10. 这些微粒之间留下的各种间隙已被第一和第二元素的物质所填充。

还必须注意，这些微粒尽管彼此叠压，但并没有紧密地粘合在一起，因此必定会在自己周围留下许多间隙。这些间隙不仅被第一元素的物质所占据，而且还被第二元素的小球所占据；这必定是由

① 法文版的标题是“一开始它们是如何聚集起来的”。

② 这种现象将成为笛卡尔解释重量的基础，参见第 23 条。

于，这些微粒具有极不规则和多样的形状，并且毫无秩序地彼此粘合在一起。

11. 一开始，第二元素的小球越小，离地球中心就越近。

此外必须注意，〈在位于这些间隙中的那些第二元素小球中，〉〈相对于地球〉较低的小球小于较高的小球，因为正如前面所表明的，[①]太阳附近的小球离太阳越近就越小。〈位于地球最高区域的〉所有这些〈第二元素〉小球并不比现在在水星天球以下的太阳周围的那些小球更大；反而可能更小，因为太阳比任何时候的地球都大；由此可知，它们也比现在〈在地球的同一区域〉的那些小球更小，因为后者比水星天球以下的那些小球离太阳更远，因此必定更大。

12. 它们在[第三元素微粒]之间有更狭窄的通道。

必须注意，〈随着这个最高区域的地界部分的形成，〉这些小球在第三元素的微粒之间为自己保留了适合〈这些最小的第二元素微粒〉大小的路径，因此其他稍大的小球无法轻易穿过它们。

13.〈第三区域的〉较为粗大的微粒并不总是低于较为精细的微粒。

最后，我们必须注意，那时第三元素的这些微粒中较大和较为坚固的微粒常常位于较小和较为精细的其他微粒的上方，因为它们都在绕地轴匀速旋转，而且因其形状的不规则性很容易相互粘合。

① 参见第三部分，第85条。

于是，虽然每一个微粒都被推向〈地球的〉中心，而且微粒越坚固、越粗大，它被周围的第二元素小球推动的力就越大，但较为坚固的微粒并不总能摆脱不那么坚固的微粒而下降到它们之下，而是经常保持与它们最初形成时相同的次序〈，从而使得那些来自最后被摧毁的黑子的微粒处在最低的位置〉。

14. 关于地球第三区域各个部分的最初形成。

然而此后，当被分为这三个区域的地球朝着太阳下降时（当然，它原先位于其中的涡旋已经耗尽），它最里面的和中间的区域不会因此而有很大变化；然而，最外层的区域必定先是被分成两部分，然后是三部分、四部分，之后是更多不同的部分。

15. 关于产生这些物体所凭借的作用；首先，关于天界小球的一般运动。

我很快就会解释这些物体的产生，不过在此之前，我们先来考虑它所依赖的三四个最重要的作用。首先是天界小球的一般运动。第二是重量。第三是光。第四是热。所谓天界小球的一般运动，我指的是它们的持续搅动，这种搅动是如此之大，以至于不仅足以使它们绕太阳周年旋转和绕地球周日旋转，还能以其他许多方式推动它们。无论它们起初朝哪个方向运动，随后它们都继续沿直线或尽可能小地偏离直线的方向前进；因此，这些天界小球与形成了地球第三区域所有物体的第三元素微粒相混合，在后者中产生了各种结果，这里我要指出其中三个最重要的结果。

16. 第一种作用的第一个结果是使物体变得透明。

第一个结果是，天界小球使所有那些液态的、而且由非常稀薄〈因此分得足够开〉的第三元素微粒所组成的地界物体变得透明，以至于这些小球沿各个方向围绕它们旋转。由于这些小球不断地从各个方向穿过这些物体的通道，而且有力来改变其微粒的位置，所以它们很容易在这些物体中形成〈遍布其中的〉直线路径，或至少是适合传导光的作用的、等价于直线的路径。因此，我们从经验中发现，地球上任何纯净的、由稀薄的微粒组成的液体都是透明的。就水银而言，其微粒太过粗大，以至于不能允许它周围到处都是第二元素的小球〈而只允许第一元素的小球〉；而至于墨水、牛奶、血液以及诸如此类的东西，它们不是纯净的液体，而是散布着许多细小的坚硬物体。关于坚硬物体，可以观察到，所有那些在形成时和液态时透明，且微粒保留在相互粘合之前被周围的天界物质小球安放在同一位置的物体，都是透明的。与此相反，所有那些微粒被某种外力同时连接并缠绕，而外力本身却并不遵循混杂其间的天界小球之运动的物体，都是不透明的。[①] 因为尽管在这些物体中也留下了许多通道，天界小球不断地从各个方向穿过它们；但这些通道有许多地方被中断和封闭，所以不可能适合传导光的作用，光只沿直的或等价于直的路径前进。

① 关于坚硬物体的这句较为冗长的话，法文版为："关于坚硬物体，可以看到所有那些由透明的液体形成的，且微粒之间相互静止、秩序并未被混杂期间的物质改变的物体，都是透明的；而反过来，所有那些其微粒被不遵循天界物质的某种外力结合起来的物体，则是不透明或晦暗的。"

17. 坚固和坚硬的物体如何能够具有足够多的通道来传输光线。[①]

这里为了理解坚硬的物体〈例如玻璃或水晶〉如何能够具有足够多的通道来传输来自任何方向的光线，我们将一些苹果或其他具有光滑表面的较大球体装入一个网袋，将它们紧紧压在一起，使这些相互粘合的苹果仿佛形成了同一个物体。无论这个物体转到哪个方向，其中都将包含通道，经由这些通道，被抛到其上的小铅球很容易在其重力的作用下沿着等价于直的线朝地心下降；〈即使我们在这个坚硬物体中积聚了很多小球，以至于其中的所有通道都充满了这些小球；当较高的小球挤压其下方的小球时，其重量的作用将沿直线传导到最低的小球。〉于是，这袋苹果将形成一幅十分坚固和坚硬的透明物体的图像。因为〈第二元素的〉天界小球无需在地界物体中找到比小铅球在这些苹果之间下降所穿过的那些通道更直或更多的通道来传输光线。

18. 第一种作用的第二个结果是将一个物体与另一个物体分离，并且净化液体。

第二个结果是，当两种或更多种地界物体（尤其是液体）的微粒混合地连接在一起时，天界小球可能会将其中一些微粒彼此分开，从而将它们分成不同的物体；但也可能将它们与其他某些微粒更完全地混合起来，并以这样一种方式排列它们，使得由这些微粒组成的液体的每一个液滴与该液体的所有其他液滴完全相似。因

① 法文版的标题为：“坚固和坚硬的物体如何能是透明的。”

为天界小球在穿过地界液体的通道时，不断将遇到的第三元素微粒赶出其本来的处所，直到这些微粒之间的排列和秩序使之并不比其他微粒更阻碍[小球的]运动；或者，当它们无法这样排列时，〈小球就会将它们和其余部分彻底分开，并形成一个与之不同的物体〉。因此我们看到，未发酵的酒的酒糟不仅被驱赶到下面和上面（可能归因于重性和轻性），而且还被驱向容器侧面。尽管仍然由各种〈不同大小和形状的〉微粒所组成，但被〈这种精细物质的作用〉净化后，它们成了透明的，而且〈其排列使得〉底部看上去并不比顶部更稠密或更厚。对于其他纯净液体也应持同样的看法。

19. 第三个结果是使液滴呈球形。

天界小球的第三个结果是，正如我在《气象学》中所解释的那样，它们使悬浮在空气中或其他流体中的水滴或其他液滴呈球形。由于这些天界小球在水滴中的路径与在周围空气中的路径截然不同，并且始终尽可能地沿直线运动，所以显然，如果水滴是完全的球形，则与水滴是任何其他形状相比，空气中的这些小球遇到水滴时继续尽可能沿直线运动受到的阻碍较小。因为如果该液滴表面上有个部分突出到球形以外，则穿过空气的天界小球撞击该部分将比撞击其他部分有更大的力，因此将把它推向液滴的中心；如果该液滴表面的某个部分比其余部分更靠近中心，则该液滴中包含的天界小球将以更大的力推动那个部分远离中心；因此，所有天界小球都有助于使液滴呈球形。由于圆和与之相切的直线所成的角比任何直线角都小，而且只有对于圆来说，这个角才能在曲线的任何地方都相等；所以可以肯定，一条直线永远不可能比它变成圆时更均匀地弯曲，以及在它的每一点上更少弯曲。[1]

20. 对被称为重量的第二种作用的解释。

重力与天界小球[的第一种]作用的这第三个[结果]相差不大。因为正如这些小球仅凭它们沿各个方向无差别的运动，就将每一个液滴的所有微粒均等地推向液滴的中心，从而使液滴本身呈球形；因此，当这些小球因为遇到整片大地而被阻止沿直线运动时，它们凭借同样的运动将地球的所有部分推向中心；这便是地界物体的重量之所在。

21. 单独考虑的地球的所有部分不是重的，而是轻的。

为了完全理解重量的本性，首先必须注意，如果地球周围所有未被地球物质占据的空间都是空的，也就是说，如果只包含一个既不会阻碍也不会帮助其他物体运动的物体(因为只有这样才能理解“空”一词)，而且与此同时，地球在 24 小时的时间里凭借自己的运动绕轴自转，那么地球上所有那些连接不牢的部分都将朝各个方向飞向天空。同样可以看到，如果把沙子抛到一个旋转的陀螺上面，则这些沙子将被立即抛离它，并且飞散到各个方向。因此应当说，地球不是重的，而是轻的。

① 法文版的最后一句话是：“这里为了更好地理解，必须注意的是，直线与它接触的曲线所形成的角度小于两条直线所能形成的任何角度，并且在所有曲线中，只有在圆形的情况下，每一个部分形成的接触角都是相等的。”之后法文版还添加了一句：“因此，由于某种均匀地作用于各个部分的原因，从而改变方向无法沿直线行进的运动，当它原本沿一条直线行进时，它必然会呈圆形；当它朝向某个平面内的各方向行进时，它必然呈球形。”

22. 天界物质的轻性是什么。

但是，由于没有这种虚空，并且地球不是由它自身的运动，而是由它周围的穿透其所有孔隙的天界物质驱动的，所以地球表现得像一个静止物体。[①] 而天界物质由于全都在做驱动地球的那种运动，所以没有重力或轻力；但由于其各个部分的搅动超出了它们用来驱动地球的搅动，并且因为遇到地球而被阻止继续沿直线运动，〈这种过度的搅动使它们旋转得比地球更快……并且沿其他方向做各种其他运动，〉所以它们总是尽可能地远离地球〈的中心〉；这便是它们〈相对于地球的各个部分〉的轻性之所在。

23. 地球的所有部分如何被这一天界物质向下驱动，从而变重。

其次，必须注意，天界物质的各个部分远离地球〈中心〉的力无法产生其结果，除非这些部分在上升时排开某些地界部分，把它们向下推压和驱动。由于地球周围的所有空间都被地界物体的微粒或天界物质所占据，而且这种天界物质的所有小球都有同等的倾向远离地球，因此单个小球没有力来排开其他类似的小球。但由于这种倾向在地界物体的微粒中并不那么大，所以每当天界小球上方有一些地界微粒，前者都会竭尽全力排开后者。因此，严格说来，任何地界物体的重量都不是由它周围的所有天界物质产生的，而是仅仅由立即上升进入物体下降所留下处所的那部分天界物质产生

① 拉丁文本对这里所指的是地球的周日运动还是周年运动没有明确的指称，而法文版则选择了前者，其开头为："但因为地球周围没有虚空，它也没有力使自己绕轴24小时内旋转一周，而是被它周围各处穿透其孔隙的天界物质所携带，所以我们应当认为它是没有任何运动的物体，并且天界物质就其本身而言既不轻也不重。"

的，因此在大小上与之完全相等。例如［见图 24］，如果 B 是一个存在于半空中的地界物体，较之与 B 等量的空气，构成 B 的第三元素微粒要更多，因此包含天界物质的孔隙要更少或更窄。显然，如果该物体 B 朝着 I 下降，那么必定有等量的空气上升进入它的处所；而且由于这些空气中包含的〈正在努力远离地球中心的〉天界物质比 B 中包含的更多，因此也很显然，这些空气中必定有力来向下推动 B，〈从而赋予它我们所谓的重量〉。

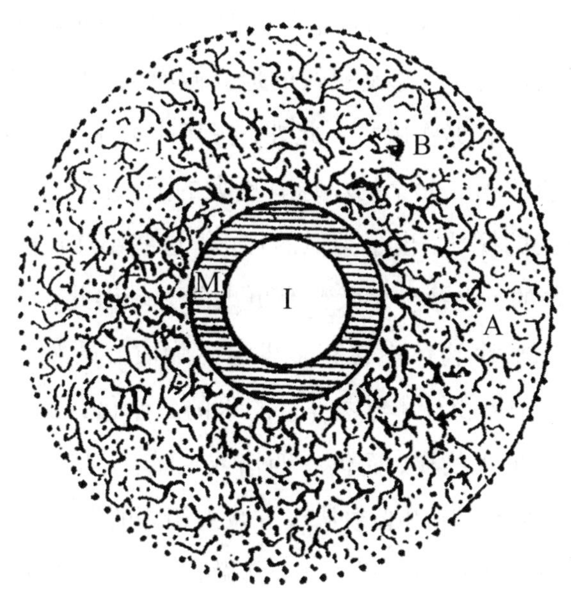

图 24

24. 每一个物体中有多少重量。

并且为了正确地进行该计算，必须注意，在物体 B 的孔隙中也有一些天界物质，它们与空气中所含的等量的类似的天界物质相对抗〈并且具有相等的力〉，并使之失去效力，〈因此，只应计算［空气中天界物质超出的量]〉。类似地，空气中有一些地界部分，在数目上与物体 B 的其他地界部分相等，并且对后者没有作用。然而，当两边都减去了这些东西以后，空气中其余的天界物质作用于物体 B 中其余的地界部分；这就是 B 的重量之所在。

25. 这个量并不对应于每个物体中物质的量。

为了不遗漏任何东西，还必须注意，这里所谓的"天界物质"不仅指第二元素的小球，而且指与之混合的第一元素的物质。那些跟随天界物质运动并且移动更快的地界微粒也应归于此类；这便是形成了空气的所有那些微粒。此外，在其他条件相同的情况下，第一元素的物质比第二元素的小球有更大的力来向下驱动地界物体，因为它有更大的搅动；出于类似的理由，这些小球比随之一起运动的〈类似数量的〉地界空气微粒有更大的力。因此，仅凭重量并不容易估算出每一个物体中含有多少地界物质。虽然一块黄金的重量有可能是[按体积计]与之等量的水的二十倍，但它可能并不含有二十倍多的地界物质，而仅有四倍或五倍：这既是因为，由于要在空气中称量它们，所以必须从双方减去相等的量，[①] 也是因为在水中与在所有其他流体中一样，由于其微粒的运动，与坚硬物体相比包含着轻性。[②]

① 这里被纳入考量的是阿基米德的浮力原理，即液体中的固体所减轻的重量，等于它所排开体积的液体的重量。

② 法文版的后半句为："……然后也因为，在水中（即通常而言的所有液体中）的地界微粒，还有人们所说的空气中的地界微粒，都有某种使之与精细物质相协调的运动，这种运动使它们不至于变得像坚硬物体那样重。"

26. 为什么物体在其自然处所［时］不受重力吸引。

还必须注意的是，正如已经表明的那样，在所有运动中都有一圈被同时推动的物体，任何物体要想通过自身的重量向下运动，都必须有另一个与之大小相等的较轻的物体同时向上运动。结果，在很深和很宽的容器中，较低的水滴或另一种液滴不会受到较高水滴的挤压；容器底部的各个部分也只会受到垂直落于其上的水滴的挤压。例如［见图 25］，在容器 ABC 中，水滴 1 不会受到位于其上方的其他水滴 2、3、4 的挤压，因为如果这些水滴向下运动，则会有其他水滴 5、6、7 或类似的水滴升入它们的处所；由于它们同样重，所以它们〈使前者保持平衡并且〉阻止了其下降。然而，这些水滴 1、2、3、4 的合力压在底部的 B 部分上；[①] 因为如果它们使 B 下降，则它们也将下降，比其轻的空气的 8、9 部分则会上升。但是，挤压容器的这个部分 B 的只有〈圆筒中的〉这些水滴 1、2、3、4 或

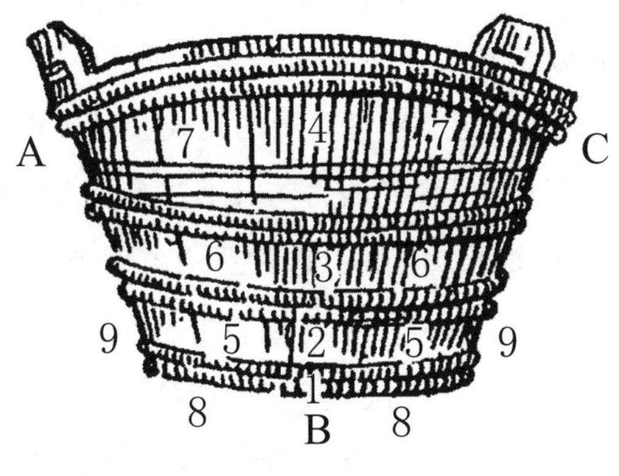

图 25

① 这些水滴如何都压在 B 区域上而没有彼此挤压，这是非常不清楚的；笛卡尔也许认为，只有当 B 处有一个孔时，它们的力才会合起来，但文中并没有这样说。

其他与之等效的水滴。因为在这个 B 部分可以下降的同一时刻，没有其他水滴可以跟随它。由此很容易解释令哲学糟糕的人感到惊讶的关于物体重量的无数现象，或者如果可以这样说的话，解释它们的重量。

27. 重量将物体向下推向地球的中心。

最后，必须指出的是，尽管天界微粒被许多不同的运动同时推动，但它们的所有作用都协调一致，并且相互抵消，以至于仅仅因为遇到了阻碍其运动的地球，它们就努力沿各个方向均等地远离地球的附近，就好像均等地远离地球的中心；除非有某个外部原因偶然招致了变化。现在，可以想出几个这样的原因；但我尚未能够〈做出任何实验来〉确定其结果是否足以被感官所感知。

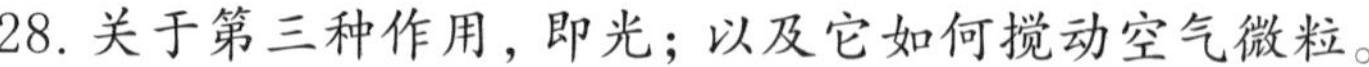

28. 关于第三种作用，即光；以及它如何搅动空气微粒。

上面已经充分解释了从太阳和星星传播到天界各个部分的光的力：这里我们只需注意，来自太阳的光线会以多种方式搅动地球的微粒。因为事实上，尽管光的力本身不过是从太阳向地球所引的直线上的某种压力罢了，但由于这种压力并没有均等地施加到构成大地最高区域的第三元素的所有微粒上，而是时而施加到某些微粒，时而又施加到另一些微粒，甚至时而施加到一个微粒的一端，时而又施加到另一端，所以很容易理解这些微粒的各种运动是如何由这种压力引起的。例如［见图 26］，如果 AB 是构成大地最高区域的第三元素微粒之一，并且压在另一个微粒 C 上，而且 AB 与太阳之间存在 D、E、F 等其他许多微粒，则这些居间的微粒将会阻碍太阳光线 GG 压在 B 端上，但不会阻碍 GG 压在 A[端]上。于是，A 端将下降，而另一端 B 将会上升。由于这些微粒在不断改变位置，所以不久以后，它们将阻碍太阳光线向 A 移动，但不会阻碍其他光线向 B 移动，因此 A 端将重新上升，B 将下降。这一情况发生在太阳光线接触到的所有地界微粒上；因此，它们都将被太阳的光所搅动。

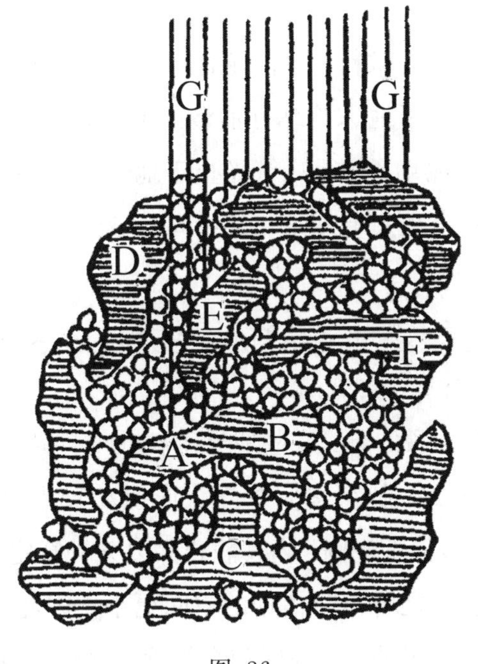

图 26

29. 关于第四种[作用]，即热：什么是热，以及光被移除后，热如何保持。

但是，这种对地球微粒的搅动，无论是来自光还是来自其他原因，都被称为热。特别是当它比平常大并且影响感官时；因为“热”

这个名字与触觉有关。必须指出的是，根据自然规律，如此搅动过的每一个地界微粒都会继续运动，直到由于其他原因而停止运转〈因为热量仅仅在于物体微粒的运动〉；因此，由光产生的热在光熄灭后始终会保留一段时间。

30. 为什么热比光更能穿透。[①]

此外，必须注意的是，被太阳光线驱动的地界微粒会搅动附近其他未被光线穿透的微粒，后者继而再搅动〈更下面的〉其他微粒，以此类推。而且由于地球始终有整整一半被太阳照亮；如此大量的这种微粒被同时搅动，使得尽管光止于地球不透明的外表面，但光产生的热必然会穿透到地球第二或中间区域的最内层部分。

31. 为什么它几乎使所有物体都变得稀薄，〈以及为什么它也使一些物体变得致密〉。

最后，必须注意的是，这些地界微粒在受到热的超乎寻常的搅动时，通常无法被控制在它们在静止或搅动较小时所在的较小空间；因为它们的形状不规则，当其静止并以某种特定方式相连接时，要比持续的运动使之解体时占据的空间更小。因此，热几乎使所有的地界物体都变得稀薄，但程度却会根据后者的不同情况和组成微粒的形状或大或小。〈因此，热还会使一些物体变得致密，因为它们的各个部分排列得更好，并随着搅动的加强而靠得更近，就像《气象学》中提到的冰和雪一样。〉

① 法文版标题是“它如何穿透进入并不透明的物体中”。

32. 首先，如何将地球的最高区域划分为两个不同的部分。

一旦注意到了这些〈可能导致地球微粒顺序的变化的〉不同作用，我们将再次考虑地球刚刚靠近太阳附近的时候，这时它的最高区域由并未牢固连接在一起的第三元素微粒组成。它们与天界小球相混合，而这些小球比地球正在通过甚至即将落入的部分天界中存在的小球还要更小一些。我们将很容易理解，这些较小的小球将把它们的处所让给地球周围较大的小球，而较大的小球则猛烈地冲入这些〈太窄以至于难以轻易容纳它们的〉处所，撞击许多第三元素的微粒，特别是那些体积较大的微粒，其重量使之被驱赶到其他微粒下面。这也导致了这些形状多样、不规则且被赶入下层的大微粒，更紧密地固定在一起，进而比高层的微粒更能阻止天界小球的运动。因此［见图 27］，地球的最高区域即图中所示的 A 部分将被

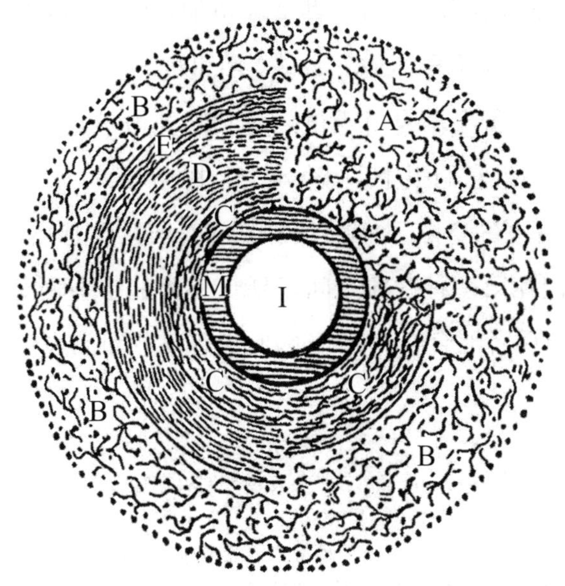

图 27

划分为两个不同的部分 B 和 C：更高的部分是 B，是稀薄的、流动的和透明的；更低的部分是 C，〈相对而言〉是稠密的、坚硬的且不透明的。①

33. 地界微粒主要分为三类。

然后，我们判断出 C 部分与 B 部分之所以分离，仅是因为 C 部分的微粒被天界小球挤压到下面彼此粘合在一起。从这一事实中我们也将理解，另一个部分随后必然会诞生在这两者之间，譬如 D。因为的确如前所述，构成 B 和 C 部分的第三元素微粒的形状极其多样，而我们能将这些微粒分为三个主要类型。其中有些微粒肯定是由各种手臂状的部分组成，如同树枝或其他类似的东西那样向各处延伸；而在这些受天界物质驱赶的微粒中，它们是最开始彼此粘合以形成 C 部分的主体。另外一些微粒更加坚固，并拥有〈更紧凑的〉形状，它们未必都是球体或立方体，而可能与碎石一样有棱角。如果它们相当大，就会因自身重量降落到其他微粒之下[并与 C 部分相联结]；但如果它们很小，则会与〈B 中的〉第一种微粒混在一起，并占据后者留下的空隙。最后一类微粒很长且没有枝杈，就像手杖一样：当它们在第一种微粒之间找到足够大的空隙而又不易与之连接时，也会与后者混合在一起，〈因此很容易相对后者运动〉。②

① 从第 32 至第 40 条，笛卡尔按照字母的顺时针顺序介绍了地球的不同部分，均可参考图 27。

② 这里法文版的表述是："第三种微粒既长且细，一如芦苇或棍子，不像第一种微粒那么重，也不像第二种微粒那么大。它们和 B 与 C 部分中的第二种微粒一样彼此混合。但因为它们并不粘合在一起，故而很容易被分开。"

34. 第三部分是如何在前两部分之间形成的。

一旦注意到这些情况，我们便有理由相信，当C部分的枝杈微粒首先开始相互缠绕时，它们会使得大部分的〈第三类〉细长微粒与之混合。然而随后，当枝杈微粒〈在天界物质作用下〉愈加受到挤压从而更加紧密地连接在一起时，细长微粒上升到枝杈微粒上方，并朝向D部分而去，在那里它们凝聚为一个非常不同于B和C的部分。类似地，我们看到当人们踩过沼泽地的地面时，水会被挤出来然后覆盖其表面。毫无疑问的是，许多其他的〈第三类和第二类〉微粒同时从B部分掉落并增大了两个更低的部分C和D的体积。

35. 该部分［D］完全由一类微粒组成。

尽管一开始时，这些像是石膏碎片或碎石一样的细长微粒以及其他坚固的微粒与枝杈微粒混合在一起，但必须注意，更加坚固的微粒不像细长微粒那样容易上升到枝杈微粒之上。或者如果有些确实升上去了，但随后也更容易再次降到枝杈微粒之下。由于在其他条件相同的情况下，细长微粒具有相比于体积的更大比例的表面积。因此，它们更加易于被流过C部分孔隙的天界物质所驱赶：〈也因为它们很长〉，当它们离开孔隙达到D后，横陈于C部分的表面时，并不〈像部分第二类微粒那样〉容易重新进入使其得以返回C的孔隙。

36. 这一类型的微粒在其中只有两种。

因此，许多第三元素的细长微粒聚集在D处。起初，它们既不完全相同也不完全相似；但它们有个共同点，即彼此之间或与第三元素的其他微粒之间不容易粘连在一起，并且还随周围流动的天界物质而移动。由于后一固有属性，它们从C部分撤出并聚集在D部分。因为天界物质不断在其周围流动，并使其因各种运动被搅动，还导致一些[微粒]迁移到其他微粒的位置。随着时间推移，它们必然已变得光滑而且彼此近乎相等，并缩减到只有两种：一种是那些足够薄，以至于仅受驱赶它们的天界物质的冲力就会被折弯的微粒，它们缠绕在另一种体积较大的微粒周围，后者无法被上述冲力折弯，并携带着前者一起运动。由此被连接在一起的这两种微粒，即柔性微粒和非柔性微粒，比其中单独一种更容易继续运动。因此，两者才都保留在D部分中，〈而没有被还原为一种单一的微粒〉。此外，那些一开始就可被折弯的缠绕四周的微粒，在遭受〈天界物质〉弯折的过程中越来越柔韧，且随着时间推移越来越像鳗鱼或纤细的短绳。而其他微粒由于未曾弯折，逐渐失去了一度可能拥有的柔韧性，变得像长矛一样僵硬。

37. 最低的部分C是如何划分为其他几部分的。

此外，必须考虑到D部分在B和C两部分完全形成之前开始从中分离出来；即在C变得如此坚硬以至于它的微粒不再能更紧密连接或被天界物质的运动驱赶到更下层之前，也在B部分微粒的排列使之能在周围各方向为该天界物质提供〈沿直线的〉简易平坦的通道之前：因此在这之后，第三元素的许多微粒仍会被从B部分驱赶到C部分。〈其中一部分不如D部分的微粒坚固，〉而如果它们比聚集在D的微粒更坚固，便会降到后者之下与C部分联合。〈因为D部分是液态的〉，根据形状的不同性质，它们要么留在其表面上〈，因为孔隙大小不允许其通过〉,要么穿透到[该表面]以下:因此,〈根据构成微粒的种类和排列方式的不同,〉C部分就被分成了另外几个部分:也许在其中一个区域,因为聚集的微粒具有防止彼此相互粘连的形状,就变成了完全流动的。但并非所有情况都能由此解释。[①]

38. 关于第三部分之上的第四部分的形成。

另外,当相比于构成D部分的微粒没有那么坚固的微粒,〈经由天界物质的作用〉掉出B部分时,它们〈必然〉会附着在D的表面。并且由于这些[微粒]大部分都〈有不规则的形状,像树枝那样〉是分叉的,它们渐渐地相互连接,形成了一个坚硬的部分E,这与流动的部分B和D十分不同。E部分最初非常薄,就像覆盖在D部分表面上的外皮或壳一样。随着时间推移,它变得更厚,这是因为来自B部分〈下降〉的新微粒与来自D部分〈上升〉的微粒(与D的其他微粒不完全相似,由此被天界小球的运动驱逐了出来)与之相连接,正如我将会尽快解释的那样。而且由于光和热的各种作用〈促成了与E部分连接的第三元素微粒的上升和下降〉,这些微粒〈的连接〉处于大地上的白天或夏天部分的排列,不同于那些处于夜晚或冬天部分的排列。因此,在某一天或某个夏天靠近该部分[E]的任何事物,都与在第二天或第二个夏天接近同一部分的事物有所不同。[②] 所以,E是由各种彼此相叠的类似外皮或壳的东西所

① 这一条中法文版添加了许多解释性的语句,拉丁文和英文版并未收入。

② 法文版没有这一句话,且最后一句话紧接着论述昼夜排列之不同的上一句:“……这就使得该部分的不同区域之间产生了差别,因此它现在是由若干层类似细小外皮的层层相叠的物质构成的。”

构成的。

39. 关于第四部分的扩大和第三部分的净化。

当然，无论是地球的最高区域 A 分化为 B 和 C 两个部分，还是诸多的细长微粒聚集在 D 部分附近，或是〈开始〉形成 E 部分的第一层内壳，肯定都不需要很长时间。但只有经历许多年之后，D 部分的微粒才能还原为方才描述的两种类型，并且 E 部分的所有外壳才能成形。因为从一开始，流向 D 的某些微粒就可能比其他微粒体积稍大且更长；它们也没有理由必须是绝对光滑的，相反可能还有一定的粗糙度，尽管程度不至于使它们与枝杈微粒相连接。① 而且它们在长度方向上既可能粗糙，也可能光滑，并且一端大一端小。但是由于它们并不互相粘连，因而不断流动在周围的天界物质便有移动它们的力，使得它们之中的大多数通过相互摩擦逐渐变得光滑；又因为它们穿过相同的路径彼此相继，其中既不能容纳较大的微粒，也无法被较小的微粒完全填满，所以它们［变得］大小相等，而且沿长度方向呈圆柱状。但也有很多无法被缩减为这一共同模式的微粒，在天界小球运动的驱逐下逐渐离开了 D 部分。② 其中有相当一部分〈比 D 中的其他微粒更坚固的微粒〉自然与 C 部分合为一体；但是大多数〈不那么牢固的〉则朝着 E 和 B 上升，并通过增

① 这里法文版的后半句是："……只要（粗糙程度）不至于阻止它们从 C 或 E 部分分离。"

② 法文版对上述两句话的表述与拉丁文和英文版有所不同，具体为："但是由于他们并不互相粘连，且周围流动的天界物质不断搅动它们，因此它们在前后相继通过同样路径的过程中，必然已变得十分光滑平坦，并缩小为前文描述过的两种形状。而那些无法缩小为如此形状的微粒，则必然会离开 D 部分。"其中亦无"相互摩擦而逐渐变得光滑"以及"呈圆柱状"的说法。

加 E 部分的物质使其扩大。

40. 第三部分的体积如何减小，并在自身与第四部分之间留出一些空间。

实际上，在白天和夏季，当太阳（通过光和热的作用）使 D 部分的一半稀化时，这一半的所有物质〈搅动大大增加，以至于〉无法再被容纳在 C 和 E 的邻接部分〈这一相较之前如此微小的空间〉；也无法将这些相邻的坚硬部分赶出其处所。因此，该物质的许多微粒通过 E 部分的孔隙朝 B 上升；但是当这一稀化过程在晚上和冬季停止时，它们又因自身重量而下降。但是，有许多原因会导致并非所有离开 D 部分的第三元素微粒之后都能由此返回。因为当它们在 B 和 C 之间时，热〈和光搅动它们而〉产生的膨胀的〈使之上升的〉力，比〈此后〉由于重量使之返回的力更大。因此，许多微粒为自身开辟了一条穿过 E 部分狭窄孔隙的上升路径，但之后却找不到返回的通路，只能留在了 E 的表面。还有一些[上升微粒]被困在这些孔隙中，无力再继续上升，遂堵塞了下降微粒的孔道。此外，任何一个相较其他微粒更薄且与〈它们共同的〉光滑形状差异够大的微粒，仅由天界小球的运动便被驱出了 D 部分，因此最先升向了 E 和 B。在同这些部分中的微粒相遇时，它们常常改变其形状，或粘附在这些微粒上，或至少不再适于返回 D。[1] 由此在经过许多年许多天之后，D 的绝大部分已经被消耗掉了，仅剩下前文描述过的

① 法文版的上述两句为：“最后，总是最小以及与其余微粒的共同形状相差最大的微粒，得以被精细物质最常见的作用逐出 D 部分，从而最先升向 E 和 B。在那里，它们与后两部分的微粒相遇并轻易地附着于后者，或被分割，或改变形状，由此不再适合成为 D 的组成部分。”

两类微粒。此外，E部分必然已变得非常厚和密。因为几乎所有从D撤出的微粒都已经粘在E的孔隙中，使之变得更加稠密；或是通过与B部分的微粒相遇并粘附其上而改变〈形状〉，再次落向E，从而增加了其厚度。最后，D和E之间空出了一个相当大的空间F［见图28］，这一空间只能由组成B部分的物质所填充。当然，其中最纤细的微粒很容易穿过E部分的孔隙，进入其他那些离开D部分的稍大微粒空出的地方。

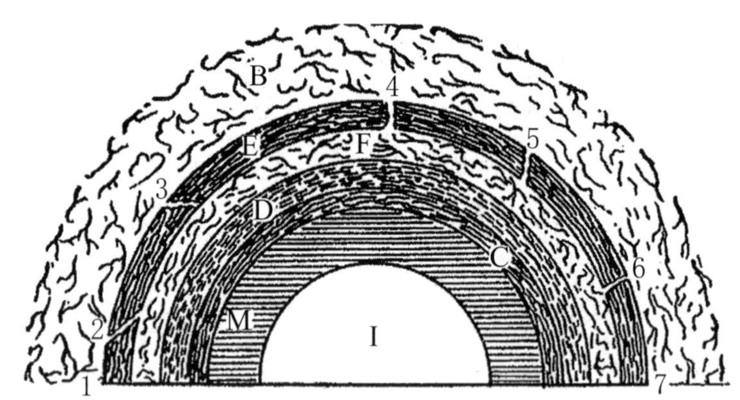

图 28

41. 在第四部分中如何产生了大量缝隙。

因此，尽管E部分比F（甚至可能比D）更重更密，但由于坚硬，它仍然像拱顶一样悬在D和F上方一段时间。但应当注意的是，当E最初开始形成时，〈两者相接表面的D的微粒，必定已在〉其中挖出很多孔隙，这些孔隙足够大到容纳D的微粒通过。因为有许多D的微粒，每天都在热力作用下白天向B上升，夜晚（由于其重量而）落回，因此在穿过E部分之时，它们总是充满了这些孔隙。然而，在D部分的体积减小之后，其微粒不再占据E部分的所有孔隙；来自B部分的其他更小的微粒取而代之。而且由于这些较小的微粒不能填满E部分的孔隙，并且由于自然中不可能存在虚空；作为唯一可以填满地界物体微粒周围的所有狭窄间隙的物质，天界物质涌入了这些孔隙之中，改变了它们的形状，其产生的冲力撑开了一部分孔隙，也使得其他相邻的孔隙变窄。[①] 因此很容易出现的结果是，当E的某些部分相互分离时，裂缝产生了，并随着时间的流逝变得越来越大。发生这种情况的原因，同夏天太阳暴晒后的土地上出现许多裂缝完全一样，而且干旱持续的时间越长，土地裂开越多。

42. 它如何碎裂为不同的部分。

但是，由于E部分中有许多这样的裂缝，并且不断变大，最终因各个部分之间的相互粘合程度不足，使其无法再像拱顶一样支撑在F和B之间。因此，E完全地碎裂了，并因自身重量而散落在C部分的表面上。由于该表面的大小不足以容纳先前相邻的所有E的碎片，其中一些必定会向一侧倾斜并相互倚靠。举例来说，如果如图[28]所示的E部分主要裂缝位于1、2、3、4、5、6、7点；并且23和67两个碎片在其余部分之前便开始略微掉落，而另外四个碎片的末端2、3、5和6在相对的末端1、4、V之前便开始掉

① 法文版对上述文本中重新占据E部分孔隙的主体理解略有不同，其文本为："然而随后，当D和E之间包含着F的空间开始出现时，F部分的一些微粒进入了E部分的孔隙。但由于比曾占据此处的D部分微粒更小，它们无法完全填满这些孔隙。因为自然中不存在虚空，而前两种元素最后总会填满第三种元素微粒周围留下的空间，因此前两种元素的物质，便随F部分的微粒一同涌入了这些孔隙，并努力使其中一些变得更大，以至使相邻的孔隙变窄了。"

落；同样，碎片 45 的末端 5 比碎片 V6 的末端 V 掉落稍早一点：毫无疑问，现在这些［碎片］必然以这幅图［29］中描绘的方式排列在 C 部分的表面上。因之，碎片 23 和 67 与 C 部分连接得最为紧密，而其他 4 个碎片则侧面躺倒，相互倚靠。依此类推。

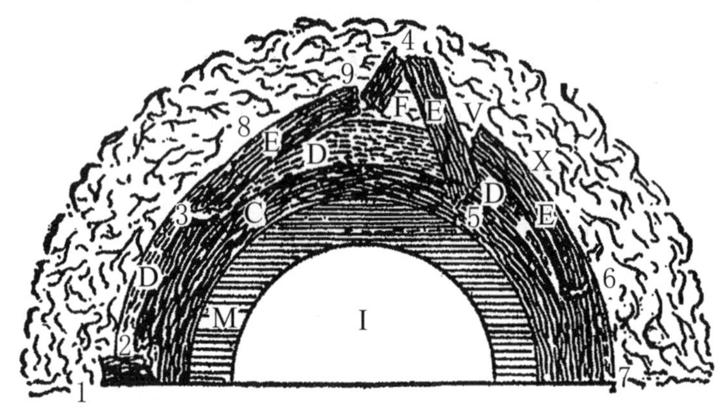

图 29

43. 第三部分如何一部分上升到第四部分之上，一部分保持在第四部分之下。

毫无疑问，作为流体并且比 E 部分的碎片更轻的 D 部分，必然占据了这些碎片下面的所有低处的空洞以及其中的裂缝和孔隙。但此外，由于 D 部分不能被全部容纳在其中，因此它无疑会升到这些碎片（例如 23 和 67）的低处之上；〈并以同样的方式形成一些可供自己进入的通道，或由此从部分碎片之下通往其他碎片之上〉。

44. 其结果是，地球表面上形成了山脉、平原、海洋等。

现在，如果我们将这里的 B 和 F 部分理解为空气［见图 29］；C

则是一层非常厚〈且重〉的大地内壳，金属也来源于此；D是水；E是由石头、粘土、沙子和泥组成的大地表层：我们也很容易将覆盖碎片23和67的水理解为海洋；其他只是略微倾斜且未被水覆盖的碎片，例如89和VX，则是平原上平坦的部分；而那些升起得更高的碎片是山脉，例如12和94 V。最后我们会注意到，当这些碎片在自身重量的作用下如此掉落时，它们的末端〈必然会〉猛烈地相互碰撞，由此分成许多更小的碎片，这些碎片〈也解释了为什么〉在特定的海岸上形成了海崖（例如1）及众多山峰，其中有的高耸入云（例如4），有的相对低矮（例如9和V），还有海水中的暗礁（例如3和6）。

45. 空气的本性是什么。

所有这些事物（例如空气、矿物和地球上所有其他物体）的最内在本性已经隐含在前文所述的内容中。首先，根据上文我们知道，空气只不过是第三元素微粒的聚集而已，它们是如此稀薄且彼此分离，以至于遵循天界小球的所有运动。因此，空气是一种非常稀薄的、流动的和透明的物体，可以由任何形状的微粒构成。事实上，如果它的微粒〈可以相互粘附并且〉没有彼此完全分离，它们早就粘附在E部分之上了。但由于它们是分离的，每个微粒都独立于相邻微粒而移动；因此它们占据了围绕自身中心进行圆周运动所需的整个小球形空间，并将所有相邻的微粒赶了出去。这就是为什么空气微粒的形状〈对此而言〉并不重要。

46. 为什么它容易被稀化或凝聚。

然而，空气很容易因冷而凝聚，因热而稀化：因为几乎它所有的微粒都是柔韧的，就像柔软的羽毛或细绳一样；它们被驱动得越快，自身的延伸范围就越大，由此其运动需要的球形空间也越大。而必须注意的是，按照前面所说的，热仅仅意味着这些微粒运动的加速，而冷仅意味着这种运动的减速。[①]

47. 关于它在某些机器中被强行压缩。

最后，在某些容器中被强行压缩的空气，也有〈就像用以压缩它的相同的〉力来进行回弹并立即扩展自身到更宽阔的空间中。在此基础上，某些机器被创造出来，仅靠空气就能将水喷向上方，就像〈源自〉高处的喷泉一样；还有的以极大的冲力牵动杆柄，就像弓一样。[②] 其原因在于，当空气被如此压缩时，它的每一个微粒都失去了自身运动所需的小球形空间，其他相邻微粒则进入了这一空间。与此同时，不断围绕着空气微粒流动的天界小球还维系着这些空气微粒中相同的热量或相同的搅动，因此它们以其末端互相撞击，并试图将彼此驱出自身的处所，从而共同产生了试图占据更大空间的力。[③]

① 法文版的最后一句为："然而根据前文所述的热的本质，热必然会增加它们的搅动，而冷则会减少其搅动。"

② 法文版在此处列举的第二个例子有所不同："其他还包括仅靠空气驱动的小炮，它们射出的炮弹或箭矢就像以火药驱动射出的那么强力。"诚然早在1530年，压缩空气步枪便已经投入使用了。然而至迟在公元前三世纪，亚历山大的希腊发明家克特西比乌斯（Ctesibius）就设计出了一种弓臂由压缩空气驱动的投石器。克特西比乌斯还设计了一种用于喷泉的压缩空气泵，维特鲁威（Vitruvius）的《建筑十书》（*On Architecture*）中对此有所描述。该书的写本藏于拉弗莱切（La Flèche）的图书馆里，而这正是笛卡尔曾求学的地方。

③ 该条与上一条共同构成了笛卡尔的气体动力学理论的第一步。

48. 关于水的本性，以及为什么它易于转变，有时变成蒸气，有时变成冰。

至于水，我已经证明其中仅有两种〈长而光滑的〉微粒，其中一些是柔性的，其他一些则不然；并且如果将这[两种类型的微粒]彼此分开，那么其中一些将形成盐，另一些将形成淡水。因为在《气象学》中，我已充分解释过基于此推出的盐和淡水的所有固有属性，这里无须过多赘述。[①] 我只想指出，所有这些东西如何完美地溶合在一起，而水的产生必然意味着存在这样一种比例，使得水的微粒与空气微粒的大小，以及这些微粒与第二元素的小球使之移动的力之间，都同样合于该比例；当这些小球的驱动弱于往常，它们将水变成冰，并将空气〈中的蒸气〉微粒变成水；但当它们的驱动稍加强劲之时，最纤细的水的微粒，即那些柔韧的微粒就会转变为空气。[②]

49. 关于海洋的涨潮和退潮。

我在《气象学》中也解释了风的成因。风以各种不规则的方式搅动海洋。[③] 但是，海洋仍然有另一种规律的运动，在每一处地方，它都会有一天两次的涨落，同时总是从东方流向西方。为了解释这种运动的成因，让我们想象一个以地球为中心的小的天界涡旋，它被一个更大的涡旋所携，带着地球和月亮一道绕太阳转动。[见图30]令 ABCD 为这个小涡旋；EFGH 为地球；1234 为海洋表面，为

① 参考笛卡尔《气象学》的第三讲和第五讲。

② 对于水向凝固和蒸发的转变，法文版的解释是“空气中的蒸气”变成了水，而拉丁文版则没有这样明确的区分，仅声称实际的转变是由搅动的变化造成的。

③ 参考笛卡尔《气象学》第四讲。

了更加清晰起见，我们假设它完全覆盖了地球；5678 为包围海洋的空气表面。现在，如果该涡旋中没有月亮，则地球中心点 T 将位于涡旋的中心点 M。但是，当月亮☾位于 B 附近时，该中心 T 必然位于 M 和 D 之间。由于该涡旋的天界物质移动得比月亮或地球更快，因此它携带着两者一起运动；如果点 T 距点 B 的距离不比距点 D 更远，那么月亮的存在将阻止天界物质在 B 和 T、T 和 D 之间自由流动。并且，由于地球在该涡旋中的位置仅取决于周围流动的天界物质的力的均等性，因此很显然地球必然在某种程度上靠近 D。同样，当月亮位于 C 时，地球的中心必然在 M 和 A 之间；因此地球总是会稍微地远离月亮。此外，以这种方式，位于 B 的月亮不仅使得天界物质在 B 和 T 之间流经的空间变窄，也使其所流经的 T 和

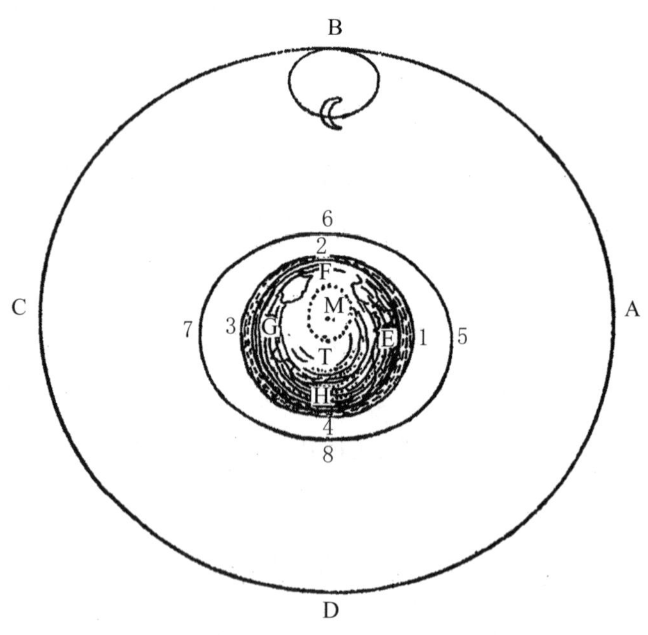

图 30

D之间的空间变窄了。随之，天界物质在这些空间处流动得更快，相较于月亮不在涡旋直径BD上的情况，就会在6和8处对空气表面、在2和4处对水的表面造成更大的压力。而且由于空气和水体是流动的，并且容易顺从于该压力，所以它们在地球上的F和H部分必然不会像月亮未在直径BD上时那么深。相反，[它们]在G和E处必然会更深，从而使那里的水的表面1、3和空气的表面5、7胀大。

50. 为什么〈海〉水在6 1/5个小时中上升，在6 1/5个小时中下降。①

现在〈因为地球每24小时旋转一周〉，当前位于F(在B点区域下面海水十分浅处)的部分将在6个小时后转到G(在C点区域下面海水最深处)；再过6个小时将位于D点区域以下的H，依此类推。(另外，因为月亮在一个月内将描出ABCD的一整圈，故而在〈F转向G的〉同时，它略微从B移向C。)因此更精确地说，当前地球上位于F(在月亮区域下面)的那部分，将在大约6小时又12分钟之后转到G点之上〈一点〉，[位于]涡旋ABCD中与月亮当时所在的直径垂直的(另一条)直径上；届时那里的水将是最深的。再过6小时又12分钟，它将位于点H〈稍微〉上面之处，届时那里的水将是最浅的。以此类推。由此可以清晰地知道，同一地方的海水必定每隔12小时又24分钟发生一次涨潮和退潮。

① 法文版的标题是："为什么每一次潮汐中，海水都需要12小时又大约24分钟完成涨潮和退潮。"

51. 为什么当满月或新月之时，海洋的潮汐会更大。

必须指出，该涡旋 ABCD 并不是严格的圆形，其中满月或新月所在的直径，要小于与之直角相交的直径，正如上文所示。[①] 因此，月亮满月或新月时的海洋涨潮和落潮，必然比中间的其他时刻要更大。

52. 为什么分点时的（潮汐）最大。

还必须注意，月亮始终位于黄道附近的平面上，而地球则由周日运动携带沿赤道平面转动；这两个平面相交于分点。而到了至点，它们彼此相距很远。由此可知，海洋的最大潮汐必然发生在春季和秋季之初〈月亮最直接地作用于地球之时〉。[②]

53. 为什么空气和水总是从东方流向西方。

此外必须注意的是，当地球从 E 经由 F 转向 G，或自西向东旋转时，当前停留在地球 E 部分之上的胀大的水 412 以及同样胀大的空气 856，随之逐渐向其他更加偏西的部分移动。因此，在 6 个小时（又 12 分钟）之后，它们将停留在地球的 H 部分之上，在 12 小时（又 24 分钟）之后，它们将停留在 G 部分之上；对于胀大的水 234 和空气 678 也是同理。因此，〈海〉水和空气都被地球上自东

① 参考第三部分，第 153 条。

② 笛卡尔在这里的推理似乎很模糊。在他看来，潮汐高度与地球和月球之间的距离成反比。不过他似乎未曾区分从月球到天赤道的角距离和从月球到地球赤道的直线距离。他也许是想说明，天界物质在（天）赤道处旋转得最快，因此当月球位于赤道时受到的阻碍也最大（参考第 49 条）。临近分点之时，太阳在天空中的位置最接近新月和满月，也最直接地与其相对。

向西的持续流动所携而随之移动。[1]

54. 为什么在同一纬度上，东临大洋的地区比其他地区（气候）更温和。[2]

应当承认，尽管这一流动不太迅速，但是从以下事实中也能清楚地察觉出来：向东方向的长途海上航行要比向西方向的慢得多，也困难得多；在大洋的某些海峡中，海水总是不断流向西方。此外，在其他条件相同的情况下，东临大洋的地区，如巴西，不像东部土地狭长、西临大洋的几内亚那样被太阳强烈地炙烤；因为来自海洋的空气比来自陆地的空气要冷。

55. 为什么在湖泊和池塘中没有潮起潮落，以及为什么它会在不同时刻出现在不同海岸。

最后，必须指出的是，海洋实际上并没有像我们早先假设的那样覆盖整个地球。但是由于大洋[3]延伸包围了地球的整个圆周，因此就海水的总体运动而言，必须理解为海洋的确包住了整个地球。但是，从海洋中分离出来的湖泊和池塘不会经历这类运动：因为它们的表面并不足够大，以使得某个区域受到（为月亮所阻的）天界微粒的挤压要远大于另一区域。也因为围绕着大洋的海湾和曲折

---

① 事实上，现代科学将地球自转对风和洋流的影响归结为“科里奥利力”（Coriolis force），它使非正东正西方向移动的物体在北半球向右偏转，在南半球相左偏转。因此，北温带盛行的风是东北风。参考第 54 条。

② 法文版的标题是：“为什么东边临海的地区没有西边临海的地区那么热。”

③ 此处“大洋”的拉丁用语为“Oceanus”，该词汇源于希腊语，意为地球上所有海洋的统称。而此前拉丁语中一般用来表示海洋的词汇，往往是“mare”（小写）。

海岸线的不均匀性，海水的涨潮和落潮在不同时间抵达了不同的海岸，从而造成了无数的潮汐差异；〈尽管按我所描述的方式，大洋中部的水是规律起伏的〉。

56.〈如何解释〉[潮汐的]特定原因〈以及〉必须在各个海岸对其加以研究。[①]

从前述内容中，我们将能推断出上述所有多样性的特定原因。如果我们能想到，在新月或满月之际，到了早上和晚上的第 6 小时，海洋的水在〈最〉远离海岸、靠近黄道和赤道附近的地方是最高的，因此这些水便流向海岸；但到了〈中午或午夜〉第 12 小时，这些水降到了最低，因此它们便从海岸回流到这些〈海洋中间的〉地方。[②]根据海岸的远近，以及那些水涌向它们的路径更直或更斜、更宽或更窄、更深或更浅，它们抵达海岸的早晚程度、数量多少也会不同。此外，由于〈岛屿的阻拦、海水的深度差异、河流的入海以及〉海岸轮廓的极度多变与不规则〈导致的路径迂回〉，经常会发生这样的情况：即涌向一个海岸的水与来自另一海岸的水相遇，导致它们的路径以不同方式被改变。最后，各种各样的风(其中有的在某些地方某些时段十分常见)〈也可能〉以不同方式〈推动或阻碍〉这些水。因为在我看来，任意地点观察到的海洋涨潮和落潮现象，其原因无

① 法文版的标题是：“如何解释涨潮和退潮的特定差异。”

② 上述文字可以这样理解：假设观察者位于海边；在分点时，太阳将在第 6 个小时升起和落下，然后靠近或正对太阳的新月或满月，大致也在这些时间落下或升起，距离观察者所在的海岸较远；但在中午和午夜时，月亮便位于观察者正上方或正下方，正对着观察者所在的海岸。

不包含在方才所述的内容中。

57. 关于地球内层的本性。[①]

关于〈位于水之下的〉大地内层的 C 部分［见图 29］，可以注意到它是由任意形状的微粒组成的，它们如此巨大，以至于第二元素的小球不会经由自身通常的运动将它们带走，而仅仅是通过向下推动使其变得沉重，并借助于穿过其中诸多孔隙而在某种程度上搅动它们。填充这些孔隙中最窄处的第一元素的物质，也会搅动这些微粒。此外，搅动它们的还有更高处的 D 和 E 部分的地界〈表层的〉微粒，因为 D 和 E 的微粒通常会下降到 C 部分最宽敞的孔隙中，并带走一些最大的 C 部分微粒〈与之一起上升〉。当然，我们可以相信 C 的上表面是由非常牢固地彼此连接的枝杈微粒组成的；因为当这部分形成时，它们最先抑制和削弱了〈以直线〉穿行在 B 和 D 部

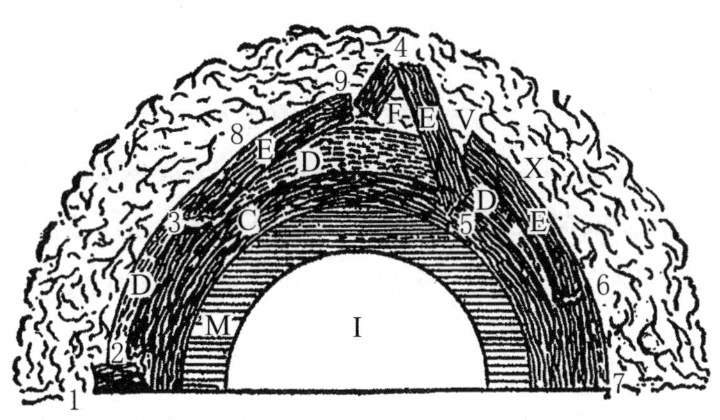

图 29

① 法文版的标题是："论位于最低处的水之下的内层地球的性质。"

分中的天界小球的冲力。[①] 然而,〈尽管足够大且形状极度不规则,〉C 的微粒之间〈却不能很好地配合〉,以留出了很多足够宽的空隙并允许〈上面的地界微粒尤其是〉盐、淡水的微粒以及其他(从 E 部分掉落的)角状微粒和枝杈微粒通过。[②]

58. 关于水银的本性。

然而在该[上]表面之下,C 的各个部分彼此之间的粘附较不紧密。而也许在表面下方一定距离处,还积聚了许多形状十分光滑而呈棒状的微粒,以至于它们尽管因自身重量而相互倚靠,且并不允许第二元素小球在各方向上围绕它们流动(不同于水的部分);但它们〈却没有相互粘附,而是〉很容易被从中钻了空子的较小的小球搅动,尤其容易被填满剩下那些最窄角落的第一元素搅动。因此,这些微粒形成了一种非常重且不透明的流体,就像水银那样。

59. 关于穿透地球内层的热的不均等性。

此外,正如我们看到的那样,每天围绕太阳产生的黑子具有极其不规则且变化多端的形状。因此,由类似于这些黑子的物质所组成的地球中间区域 M,必然不会在各处同样致密。故而它在某些地方比在别的地方能为更多的第一元素物质提供通道。〈来自地

① 此处法文版作:“它们最先努力阻断了直线穿过 B 和 D 部分的精细物质的运动。”

② 法文版的最后还加了一句话:“但位于这些最高层之下的 C 的其他部分,并没有那么牢固地结合在一起,这就是为什么它们可能被靠近它们的盐或其他类似微粒所分开的原因。”

球中心并〉穿过C部分的第一元素物质，在某些地方比别的地方更剧烈地搅动其微粒。同样，太阳光线所产生并穿透到地球最内层的热（如前所述），并不能均匀地作用于C部分之上；因为相比穿过水的部分D，这种热量更容易通过E部分的碎片传导给C。而且，山的高度会导致地球上〈朝南〉转向太阳的部分，变得比转离背向太阳的部分热得多。最后，赤道附近与两极附近的部分也以不同的程度变热，而且这种热有时会因昼夜的更替，特别是因冬夏的变幻而不同。

60. 关于这种热的作用。

结果，这一大地内层C的微粒总是被移动着，而且时多时少。[①]这不仅适用于未与邻近微粒连接的微粒，例如水银、盐、淡水或其他类似的微粒，它们〈从E掉落下来并〉包含在C部分较大的孔隙中；而且对于所有最坚硬且彼此尽可能牢固地粘在一起的微粒，也是如此。这并不是说，后者〈经由热的作用或〉通过这种运动被完全分离开来；相反，正如我们看到当被风摇动的树枝受到搅动时，它们之间的空隙时而变大，时而变小，尽管这些树并未被连根扯断：因此必须认为，C部分的巨大而分叉的微粒是如此盘根错节缠绕在一起，以至于它们通常不会因热的力而完全分开，而只在很小的程度上相互撞击，它们周围的孔隙则时而变大，时而变小。由于C的微粒比从更高的D和E部分落入其孔隙中的微粒要坚硬得多，因

① 法文版的第一句为："然后从中能明显看出，C部分的所有微粒总是具有一定的搅动，这种搅动是不均匀的，根据时间和位置而不同。"

此它们很容易通过这种运动将 D 和 E 的微粒打碎、变小，从而将它们缩减为两种形状。现在便应对此加以考量。

61. 关于构成硫酸、明矾以及其他类似矿物的酸性或腐蚀性汁液〈是如何形成的〉。①

第一种是更加坚固的微粒(例如盐的微粒)，它们被捕获并淤塞在这些孔隙中，从刚性的杆状变得扁平、柔韧：就像白热状的圆柱形铁可以用锤子反复敲打，从而被压平成长长的刃片。同时，由于这些微粒被热的力搅动，并以这种方式通过这些孔隙缓慢移动；在被孔隙的硬壁撞击和摩擦后，它们变得像剑一样锋利，因此转变成某种刺鼻的、酸性的且具腐蚀性的汁液。这些汁液随后〈升入 E 部分中，〉与金属物质相混合便形成硫酸，与岩石物质相混合便形成明矾；通过相同的方式还会形成许多其他物质，〈这取决于凝结时是与金属、石头还是其他材料相混合〉。

62. 关于沥青、硫等油性物质的形成。

〈而另一种是〉较软的微粒(例如从地表的 E 部分掉落的大量微粒以及淡水微粒)，它们在孔隙中被彻底碾压后变得如此稀薄，以至于被第一元素物质的运动撕成碎片，并分成许多非常细小而柔韧的枝杈微粒。这些枝杈微粒〈被带向 E 部分，并〉可能粘附到其他地界微粒上，从而形成硫、沥青以及所有其他在矿中发现的脂性

① 这里的“硫酸”是指硫酸的任何一种金属硫酸盐。“明矾”是指硫酸铝或硫酸铝钾。

或油性物质。

63. 关于炼金术士的元素以及金属如何升入矿中。

因此在这里，我提到了三种事物，它们可以被当作炼金术士惯常所说的三元素即盐、硫和汞〈并与之密切相关〉。也即是说，我们能把酸性汁液当作他们说的“盐”，把油性物质最软的小枝杈当作他们说的“硫黄”，而把水银当作他们说的“汞”。可以认为，所有金属之所以能〈进入矿中〉被我们发现，只是因为流过C部分孔隙的酸性汁液会将某些微粒从这些孔隙中分离出来。而在这些微粒被油性物质包裹和覆盖后，它们很容易被受到热稀化的水银携带向上〈到E部分〉，并根据不同大小和形状形成不同的金属。如果我以前有机会开展必要的实验以获得关于这些金属的知识，我也许便能对此进行单独的解释了。

64. 关于地球表层〈的本性〉和泉水的起源。

现在让我们考虑表层地球E，它的一些碎片隐藏在海底，一些碎片延伸到平原，而另一些碎片则升到山上。首先要指出，对于这个表层地球来说，泉水和河流如何产生，它们的水流如何永不枯竭，尽管它们总是汇入海洋，却为何并未使海水变得更多或更淡，其中的原因很容易理解。因为事实上，平原和山脉下方存在充满了水的大量空腔，所以每天无疑都会有许多蒸气，即在热作用下彼此分离并迅速移动的水的微粒，穿透到地球外表面的平原和山脉的最高峰。事实上，我们还看到许多这类蒸气被带到了云端。而且，由于本身微粒的支撑，它们通过地中的孔隙上升必定比穿过空气更容易，因为空气中流动和不固定的微粒无法支撑它们。然而在这些蒸气由此上升后，〈由于搅动减少无法升得更高〉，它们变得迟滞并且失去了热。一旦它们丧失了蒸气的形式，就会再次转化为水，也无法经由蒸气上升的相同孔隙下降，因为这些孔隙太窄了。不过，在构成整个地表的外壳空隙中，水找到了稍微宽一些的通道；这些通道使得水沿着山谷和平原的坡度斜向流动，而当这些地下通道在山脉、峡谷或平原的表面走到尽头时，泉水便涌了出来。许多由此产生的水流汇在一处，便形成了河流，并经由地表更加倾斜的部分流入海洋。[1]

65. 为什么河流入海之后，海水却没有增加。

然而，尽管许多水源源不断地从山上流向海洋，但这些水离开后留下的山底空腔却永远不会枯竭。海水也不会增加。其原因在于，如果地表是按照前面所述的方式形成的，即 E 部分的碎片〈不

① 在这一条及之后数条中，我们会发现笛卡尔几乎没有考虑水在海面蒸发、降水以及通过雨水补充后的河流重返大海的情况。在这一循环中，他代之以另一种形式的海水——海水经由地下通道渗透到陆地，升上山顶，之后以泉水的形式流出，最后通过河流重返大海。因此，水是从大海出发，经由地下，再重返大海，如拉丁文本所言：per decliviores exterioris terræ superficiei partes，它们从未离开过大地。也如 65 条末尾所言，笛卡尔的想法实际受到血液循环图景的强烈影响。而本条中的一个观念可以更好地解释他的观念。根据笛卡尔的设想，地球上的水滴在地层中比在空气更容易上升，因为前者会为水提供支撑，而后者更有流动性，无法提供同样的支撑。组成云层的水滴的例子，也是为了更好地说明这一观点。因为如果水滴能够升入空中，那么它们就更有理由升上地面。值得注意的是，在两个例子中，笛卡尔都将上升的原因归结为热或热赖以产生的光（可参考他的《气象学》）。另外，这一理论还有助于解释矿石中盐的存在。对他来说，所有的盐都来自于大海，而矿石中的盐则是从穿过地下去往山顶的海水中析出来的。详见后文第 66 至 69 条。

均匀地〉掉落到 C 部分表面，那么它必定会在这些碎片之下留下许多大的通道，可供海水重新返回山的底部，就像从山顶进入大海一样。通过这些孔隙，与山中流出的等量水总是从海洋流向山的底部。因此，水在地脉和河流中循环，就像动物的血液在其静脉和动脉中循环一样。

66. 为什么泉水不是咸的，为什么海水没有变淡。

即使海洋是咸的，也只有淡水微粒升入〈大多数〉泉水中；因为淡水的微粒是细长柔韧的，而刚性坚硬的盐微粒难以转化为蒸气，也不能以任何方式穿过大地倾斜的孔隙〈，除非这些孔隙比平时更宽〉。尽管这种淡水不断通过河流流回大海，但海洋并没有因此变淡，因为始终有〈水蒸气升上山后留下的〉等量的盐留存其中。

67. 为什么某些井中的水是咸的。[①]

即使这样，如果在离海洋很远的某些井中发现大量的盐，我们也不会感到惊讶。因为在地下有许多裂隙，未净化的盐水很容易流进这些井：要么是因为海洋表面与这些井的底部处于同一水平面〈，这种情况下它们通常会参与潮汐〉；要么是因为在通道足够宽的地方，盐的微粒很容易沿着坚硬部分的斜坡被淡水微粒携带着往上。这种情况也可以在容器中观察到，如容器 ABC 所示［见图 25］，其开口向外张开一定程度，当容器中的盐水被蒸发之时，〈盐

① 这里的“井”在法文版中仍然是“泉水”（fontaines），而拉丁文版则明确地区分了“井”和“泉”。

沿着边缘上升,〉边缘便常常被一层盐壳所覆盖。

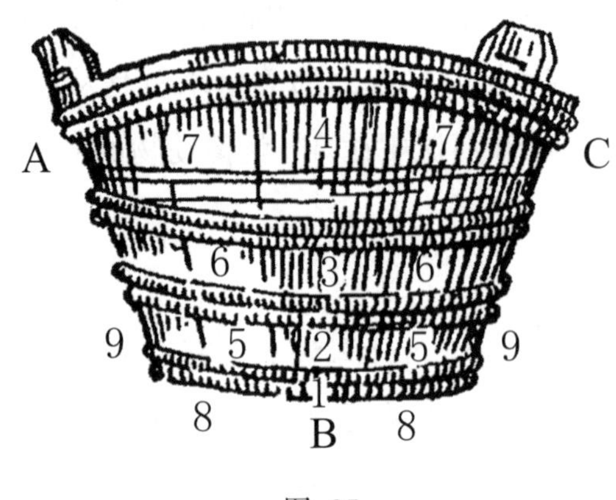

图 25

68. 同样,盐矿为什么出现在某些山中。

由此也可以理解在某些山区,大量的盐如何像岩石一样形成。事实上是因为,海水在那里上升,淡水的柔性微粒继续前进;只有盐留了下来,并填补了恰好出现在那里的空腔。

69. 关于不同于海盐的硝石和其他盐。[①]

但有时,盐的微粒也会通过一些大地中相当狭窄的孔隙传播,在那里,它们失去了一定的形状和数量〈因此以普通盐的形式〉,变成了硝石、卤砂或类似的盐。[②]实际上从一开始,许多长而坚硬且非枝杈状的地球微粒,便具有了硝石和其他盐的形式。因为这些形

① 关于"硝酸盐",拉丁文本在这里使用的是"nitrum",它可以指代许多矿物碱。法文版将此术语翻译为"硝石"(salpêtre),即硝酸钾(但并未出现在标题中)。英文版也遵循这一解释译为"硝石"(niter)。第 109 条及此后出现了使用"硝石"(nitrum)制作火药的介绍,印证了法文版的解释。

② 卤砂(sal-almmoniac)即氯化铵。

式并不需要柔韧或分叉，只需要［盐］的微粒很长即可。而根据其他方面的不同，它们还会形成不同类型的盐。

70. 关于从内层地球升至表层的蒸气（vapores）、精气（spiritus）和蒸散物（exhalationes）。[①]

除了来自隐藏在地下的水中的蒸气之外，许多刺激性的精气，油性的蒸散物和水银的蒸气也从内层大地上升到表层，并携带着其他金属微粒一道上升。所有的矿物都是通过混合在一起的不同方式而形成的。所谓精气，我理解就是那些刺激性液体和“挥发性盐”的微粒，[②]它们相互分离并移动得如此之快，以至于继续朝各方向运动的力克服了它们的重量。而所谓蒸散物，我理解就是油性物质的极为细长〈且柔韧〉的微粒，它们同样如此运动。[③]因为事实上在水、其他汁液和油中，微粒的移动非常缓慢；而在蒸气、精气和蒸散物中，它们移动得非常迅速〈，以至于可以说它们在飞散〉。

71. 它们不同的混合方式如何产生了不同的石头和其他矿物。

确实，精气凭借着更大的力以此方式飞散出去，更容易通过地球的某些狭窄孔隙传开，并在陷于这些孔隙中时更牢固地附着其

---

① 法文版的标题是：“蒸气、精气和蒸散物之间有何区别。”

② 英文本这里作 sal-volatile，该词一般译作“碳酸铵”（ammonium carbonate），但也可以理解为碳酸铵的酒精溶液。法文版这里作“挥发性盐”（des sels volatils）。

③ 法文版对“蒸散物”（exhalaisons）的解释较长：“虽然蒸散物是个统称，但我现在仅认为它指的是第三元素物质的微粒，它们相互分离，彼此搅动，就像蒸气或精气的微粒，但它们非常松散并分出好些柔韧的分支，从而使得它们能够组成所有的脂性和油性物质。”关于“蒸散物”的详细定义，参考笛卡尔的《气象学》第二讲。

上；因此，它们相较蒸散物或蒸气形成了更坚硬的物体。并且，由于组成微粒的不同，这三者之间差异极大。由此产生了许多种石头和其他非透明矿物。这种情况发生在它们被困于地球狭窄孔隙中，粘附并彻底地同地球微粒混合之时。而当[未混合]的精气在地球的裂缝和空腔中凝聚成汁液，随后〈一点点蒸发〉失去它们最易流动和光滑的微粒时，剩余的微粒就会逐渐相互粘附；由此也产生了许多种透明的矿物和宝石〈，如钻石、玛瑙、水晶等类似的石头〉。

72. 大地内层的金属如何抵达表层，以及朱砂是怎么形成的。[①]

同样，水银蒸气在通过大地的细小裂缝和巨大孔隙之际，在这些[裂缝和孔隙]中留下了与之混合的其他金属微粒：这就是为什么大地中充满了金、银、铅和其他金属。[②]这些蒸气由于异常的稀薄性，或者进一步渗透，或者返流回去。然而，当它们可能借由返回的孔隙被含硫的蒸散物阻塞时，有时它们便保留在那里。在这种情况下，水银微粒本身会被这些蒸散物的一种极小的绒毛覆盖，形成朱砂。此外，精气和蒸散物还将几种金属，例如铜、铁和锑，从大地内层输送到表层。

73. 为什么并非大地的所有区域都能找到金属。

必须指出，这些金属几乎都从大地内层的那些与表层碎片直接相连的部分上升。例如在此图中[见图 29]，是从 5 到 V；因为金

---

① 法文版的标题是：“它们如何组成了不同种类的石头，其中有些是透明的，有些不是。”朱砂即硫化汞，它是可供提炼汞的主要矿石。

② 汞与上述金属和其他金属相熔合而形成汞合金。

属不能被水输送。因此，并非随便什么地方都能发现金属。

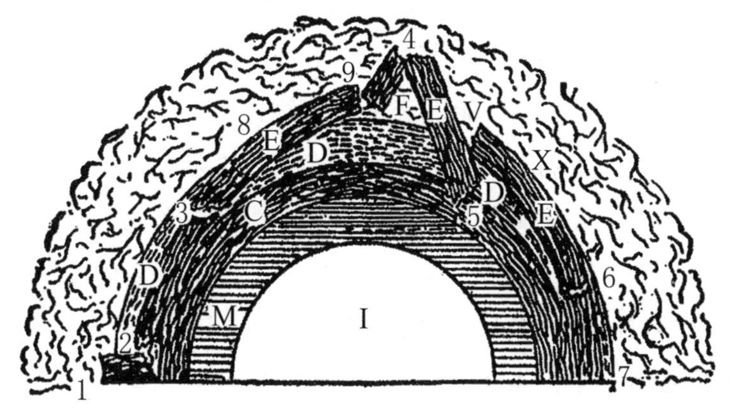

图 29

74. 为什么它们主要出现在朝南和朝东的山脉底部。

此外必须注意的是，这些金属通常会通过地脉被带到山底（这里即向V方向）并主要积聚在那里：因为在这些特定的地方，地中的裂缝比其他地方多。而且这些金属往往更多聚集于山脉的朝向正午太阳或朝东的部分而非其他地区：因为在那里，携带金属上升的热会更多。所以通常情况下，矿工们也主要在这些地方寻找金属。

75. 所有矿藏都在地表：通过采矿不可能抵达大地内层。

另外，绝不能认为通过持续采矿有可能抵达大地内层：这既是因为相较于人类的力量，大地表层太厚；更是因为在地脉被初次挖开的地方越深，地中的水就将以越大的冲力涌出，将所有采矿者都淹没。

76. 关于硫、沥青、粘土和油。[①]

如前所述，仅凭蒸散物中最纤细的微粒，只能形成单纯的空气；但是它们很容易与精细的精气微粒相连接，将那些光滑的微粒转化为枝杈微粒〈，从而使之能附着于其他物体上〉。当这些枝杈微粒与刺激性的汁液和特定的金属微粒混合后，便会构成硫。当它们与地球微粒混合，并充满各种刺激性汁液时，就会形成〈可以燃烧的土，例如〉沥青，〈石脑油，等等〉。而当它们仅仅与地球微粒相联结，就会形成粘土。最后，〈如果它们〉单独〈聚集起来〉，当其运动降低到彼此完全倚靠在一起时，就会转变成油。

77. 地震是如何发生的。

但是，当这些〈蒸散物〉太快地搅动而无法转化为油，假如碰巧又大量流入大地的裂缝和空腔之中，它们便会形成浓厚的烟，就像刚熄灭的油脂蜡烛的烟。〈类似地，这些烟很容易被点燃，就像将另一支蜡烛的火靠近便能重燃一样〉；如果在这些空腔中，碰巧擦出了一丝火花，这些烟立即便会被点燃，并突然变得稀薄。它们由此便以极大的力摇撼囚禁它们的墙壁，尤其是当许多精气〈或挥发性盐〉与之混合之时：这便产生了地震。[②]

78. 为什么从某些山中会喷出火焰。

当此类运动（即地震）发生的时候，有时会出现一部分大地被

---

① 根据法文版的解释，这里的“油”指的是出现在部分矿中的“矿物油”（l’huile minérale）。

② 法文版最后还添加了一句：“因为当它占据的空腔很大时，它可以在瞬间摇撼覆盖它们甚至包围它们的整个地区。”

冲破后洞开，火焰从山顶向天空中喷发的情景。这些喷发之所以发生在那里而非较低处，既是因为山顶之下有更多〈更大〉的空腔〈足以容纳那些烟〉，也因为构成地表的巨大碎片〈在山顶处〉彼此倚靠，给火焰提供了一个比其他任何地方都便利的出口。而且就算在火焰从中喷出后，地上的开口就可能被关闭，但也可能有大量的硫或沥青从山脉最内部被驱赶到山顶，从而足以造成持久的大火。另外，聚集在相同空腔中并被点燃的新的烟，之后也很容易经由同一开口喷出。因此，包括西西里岛的埃特纳（Etna）、坎帕尼亚的维苏威（Vesuvius）、冰岛的赫克拉（Hecla）等在内的数座火山都因频繁发生此类大火而臭名昭著。

79. 为何在地震中通常会发生许多冲击：在此情况下，这种冲击会持续数小时或数天。

最终，地震有时会持续几个小时或几天。因为不只一个连续空腔可供汇集那些浓密的可燃烟，通常还有许多不同的空腔，这些空腔被充满硫或沥青的土地隔开。因此，当其中某些空腔中的一处蒸散物被点燃而开始摇晃大地之时，经过一定的延迟，这些火焰还能通过完全充满硫的孔隙传入空腔。

80. 关于火的本性，以及火与空气的区别。

但是，这里我仍然还要提一下这些空腔中的火焰如何被点燃，并解释火的本性。当任意大小或形状的地界微粒都各自分离地随第一元素运动，它们便具有了火的形式；就像当它们在第二元素的小球之间来回飞行并共享其搅动时，就具有了空气的形式一样。因此，空气与火的首要区别在于，后者比前者的微粒要搅动得快得多。因为前文已充分表明，第一元素物质的运动比第二元素物质的运动快得多。但是还有另一个很大的区别。虽然第三元素的大体积微粒（例如构成水银蒸气的微粒）可以呈现为空气的形式，这是事实；但对于其保存而言这并不是必需的。反之，当空气仅由最小的微粒组成时，它较为纯净也较少受到腐蚀；而除非受到持续的热的搅动，大体积的微粒都会因其重量而自行下落，并自行放弃空气的形式。另一方面，如果没有大体积的地界物体的供给和更新，火便无法存续下去。

81. 火最开始是如何产生的。

现在，第二元素的小球占据了地球周围所有足够大以允许其进入的空隙，并且它们互相倚靠的方式，使得在不移动其他物体的情况下，无法只移动其中一部分（除非是围绕它们自己的轴做圆周运动）。因此，尽管第一元素的物质填充了这些小球留下的所有小角落，并在那里尽可能快地移动；但如果它拥有的空间并不比这些角落包含的空间更多，就没有足够的力来带走那些相互支撑并由第二元素小球支撑的地界微粒，或者说，由此而产生火。为了使火在某处产生，必须将天界小球从数个地界微粒的空隙中强行驱出，然后它们彼此分离，仅浮于第一元素之上。这样一来，它们会被后者非常快速的运动携带并被推向各个方向。

82. 火如何维持住。

此外，为了使火得以维持住，这些地界微粒必须足够大、坚固并且适于运动，如此一来，当它们被第一元素所驱动之后，便拥有了可以将天界小球排斥出去的力——这些小球(原本)来自火所在的处所，也一直试图重新返回。只有这样，才能防止天界小球再次占据第一元素的空隙，并防止后者的力由此被削弱而造成火的熄灭。

83. 为什么火需要燃料。

此外，这些被地界微粒撞击的小球无法阻止前者更进一步〈进入空气之中〉，从而离开第一元素正在施力的地方，失去火的形式，并消失在烟之中。因此，如果不是这些地界微粒正在撞击比空气更大的某物体，并从该物体上分离出足够坚固的更多微粒，火便不会持续很长时间，(因为)后者会替代前者被第一元素的物质携带着快速移动，从而持续地产生新的火。[①]〈而且这一过程的发生必须与燃烧的微粒转化为烟的速度一样快。该物体的各个部分也必须足够多且足够大，才有力斥退试图熄灭火焰的第二元素微粒：而单靠空气是无法做到这一点的，这就是为什么空气不足以维持住火〉。

84. 火石是如何生火的。

为了更精确地理解这一点，让我们首先考虑通常生火的不同方式；其次考虑维持火所需要的所有事物；最后是它作用的效果。其中最常见的，是从火石中打火；而我判断这一情况之所以能发生，

① 法文版的这句话是：“这就是为什么，如果不是一些物体持续消耗并加以维持的话，火便不能长时间存续下去；为此，首先需要该物体的微粒如此排列，以使得它们能够在火的作用下一个接一个与之分离，由此变成烟的形式。”

是因为火石相当坚硬刚直,〈也就是说,如果人们将它的某些部分略微弯折,它往往会恢复到最初的形状,就像弯曲的弓一样,〉同时又相当易碎。因其坚硬,假若遭到另一种坚硬物体〈例如钢〉的击打,则存在于其众多微粒之间、通常被第二元素的小球占据的空间,就变得比平常更窄。因此在小球被迫离开这些空间以后,留在火石微粒周围的就只剩下纯粹的第一元素物质;〈因其刚直〉,当击打停止而微粒不再被压缩之时,〈它的各个部分将努力恢复原始形状;又〉因其易碎,〈这一努力回到原初处所的力使得〉它的部分微粒飞散开去,并完全与周围的第一元素物质混合,从而形成火。因此,如果 A 是一个火石[见图 31],其表面微粒中混有第二元素的小球,

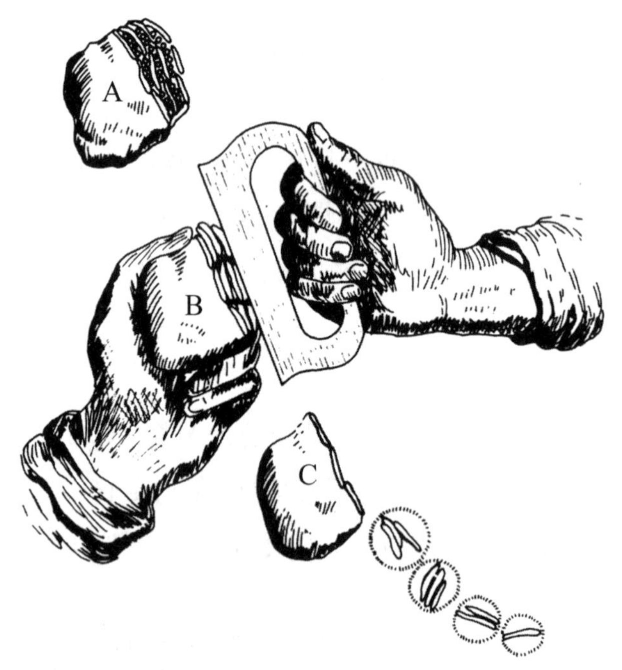

图 31

B 则代表了受到某坚硬物体撞击而孔隙变窄、仅包含第一元素物质的同一火石；而 C 表示的是击打之后的同一火石，其中部分微粒与之分离〈并旋转着掉落〉，〈因为〉完全被第一元素物质包围〈并剧烈搅动〉而成了火星。

85. 用干燥的木头如何生火。

如果以相同的方式击打非常干燥的木材，并不会发出火花：这是因为，由于木头不太坚硬，所以与打击物相撞的第一部分就被推回了第二部分，并在接触到第二部分之后，再将其推向第三部分。因此，第二元素的小球不会同时离开木材的诸多空隙，而是会一个接一个地陆续离开。但是，如果长时间对木材进行足够剧烈的摩擦，由此导致其微粒产生不均匀的搅动和振动，就能将第二元素的小球驱赶出木材的诸多空隙，同时使之相互分离，从而将其转化成火。

86. 如何借由聚集太阳光线产生火。

借助凹面镜或凸面镜将许多太阳光线引向同一个地方，也能产生火。因为这些光线尽管基于第二元素的小球而起作用，却比后者的普通运动要快得多。由于其作用源于构成太阳的第一元素物质，因此具有足够的速度来产生火；而且可以收集到的光线是如此之多，以至于它们有足够的力以同样的速度搅动地界微粒〈，而火的形式正在于这一速度〉。

87. 如何仅由极度剧烈的运动产生火。

实际上，什么原因导致地界微粒最先开始快速移动并不重要。

因为即使它们之前没动，只要单独与第一元素混在一起，凭此便能立刻获得极快的运动：就像一条未被〈锚或〉绳索固定的船，由于同样的原因无法身在急流中而不被立刻冲走一样。而且，即使这些地界微粒可能尚未与第一元素混合；仅因为其他任意原因被足够快速地搅动，也会导致它们相互搅动，并搅动周围的第二元素小球。因此，这些地界微粒将立即〈将可能阻碍其搅动的天界小球从自身周围驱逐出去，并〉开始与第一元素混合，并借助后者来保持其运动。由于上述原因，所有极端剧烈的运动都足以产生火。通常这种运动会出现在雷电和旋风中，即当高处的云迅速坠落到低处的云上，并将两处云层之间的空气驱赶出去之时；正如我在《气象学》中所解释的那样。①

88. 混合各种物体如何产生火。

当然，仅此作用几乎不会在大气中产生火。因为蒸散物几乎总是与空气混合在一起，其本性使得它们很容易变成火焰或至少变成明亮的物体。这会导致在地球附近〈低处〉产生磷火，② 在云层中间产生〈未闻雷声时的〉闪电，以及在高空产生流星和陨星。③ 因为

---

① 参考笛卡尔《气象学》第七讲。

② 这里的"磷火"即中文所谓"鬼火"。拉丁文作"ignis fatuus"，直译为"傻瓜之火"，法语译法继承自拉丁文，称为"les feux follets"（傻瓜的火，即野火），英文则译为"will-o'-the wisp"，系英国民间传说中对发出磷光的沼泽气体的俗称。

③ 这里的"流星和陨星"（shooting and falling stars）系由拉丁文（stellæ trajicientes & cadentes）直译，尽管在现代英文中它们已无差别。法文版则将其阐释为"仿佛从天而降或从一处射向另一处星辰般的光"。笛卡尔遵循了西方古典气象学的传统，将流星视为某种源自地界的大气现象。他很清楚流星与规律运动的星星是不同的，但并不知道它们是来自天外的陨石，其高速穿过大气中会导致白炽化。对他来说，流星是来自地界的火的蒸散物。关于这一点可参考笛卡尔的《气象学》第七讲。

如前文所述，蒸散物是由非常纤细的微粒组成，并分割为许多细小的枝杈微粒，这些微粒包裹住其他来自刺激性汁液或挥发性盐的稍大微粒。还必须指出，这些小枝杈常常如此细小，并相互缠绕，以至于除了第一元素的物质之外，其他任何东西都无法穿过它们的空隙。但是，这些小枝杈覆盖的微粒之间还存在其他较大的空隙，通常被第二元素的小球填满；在这种情况下，蒸散物不会着火。但是有时也会发生这些空隙被另一种蒸散物或精气微粒占据的情况；这些微粒会将第二元素驱逐出去，将该处所交还给第一元素，随后立即被后者的激烈运动所携带，由此生出火来。

89. 闪电和流星中如何产生火。

事实上在闪电和雷击中，促使其中大量蒸散物燃烧的原因是显而易见的：因为〈它们被封闭在两朵云之间，其中〉一朵云下降到另一朵云之上。但〈使之形成流星，在平静祥和的天气四处穿梭于天际的原因，却一点都不明显。〉在安静的空气中，如果一个蒸散物处于静止状态，且由于寒冷而变得致密；另一个蒸散物来自更温暖的地方，或者由更适于运动的微粒组成，或者由轻风吹动，就易于猛地扎进前者的孔隙中，并将第二元素从中排出。而如果第一个蒸散物的微粒还没有彼此紧密地连接在一起，以至于无法被其他事物强力分开，那么仅此一项就足以使之着火〈这会迅速消耗掉蒸散物〉：我认为流星便是以这种方式点燃的。

90. 发光但不燃烧的事物如何产生火：例如陨星。

但是，当蒸散物的微粒聚集在一个如此浓厚粘稠的物体中，以至于无法通过这种方式分离时，它们只会发出一些光，类似于有时出现在腐烂的木头、盐腌的鱼、海水水滴以及其他类似事物中的光。因为如果第二元素小球由第一元素驱动，便足以产生光，前文已讲得足够清楚了。并且，当连接在一起的若干地界微粒的空隙很小以至于其空间只能容纳第一元素时，即使第一元素可能缺乏足够的力将它们分开〈并使之燃烧〉，但借助于上文所说必然产生光的作用，它们轻易便能施加足够的力来驱动周围〈空气中〉的第二元素小球。我相信陨星就是这种类型；因为人们常常发现，其陨落到大地上的物质是浓厚粘稠〈且不燃烧〉的：当然，尽管还不能确定发光的就是同一种粘稠的物质，因为可能有某种细长的火焰附着在该物质上，〈或存在一种包围四周的更精细物质，一旦燃烧，通常在坠地前就已消耗掉〉。

91. 它（即光）是如何在海水水滴、腐烂的木头和类似的东西中产生的。[①]

而且很容易看到，光是如何在海水水滴中产生的，上文已解释过它的本性。具体而言即是，当水滴的柔性微粒仍然纠缠在一起时，刚性和光滑的微粒却被风暴或其他任何运动的力从水滴中驱赶出去。它们像飞镖一样来回快速搅动，很容易便将第二元素的小球赶出其附近，从而产生光。[②] 但是，在腐烂的木头和开始风干的鱼等类似情况下，我认为发光完全来自于如下事实，即发光时的许多

① 法文版标题为：“海水和腐木中的光为何物。”

② 这里对海水泛磷光的解释，也可见于笛卡尔在《气象学》第三讲中的论述。

孔隙都缩得很窄，只至于仅能允许第一元素进入。〈这或者是因为它们的一些微粒相互靠近，而另外一些相互远离，就如同腐木中发生的那样；或者是因为其他某物与之相混合，就像腌制的鱼，仅在盐的微粒进入孔隙的时日才会发光。〉

92. 那些变热但不发光的物体中如何产生火：例如〈自发生热的〉干草。

但是，某些精气或液体的微粒在进入一个坚硬物体或流体的孔隙中后，也会产生火。这也出现在下列事物中，如封闭在任何地方的尚且湿润的干草，洒上水的〈生〉石灰，所有的发酵过程，以及不少炼金术士所熟知、一旦混合便会发热甚至燃烧的液体。的确，为什么刚收割的草在封闭起来风干之前会逐渐变热并且自燃，其原因只有一个，即通常流动在青草的根部到顶部的孔隙中〈以提供养料〉的许多精气或汁液（它们也使通道适于其大小通过），仍留在收割后的草中一段时间。于是，当这些草被关在一个小空间里，这些汁液的微粒〈无法蒸发出去，〉就会从一些草叶迁移到其他叶片，从中找到许多开始变干而略微收窄的孔隙，窄到无法同时容纳那些汁液和第二元素的小球。因此，当它们流经上述孔隙时，就会完全被第一元素的物质包围，在受到后者迅速的驱动后，便获得了火的搅动。因此举例来说［见图 32］，如果 B 和 C 两个物体之间的空间代表某片青草叶的孔隙之一，而被小球包围的细长绳索 1、2、3 则代表汁液或精气的微粒，它们通常由第二元素小球运送穿过这类孔隙；另一方面，如果物体 D 和 E 之间的空间是开始变干的草叶片的另一个较窄的孔隙，而同样的微粒 1、2、3 在进入该窄孔时，周围不再

有第二元素，而只有第一元素。因此很明显，在B和C之间时，这些微粒必然随第二元素做温和的运动；而在D和E之间时，则必然随第一元素做极快的运动。即使在微粒周围只发现极少量的第一元素也没有关系。实际上，只要它们都漂浮在第一元素之上〈从而不受第二元素或其他物体约束，〉便足够了。同样我们会看见，漂浮在河上的船很容易顺流而下，无论是在狭窄到船身快要碰到两岸的河面，还是十分宽阔的河面，〈只要水深不至使其搁浅，〉都一样容易。然而，在〈经由第一元素〉快速移动之后，微粒1、2、3拥有了巨大的力，从而比第一元素本身更能搅动周围的微粒：就像一艘撞上桥梁或其他障碍物的船，将比承载着船身的河水更强烈地摇撼对方。这也是为什么，当微粒1、2、3在撞击干草中更坚硬的微粒后，便会轻易将后者相互分离，尤其是当多个这样的微粒同时从

图 32

不同方向撞击同一［干草］微粒时。一旦以这种方式将足够大量的干草微粒分离并携带〈着随第一元素运动〉，火便产生了。然而，当液体微粒仅仅是搅动了干草微粒，同时尚不具备将其相互分离的力时，便只会生热，并缓慢地使其腐烂，〈因而其中存在的是一种没有光的火〉。

93. 在洒水的〈生〉石灰以及其余物体中如何产生火。[①]

同样，我们可以相信，当一块石头被彻底烧成石灰时，〈火的作用将它的一些第三元素微粒驱赶出去，因此〉它的许多此前仅能通过第二元素小球的孔隙，被扩大到足以容纳完全被第一元素包围的水的微粒。〈所以显然，当水浇在石灰上时，进入其孔隙的水的微粒会将第二元素赶出来，并同第一元素单独留在那里，其搅动由此增强，石灰也被加热。〉简要总结关于该主题的讨论，我认为一般而言：当某坚硬物体由于同某液体混合之后，它变热的原因在于，该物体许多孔隙的尺寸足以容纳仅被第一元素包围的液体微粒〈，从而液体微粒能进入其中，赶出第二元素，并被第一元素包围〉。而当一种液体倒入另一种液体〈而变热〉时，我认为原因也无他：盖因其中一种或另一种总是由枝杈微粒以某种方式缠绕和连接而成，从而代替了［刚刚提到的］坚硬物体：这种情况尤其发生在蒸散物中，正如前文所述。[②]

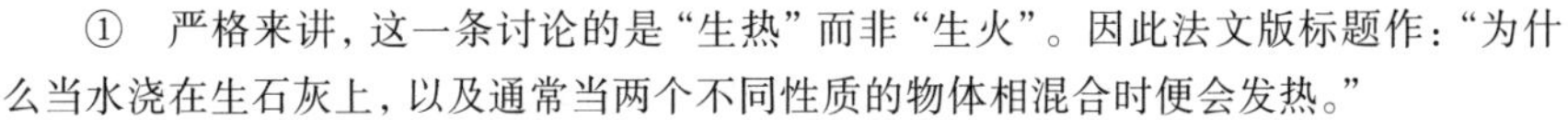

① 严格来讲，这一条讨论的是“生热”而非“生火”。因此法文版标题作：“为什么当水浇在生石灰上，以及通常当两个不同性质的物体相混合时便会发热。”

② 即第 89 条。

94. 大地的空腔中如何产生火。

此外，火可以通过所有这类方式被点燃，不仅在地表，也可以在地下的空腔中。因为在那里，刺激性的精气可以穿透厚厚的蒸散物的孔隙，就像在其中点燃火焰那样；而岩石或火石的碎片被隐蔽的水流或其他原因侵蚀，可能会从空腔的拱顶上掉到下方地上，以极大的力将其间的空气排出，同时因为〈类似〉火石的撞击而产生火。[①] 一旦物体起火，便很容易传给其他邻近的可燃物体；因为火焰微粒在遇到这些物体微粒的时候，会将它们携带着移动。但这与其说是关于火的产生，不如说是关于火的保存。接下来必须对此加以讨论。

95. 蜡烛如何燃烧。

例如[见图 33]，让我们构想一支点燃的蜡烛 AB，以及在被其火焰占据的 CDE 的整个空间中，许多蜡的微粒或构成蜡烛的任何其他油性物质的微粒正飞来飞去；其中还有很多第二元素的小球。〈因为〉[我们设想]小球和蜡的微粒都漂浮在第一元素的物质上，并被第一元素的运动携带着迅速移动。尽管它们经常相互接触和彼此推动，但却不能完全像它们常常在没有火的地方那样互相支撑。[②]

① 英译本这里对生火原因的描述是碎石落地将空气排除“以及”石头撞击，而法文版这里则是“或者”的关系，并以前文中的“火石生火”以及“云层下降产生闪电”的解释加以类比。

② 法文版的最后一句略有不同：“……也是因为，尽管它们之间经常相遇并相互推动，但它们并非在许多面上都相互接触，以至于能相互支撑并防止各自被（第一元素）带走。”

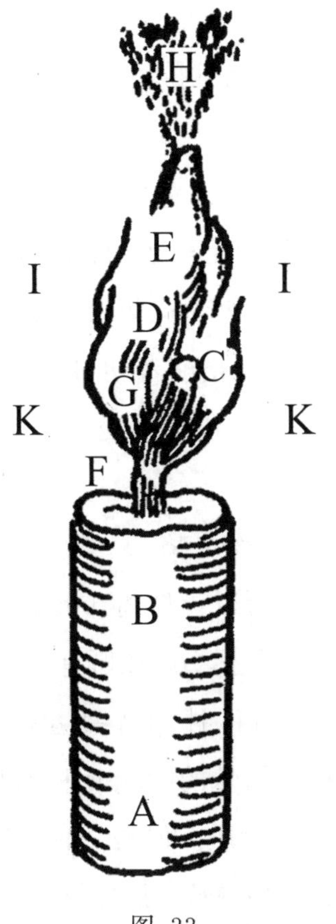

图 33

96. 其中的火如何维持。

但是，(在火焰中大量存在的)第一元素物质总是在努力离开其处所，因为它移动得非常迅速；确切地说是向上离开，即从地球中心退却；因为如上所述，它比那些占据空气孔隙的天界小球更轻；这些小球以及周围空气中的所有地界微粒，都在努力下降到其处所。因此如果火焰仅由第一元素组成，便会立刻被扑灭。但是，不断离开灯芯 FG 的地界微粒会立即浸入第一元素之中并随之运动。

当它们遇到那些准备下降到火焰处的空气微粒时，便会〈以大于第一元素的力〉击退后者，从而维持住火。

97. 为什么它的火焰很尖并且会冒烟。

由于这些粒子〈随第一元素运动，它们〉主要在努力上升，因此火焰通常是尖的。而且，因为这些微粒比被它们排开的空气微粒移动得快得多，后者无法阻止前者朝H方向行进。而一旦到了那里，它们便逐渐失去了搅动，因而转变为烟。

98. 空气和其他物体如何供给火焰。

因为虚空无法存在，所以当烟离开火焰时，如果没有等量的空气以循环运动形式返回火焰处，烟在所有空气中都将找不到容身之地。具体来说，当烟上升到H时，它将那里的空气驱逐到I和K处；然后，这部分空气会掠过蜡烛的尖端B和烛芯的根部F，抵达火焰处并供给维持火焰所需的物质。但是，如果不是空气经由灯芯携带了许多被火的热搅动的蜡的微粒，那么〈单凭〉空气并不足以产生这种效果（由于其微粒太小）。因此，火焰必须不断更新以便得到维持；而且火本身并非一成不变，就像一条总有新的水源汇入的河流一样。

99. 关于空气朝向火的运动。

现在如果一间卧房起了大火，便可以观察到这种空气和烟的循环运动。倘若卧房以此种方式封闭起来，〈门窗全都关严实，〉（除了可通烟气的烟囱管以外）仅存一处类似的孔洞；〈如果把手放在这个孔洞附近，〉我们便会不断感觉到，一大股气流从孔洞中吹向壁炉，以取代离开的烟。

100. 关于可熄灭火的东西。[①]

从前文内容可以明显看出，维持住火需要两个条件。首先，火中必须存在〈第三元素的〉地界微粒，在被第一元素驱动之后，它们的力可以防止火被空气〈中的第二元素〉或上方的其他流体所扑灭。这里我指的仅是火焰上方的流体，因为只有它们的重量会将其引向火，而位于火下方的流体则没有扑灭火的危险，〈只有在引以供给燃烧的情况下，它们才会接近火〉。因此，倒置蜡烛的火焰会被液体所熄灭，而这些液体在别的时候却是用以维持火的。另一方面，我们可以生出这样的火，使得其中的地界微粒如此坚硬、数量如此众多而且（最重要的是）被如此强烈的冲力搅动，以至于这些火甚至能将泼在其上的水排开；由此它们便不会被水扑灭。

101. 为了使某物适于供给火，要满足什么条件。[②]

维持住火所需的另一条件是，它必须附着在某个物体上，使得新物质可以〈持续地〉从该物体进入火中，以接替散发出去的烟。因此，该物体中必须有许多相比于被维持的火足够小的微粒。并且这些微粒彼此之间或与其他更大微粒连接的方式，必须使得它们之间以及和邻近的第二元素小球之间可以被火的微粒强行分离，从而转变成火。

① 法文版标题为：“液体如何灭火，以及有些物体如何也能在水中燃烧。”

② 法文版标题为：“什么物质是适合供给火的。”

102. 为什么酒精产生的火焰不会引燃亚麻布。[①]

我认为，这一物体的微粒相比于火必须足够小才能维持火；因为比如，若洒在亚麻布上的烈酒着火了，那么这种纤细的火焰确实会消耗掉所有的烈酒，但不会影响亚麻布，而亚麻布却很容易被别的火引燃。这是因为亚麻布的微粒还不够小，以至于这样的火无法使之移动。

103. 为什么酒精很容易点燃。

的确，酒精很容易供给火焰燃烧，因为它们仅由极细的微粒组成，并且因为这些［微粒］包含某些细小枝杈。这些枝杈又短又柔韧，以至于它们并不相互粘附在一起(因为那样酒精就会变成石油)：但这也在它们周围留下了许多极小的空间，使其无法被第二元素的小球占据，而只能被第一元素的物质占据。[②]

104. 为什么［点燃］水非常困难。[③]

另一方面，水似乎与火非常对立，因为组成水的微粒不仅体积庞大，而且完全光滑：因此，没有什么可以阻止第二元素的小球将这些微粒完全包围并随之运动，〈留给第一元素的空间就很少了〉。

---

① 这里的“酒精”与前文“精气”在拉丁文中为同一词(spiritus)，英文此处译作“spirits of wine”，也可理解为“烈酒”。法文则用通常代指烈酒的“白兰地酒”(l'eau-de-vie)来表示。在笛卡尔的物理学中，酒精也是作为刺激性液体的精气最常见的形态，故而两者常常混用。本书则会根据不同语境给出最合适的译文。

② 这一条的法文版几乎与拉丁文版没有关系，而是进行了重新阐释，并且要长得多，其中附加了用以解释上一条中亚麻布何时会以及不会被酒精引燃的讨论，并指出仅当它被酒精完全浸润之时，才会被引燃。

③ 法文版标题为：“普通的水是怎么熄灭火的。”

此外，水由柔性的微粒组成，因此它很容易进入正在燃烧的物体的孔隙中，并且通过将火的微粒逐出这些孔隙，阻止物体的其他微粒开始燃烧。

105. 为什么大火的力会被撒在上面的水或盐增强。

然而，〈这也取决于水的微粒大小与火的猛烈程度或者燃烧物体的孔隙之间的比率。〉对有些物体来说，水的微粒进入其孔隙后反而会助长火势：因为微粒会〈遭到排斥并〉猛地从这些孔隙中跳出，然后自己被点燃。因此，铁匠们才会在采挖出来的煤上面洒水。[①]此外，将少量水洒在巨大的火焰上也会使其增强，而盐甚至会更好地实现这一效果：因为它们的微粒刚直且呈长形，像小飞镖一样被火焰搅动，具有很大的力来搅动被它们撞击的其他物体的小微粒。因是之故，习惯上会在金属中添加盐以使其〈更易〉熔化。

106. 易燃物体的本性。

但是，那些通常用作火的燃料的东西，例如木材和其他类似之物，是由不同的微粒组成的。其中有的很小，有的稍大一些，其余的则逐次增大〈至最大的尺寸〉。它们大多数是枝杈微粒，其间存在很大的孔隙。因此，进入这些孔隙的火的微粒首先迅速推动这些物体中最小的微粒，其次是中型微粒，再在其帮助下推动最大的微粒。于是火一开始会将天界小球从最狭窄的空隙中驱出，然后从其余空隙中驱出，并将除了组成灰烬的最大微粒以外的所有微粒都带走。

① 这里指的是已经被加热到白热化的煤炭。

107. 为什么某些[被火烧的]物体会被点燃，而另一些〈只被火消耗〉却不会燃烧。

并且，当这些同一时间离开燃烧物体的微粒数量如此之多，以至于它们有力将天界小球从附近空气中的部分空间排出时，就会在该空间中充满火焰。但是如果它们的数量较少，则会产生没有火焰的火。当发现可以供给它的物质时，譬如在战时用于点燃机械中的火药以投掷炮弹的[慢]引线或棉芯，火便会逐渐蔓延到其引火物的孔隙中。

108. 为什么火在燃烧的煤中会持续一段时间。

或者，如果周围没有此类物质，火便无法维持，除非它被关在其附着的物体孔隙〈在较大和未被点燃的微粒之间〉的范围内，并需要一定时间将该物体的所有微粒分开以从中逃离。这在被灰烬覆盖的燃煤中可以看出。火焰在其中能保留许多小时，只因它存在于某些细小的、与更大的微粒相互缠绕的枝杈微粒中，即使受到快速搅动也无法逃离(除了偶尔一两次)。而且，这些小微粒必须经过长久的运动使自己遭受磨损，将单个微粒分成其他数个，才可能从这里逃出去。

109. 关于用硫、硝石和木炭制造的火药；首先是关于硫。[①]

然而，没有什么比由硫、硝石和木炭制成的火药能更快地着火，或将火保留更短时间。因为事实上，硫本身是最易燃的，因为它是

① 在笛卡尔时代的欧洲，火药大致是由 66% 的硝酸钾、17% 的木炭和 17% 的硫混合而成。

由刺激性汁液的微粒组成的，上面覆盖着的油性物质枝杈极其细小而稠密，以至于其间的许多孔隙唯有第一元素才能进入。因此就医用目的而言，硫也被认为是极热的。[①]

110. *关于硝石。*

另一方面，硝石是由长形和刚性的微粒组成的，但不同于普通盐，它们的一端比另一端更厚〈，而普通盐的微粒两端却是一样大〉。例如很显然，硝石在水中溶解后，不会像普通盐那样在水的表面凝结为〈小的〉方形，〈正如我在《气象学》中解释过的那样，〉而是附着在烧瓶的底部和侧面，[②]〈从而表明其一端必然比另一端更大或更重〉。

111. *关于硫和硝石的混合。*

至于〈硝石和硫的〉微粒大小，必须考虑到它们之间的比例应使得硫中刺激性汁液的微粒〈在被第一元素搅动时，〉很轻松地将第二元素的小球驱出油性物质枝杈之间的空隙；同时，也使它们得以猛烈地搅动比硫的微粒更大的硝石微粒。

112. *关于硝石微粒的运动。*

这些硝石微粒较厚重的一端指向下方。由于这个原因，它们的主要运动位于较尖的一端，如 B 中那样指向上方［见图 34］；当被

① 可见于以盖伦（Galen）为代表的古代医学理论。

② 在《气象学》的第三讲中，笛卡尔宣称普通盐之所以在海水中保持溶解状态，是因为它们的微粒不会一端大一端小；若是如此，则它们必定会沉入海底。

搅动后，它们会做C中那样最初很小的圆周运动；但是(除非受到某物的阻止)，圆周会如D中那样很快变大。同时，硫的微粒〈不会以相同的方式旋转，而是〉在各个方向上〈沿直线〉迅速扩散，在极短的时间内接触到其他硝石微粒，〈并通过将第二元素从它们周围排开来点燃它们〉。

图 34

113. 为什么这种火药的火焰会极度膨胀，并主要作用于上方的事物。

事实上，这些硝石微粒中的每一个都需要大量空间来描出运动的圆周轨迹，这就导致这种火药的火焰过度膨胀。因为是用指向上方的尖端来描出这些圆，它们的所有力都趋向位于其上方的物体。〈所以它们不会烧到下方的任何事物。〉当火药非常干燥而精细时，可以放在手中无害地点燃。

114. 关于木炭〈的本性〉。

然后，将木炭与硫和硝石混合，在混合物中撒上一些液体后〈以使之更好地接合〉，从中便形成了颗粒或小球。此后将它们彻底晾干〈，直到其中不再残留任何液体，便形成了火药〉。实际上，木炭上有许多孔隙。首先，因为在通过燃烧〈并在木头完全烧毁之前熄火而〉形成木炭之前的物体中，孔隙就曾大量存在；第二，因为在这些物体燃烧之时，〈许多地界物质微粒从中离开并〉形成了大量的烟。于是木炭中就只剩下两种微粒：一种是相当大的微粒，〈不能转变成烟，当允许木炭完全燃烧时〉，如果只有这些微粒，它们便会形成灰烬。另一种则更小，自然极易着火，因为它们已经被火的力搅动起来了。但是，它们被长而复杂的枝杈缠绕起来，没有一定的力量就无法脱离：这从以下事实可以明显看出，即尽管其他微粒以烟的形式离开了上述的火，它们最后却留了下来。

115. 关于这种火药的颗粒，及其作用力主要由什么组成。[1]

因此，〈硫和硝石的微粒〉很容易进入木炭宽敞的孔隙中，并被其中的枝杈微粒覆盖而相互联结；特别是当这种混合物被某种液体润湿而形成了小颗粒，并加以干燥之后。该步骤的目的是使诸多硝石微粒可以都被点燃——不只是一个接一个点燃，而是许多个同时点燃。[2] 因为(来自其他地方的)火初次接触某颗粒的表面时，并不会立即点燃并摧毁这一颗粒；而是需要一定的时间才能从表面渗透到颗粒内部。在首先点燃那里的硫之后，〈以此为中介，〉硝石微粒也逐渐被火剧烈搅动〈并开始描出很小的圆〉。而当这些微粒最终获得了力并需要一个很大的空间来描出〈更大的〉圆周时，它们会破坏木炭的连接并粉碎〈和点燃〉整个颗粒。尽管相比于数小时或数日，这一过程十分短暂〈以至于几乎不会被我们注意到〉，但必须指出，与爆炸的颗粒将火焰传遍所有邻近空气的极大速度相比，

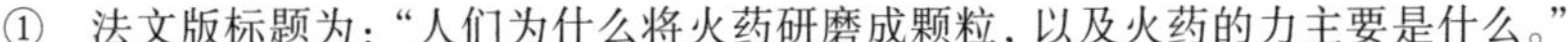

① 法文版标题为：“人们为什么将火药研磨成颗粒，以及火药的力主要是什么。”

② 事实上，火药中燃烧的是硫和木炭，硝酸钾即硝石的作用是提供大量氧气，从而大幅提高燃烧效率。

它又是十分漫长的。〈这就是为什么，〉譬如在用于发射炮弹的军事器械中，某火药颗粒首先被引信或其他点火物点燃，由此喷发的火焰会立即扩散到周围颗粒的空隙中。尽管这一火焰无法瞬间渗透到它们内部，但因为同时接触了许多颗粒，致使它们同时燃烧和膨胀，从而使得武器以强大的力开火〈将炮弹高速射出〉。因此，木炭的阻力极大地提高了硝石微粒在燃烧时的速度。而制成颗粒也是必要的，这样〈才能使颗粒大小和木炭的量与枪炮大小合比例，也使得〉这些颗粒周围可能存在足够大的空间，从而允许火药最初引燃的火焰〈在点燃最近的火药之前，〉扩散到余下火药的许多部分。

116. 关于长期燃烧的油灯。[①]

在持续时间最为短暂的[火药的]火过后，让我们考虑相反的情况，即是否存在任何一种不依靠燃料便能持续很长时间的火：正如某些关于油灯的故事所述，有时它们在保存遗体的地下墓穴中封闭多年，〈在墓穴开启之后〉被发现仍在燃烧。〈我不想保证这些故事的真实性，但是在我看来，〉在一个非常封闭的地下场所(空气或者永远不会被风吹动，或者仅由最微弱的风吹动)；可能发生了下述情况：〈油的微粒变成了烟，烟再变成烟灰，当〉许多烟灰的枝杈微粒聚集在灯焰周围，并相互倚靠，静止不动，由此形成了一种小穹顶，足以防止周围的空气压下来和扑灭火焰。同时，这也使得灯焰变得如此微弱，以至于无法点燃更多油或灯芯的微粒，如果后者还剩余些许未被完全烧光的话。由此，第一元素的物质便独自留在

① 法文版标题为：“如何评价据说已燃烧数个世纪的油灯。”

〈火焰中〉，因为其中包含的油的微粒全都一点点地粘附在周围的小穹顶上；而它们就像在一颗小恒星中那样不断地快速旋转，从而有力将第二元素的小球从周围推开（唯有对它们而言，火焰周围烟灰微粒的通道才是洞开的），[①] 因而将光散布到周围的空气中。尽管〈在封闭时，〉这光芒诚然微弱而昏暗，但当墓穴被打开，烟灰〈的小穹顶〉被风吹散时，它很容易借外界空气的流动恢复它的力，由此便会出现一盏燃烧的灯。〈尽管灯也许不久之后便会熄灭，因为在耗尽所有灯油之后，这种火焰无法再以这种方式维持下去〉。[②]

117. 关于火的其他效果。

现在，让我们考虑尚未从火的产生和维持方式中了解到的那些火的效果。因为事实上，从上文中明显可知，火是如何发出光，如何加热，以及如何将所有供给它的物体分解成许多微粒的。目前也很清楚微粒是如何离开这些物体的：首先是最纤细和光滑的微粒，其次是可能并不比前者更大，但枝杈更多且更为纠缠的微粒（即那些附着在烟囱侧面并形成烟灰的东西）；以及如何只有最大的微粒留下来变成了灰烬。但是，我们仍然需要简短地说明一下，一些并不供给火的物体，是如何借助火的力变成液体并且沸腾的，而另一些物体如何变干并变硬；还有一些［如何］作为蒸散物散发出来，

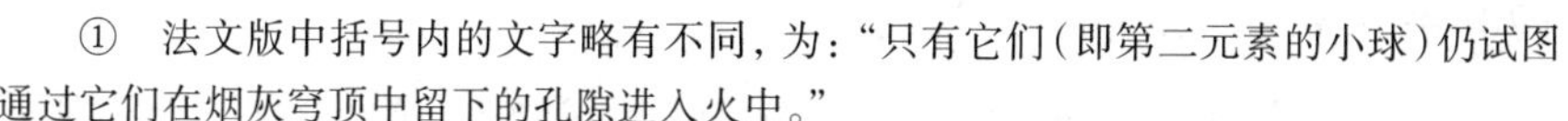

① 法文版中括号内的文字略有不同，为：“只有它们（即第二元素的小球）仍试图通过它们在烟灰穹顶中留下的孔隙进入火中。”

② 本条最后一句话系法文版所添加，似乎意在表明笛卡尔对这样一种他在其他地方很可能深表怀疑的现象的态度。这也体现出笛卡尔精神中某种好奇的特征：他似乎是想说，持续燃烧数百年的长明灯的故事无疑是假的，但即便那是真的，他的物理学也可以给出恰当的解释。

另一些则转化成石灰或玻璃。

118. 在靠近火之后，哪些物体会变成液体并沸腾。

所有的硬质物体，如果它们是由与相邻微粒分离的难度大抵差不多、并且可被某种火的力分解的微粒组成的，那么当它们经受火的力时，就会变成液体。因为成为液体无非意味着，它是由彼此分离并处于某种[单独]运动中的微粒组成的。当这些微粒的搅动太大时，其中一些会转化为空气或火，并需要比平时更多的空间来运动，从而排开其他[部分]微粒；于是这部分液体便起泡〈上升〉并沸腾。

119. 哪些物体会变干并变硬。

但是，当包含许多细长、柔韧而光滑(且与其他较大或有枝杈的物体缠绕在一起，但接合得并不十分牢固)的微粒的物体靠近火时；它们会将这些细长的微粒释放出去，仅仅因此便会变干。因为所谓变干，纯粹只是缺少那些聚集起来便会形成水或其他液体的流体微粒。而尽管这些流体微粒被包裹在坚硬物体的孔隙中，但它们会撑大这些孔隙，并通过其运动搅动该物体的其他微粒。这会消除或至少削弱物体的硬度。但是，当流体微粒被释放之后，剩下的其他微粒通常会更加紧密连接并牢固结合在一起，从而使物体变硬。

120. 关于烈水、淡水和酸性的水。[①]

此外，由此释放出去的微粒分为多种类型。首先，让我无视那些如此好动、纤细以至于在不与其他物体混合时只能形成空气的微

① 法文版标题为："如何通过蒸馏提取各种水。"

粒。而在其他微粒中，最纤细的那些也很容易释放出去。当它们被捕获在炼金术士的烧瓶中并完全密封起来，随后又聚在一起时，它们会形成烈水或烈酒；[①] 例如那些通常从葡萄酒、小麦和许多其他物体中提取的水。然后是淡水，例如那些从植物或其他物体中蒸馏出的水。第三，是从盐中提取的腐蚀性和酸性的水或苦汁，尽管这需要依靠强大的火力。

121. 关于升华物和油。

另外，某些较大的微粒（如附着在［加热的］烧瓶顶部并凝结成固体的水银和盐的微粒）需要相当大的力才能升华。[②] 然而，要将油从坚硬而干燥的物体中提取出来难度是最大的，这一任务的完成需要一定的技巧，而非仅凭火的力。因为油的微粒是细长的和枝杈状的，所以如果力太大，在将它们抽出这些物体的孔隙之前，便会破坏和摧毁它们〈完全改变其本性〉。相反，将大量的水倒在这些物体上，并且（由于水的微粒是光滑的），当它们流经这些孔隙时，便会逐渐分离出油性微粒并将其完整地带走。

① 这里的“烈水”是对拉丁文 aquas ardentes 的直译，同时笛卡尔也用通常表示“酒精”的词 spiritus 来指代它，这里与“烈水”呼应译作“烈酒”。另外，本条目及后文中的蒸馏理论对笛卡尔来说非常重要，正是在这一模型基础上，他构思了一套通过血液产生“动物精气”（spiritus animalis）的理论。

② 今天，“升华”（sublimation）一词表示从固态到气态的直接变化。但在笛卡尔的时代，它代指的是通过加热固体使其挥发后，蒸气接触较冷的器壁后再次凝华并被收集的全过程。而这一过程的产物则被称为“升华物”（拉丁文：sublimatus；英文：sublimate；法文：sublimé）。在法语中，该词主要用于汞的衍生物：升汞（sublimé corrosif），甘汞（sublimé doux）。

122. 当火的程度〈即力的大小〉改变后，其效果也会改变。

在所有这些蒸馏中，必须注意到火的程度：因为当其改变时，其效果也总是以某种方式改变。因此，当许多物体暴露在先是缓慢燃烧、随后逐渐增强的火中，它们会变干并散发出不同的微粒。但如果从一开始就用强火加热，它们便不会散发出这些微粒，而是整体液化。

123. 关于石灰。

用火的方法也会改变其效果。因此，如果某些物体整体地一次性变热，它们就会变成液体。而如果仅以强火加热其表面，它的表面将转化为石灰。因为据炼金术士所言，所有仅凭火的作用被还原成极精细粉末的坚硬物体（也就是说，当它们的某些较小的、用以连接其余部分的微粒被打碎或排出时），事实上通常都变成了石灰〈或钙化了〉。而灰烬和石灰之间也没有什么其他区别，只不过灰烬是那些大部分被火烧掉的物体残余，而石灰则是在燃烧结束后几乎仍完好无损的物体残余，〈仅失去了少量用以连接各个部分的微粒〉。

124. 关于玻璃的制造方式。

另外，火的最后一种效果〈以及最主要的效果之一〉，是将石灰和灰烬转化为玻璃。因为毕竟，在将所有较小的微粒从燃烧物体中摘去或排出之后，剩下的构成石灰或灰烬的微粒是如此坚固而庞大，以至于无法被火的力携带着上升；并且在大多数情况下，它们都具有不规则和〈不均等的〉有角的形状。因此，尽管它们相互倚靠，却并不彼此粘附，甚至也不连续，除了在某些极小的点上。但是，当一股猛烈而持久的火焰随后对其施以强力；（也就是说，当第三元素的较小微粒和第二元素的小球都被〈构成火的〉第一元素物质所携带，从而在各个方向上围绕这些石灰和灰烬剧烈而迅速地移动时）；它们的角逐渐被磨钝，表面变得光滑平坦，有些可能还发生了弯折。因此，在斜着彼此滑过的情况下，它们不仅在部分点上，也在一些微小表面上相互接触。在以此种方式连接之后，它们便形成了玻璃。

125. 玻璃微粒如何连接在一起。

实际上必须指出的是，当表面具有一定宽度的两个物体沿一条直线相互靠近时，它们无法靠得太近，因此它们之间总有一些空间被第二元素的小球占据。但是，当一个物体倾斜着被引向或滑过另一个物体时，它们能更加紧密地连接在一起。例如［见图 35］，如果物体 B 和 C 沿直线 AD 相互靠近，那么困在这些物体表面之间的天界小球〈无法被驱赶出去，从而〉将阻止它们直接接触。但如果将物体 G 在物体 H 之上沿直线 EF 来回移动，至少在两者表面都是光滑平坦的情况下，没有什么会〈滞留两者之间因而〉阻止 G 与 H 直接接触：而如果它们是粗糙不平的，通过这一运动也将逐渐变得平坦光滑。因此，这里有必要考虑用物体 B 和 C 表示彼此分离的石灰和灰烬的微粒；用物体 G 和 H 表示连接在一起的玻璃微粒。很明显，〈这两种接合方式之间的〉唯一区别在于，〈第一种存在于灰烬之中，而第二种〉必须经由猛烈而持久的火的搅动才能在其中产生。从中〈我们可以完全了解〉玻璃的本性和〈解释其〉所有固有属性的成因。

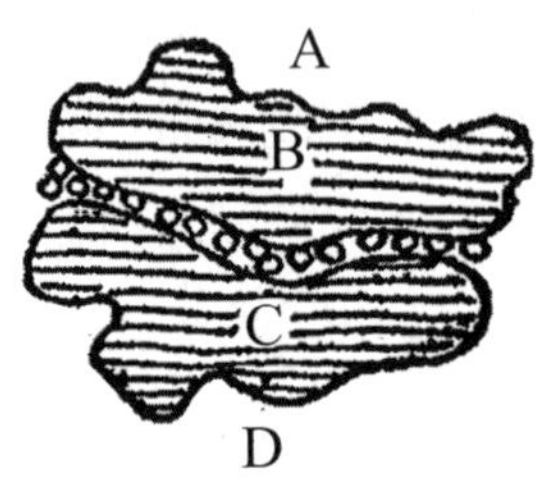

图 35

126. 为什么它在烧至炽热时是流体，为什么它能轻易呈现为各种形状。

当被烧至炽热时，玻璃是流体，因为它的〈相互分离的〉微粒很容易被先前使之平滑和弯曲的火力所移动。然而一旦开始冷却，它可以呈现为任何形状。对于所有被火液化的物体来说，这都是普遍现象。因为当它们仍处于流体状态时，其微粒能毫不费力地使之适应任何形状，而当这些物体随后在冷却中变硬时，便会保留最后所呈现的形状，〈这是因为寒冷会阻止其各个部分的运动〉。此外，玻璃〈也像粘胶一样是粘性的，因此〉可以被拉成头发丝一样的细线〈而不断裂〉，因为当玻璃微粒刚开始〈冷却而〉变硬时，它们更容易相对彼此滑动〈从而延伸为细线，〉而非相互分离。

127. 为什么玻璃在冷却后非常坚硬。

然后，当玻璃完全冷却之时，它会非常坚硬，同时非常易碎，而且冷却的速度越快便越易碎。导致这种坚硬性的原因必然是，玻璃完全由相当大且不易弯曲的〈硬的〉微粒组成，〈火无法破坏它们，而且〉它们是以直接接触的形式相互粘连，而非通过细小的枝杈相互交织。对于其他大多数物体，由于它们的微粒是柔韧的，或至少末端是一些小的柔性枝杈，这些枝杈通过相互交织将微粒彼此连接，因而上述物体较为柔软。然而在两物体之间，没有什么连接比直接接触产生的连接更强，即它们以这样一种方式彼此接触，使得两者都不会处于使之相互分开的运动之中。[①] 一旦将玻璃微粒从火中移开，就会出现这样的情况；因为它们的庞大、连续以及形状的不均等性，使得周围的空气无法在其中维持那种〈由火驱动的〉使之相互分离的运动。

128. 为什么玻璃极其易碎。

然而玻璃仍然非常易碎，因为玻璃微粒之间相互接触的表面很少且十分狭窄。而其他许多较软的物体之所以更难破裂，是因为其各个部分相互交织的方式〈就像锁链的联结〉，使得它们无法彼此分离，除非诸多细小枝杈都被折断和扯开。〈相比于[为打碎]玻璃而须分开的少量表面，要完全破坏这些较软的物体，则必须让多得多的微粒相互分离。〉

129. 为什么当缓慢冷却时，它便不那么易碎了。

玻璃在快速冷却时比缓慢冷却时更加易碎。因为在炽热状态下，它的孔隙大张，这是由于此时第一元素的大量物质，第二元素的小球，而且可能还有一些较小的第三元素微粒都穿行于这些孔隙。而当玻璃自然冷却时，这些孔会逐渐变窄，因为[这时]只有第

① 参见第二部分，第 55 条。

二元素的小球穿过其间，需要的空间较小。但如果冷却得太快，在孔隙收缩之前玻璃便会变硬；于是在这之后，这些〈第二元素〉小球始终会致力于将它的微粒相互分开。[①] 并且，由于这些微粒仅凭相互接触〈的微小表面〉而连接在一起，只要其中两个表面稍微分开一点，位于同一平面上的众多邻近微粒也会即刻分离，玻璃遂因此而完全断裂。因此，制造玻璃器皿的人会逐渐将其从窑中取出，以使其缓慢冷却。而且，如果将冷却后的玻璃容器置于火的附近，使得它的某一个区域的温度比邻近区域高许多，便足以使该区域的玻璃碎裂：因为在邻近区域的孔隙保持不变，且各区域尚未分离的情况下，受热区域的孔隙〈本应扩张却〉无法扩张。但是，如果一开始就将玻璃容器置于慢火附近，然后再置于逐渐变强的火上，并且所有区域都均匀地变热；那么它将不会碎裂：因为其中所有的孔隙都将在同一时间均匀地张开。

130. 为什么它是透明的。

另外，玻璃是透明的。因为它在形成时是液体，并且火焰物质在各个方向围绕其微粒流动，并为自己挖掘出无数的孔隙。第二元素的小球随后自由地从中穿过，且可以在所有方向上沿直线传递光的作用。对这种传递而言，上述孔隙不必完全笔直，只需在任何地方都不中断。因此举例来说，如果我们设想玻璃由完全相等的球形微粒组成，但它们的体积如此之大，以至于第二元素的小球可以穿

① 法文版对这句话的阐释有所不同，其文作：“如果冷却得太快，它的各个部分没有时间使得其中所有孔隙以同等程度收缩；于是此后，穿过其中的第二元素便致力于使这些孔隙变得均等，玻璃便因此而破裂。”

过三个彼此相邻的球形微粒之间必然保有的三角形空间；该玻璃将是完全透明的；尽管比现存的任何玻璃都坚固得多。

131. 它如何被上色。

但是，当构成玻璃的材料与金属混合，或与其他组成微粒相较玻璃的微粒更加抗火且不易变得光滑的物体混合之时，便足以使玻璃变得不那么透明，并根据这些更坚硬的微粒阻塞孔隙的程度与方式的不同，呈现出不同的颜色。〈而这一[微粒的阻塞]使得穿过孔隙的第二元素微粒以各种方式旋转，正是该旋转导致了颜色的出现，一如我在《气象学》中所展示的那样。〉[①]

132. 为什么它像弓一样刚硬？以及通常来说，为什么刚性的物体在弯曲后会自然回到原来的形状。[②]

最后，玻璃是刚硬的：也就是说，玻璃可以在外力作用下一定程度地弯曲而不破裂，而后还会猛地回弹并恢复先前的形状，就像弓一样。当玻璃被拉成十分细长的线形时，这一点体现得很清楚。一般来说，以这种方式弹回的固有属性也存在于微粒直接接触而非以细小枝杈的缠绕相连接的所有坚硬物体中。这是因为，它们有数不清的孔隙，孔中有物质不断穿梭（因为别的地方都没有虚空），也因为孔隙的形状适于上述物质自由通行（因为它们正是较早时候在

---

① 参考笛卡尔《气象学》第八讲。

② 标题中的“刚硬”或“刚性的”（rigid）一词，源于拉丁文的“rigidum”，但这里实则更强调刚性物体具有的弹性，而非僵直或坚硬的一面。因此法文版的标题也作：“什么是刚硬的或能回弹的物体。为什么玻璃也具有这一性质。”

其帮助下形成的)。〈比如当玻璃变得坚硬时，在其为液体时被火的搅动撑大的孔隙，便会在第二元素小球的作用下收缩，从而将孔隙调适为它们自身的大小。〉所以若不改变这些孔隙的形状，此类物体就无法弯折。而通常穿行其中的物质微粒一旦发现通路没有平时那样便利了，便会强力推挤孔隙的壁以使其恢复到原来的形状。举例来说，如果在未弯曲的弓中，第二元素小球通常穿过的孔隙是圆形的，那么自然在拉紧或弯曲的弓中，这些孔隙就成了椭圆。试图穿过其间的小球在椭圆的短直径处撞击孔壁，便具有了将其恢复为圆形的力。尽管该力在单个的第二元素小球中微不足道，但所有持续努力地穿过诸多孔隙的小球相互联合与协同的力，却足够大到使弓恢复原状。但是，长时间弯曲的弓(尤其是用木头或其他不太坚硬的材料制成的弓)会逐渐失去回弹的力：这是因为孔隙[的壁]被穿过其中的物质微粒长期磨损，形状渐渐适应了这些微粒的大小。

133. *关于磁石。以及为解释之便对前文内容的必要重复。*

到目前为止，我已经尝试解释了气、水、土、火的本性及其主要力量和性质，它们通常被认为是我们居住的球体上的四元素，[①]〈因为它们也是最常见的物体〉；接下来我要讨论的是磁石。由于它的力量分布在整个地球上，〈实际上整个地球都是一个磁石〉；毫无疑问，相关讨论也属于地球的通论之列。因此，让我们回忆一

① 注意，法文版此处的措辞与拉丁文版略有不同，不是“我们居住的球体”，而是“我们居住的月下区域(cette région sublunaire que nous habitons)”。而“月下区域”或“月下世界”的说法，继承自亚里士多德以降的中世纪经院哲学。这一术语上的差异，也显露出笛卡尔作为近代哲学的先驱与中世纪哲学展开对话的意图。具体而言，即试图为经院物理学定义的“元素”概念提供一种机械论和微粒论意义上的解释。

下第一元素的沟槽微粒，这些微粒在第三部分的第 87 条以及随后章节中已经非常仔细地描述过。此外，考虑到[第三部分]第 105 至 109 条中关于恒星 I 的知识也适用于这里的地球，我们会认为地球中间区域中有许多与地球的轴相平行的孔隙，来自一极的沟槽微粒自由地从中穿行到另一极。这些孔隙已经被挖空成为上述微粒的尺寸，以至于允许来自南极的沟槽微粒通过的孔隙，并不允许来自北极的微粒通过；相反地，接受北极微粒的孔隙也不接受南极的微粒：因为这些微粒像螺线一样扭曲着，有些朝着某一个方向，而另一些则朝相反的方向。此外，[我们要记住]同样的微粒只能从这些孔隙的一端进入，而不能通过相反的一端返回，这是因为在孔隙的弯绕之中，某些枝杈极小的末端已经朝沟槽微粒通常经过的方向弯折，同时也往相反方向回弹以防止其返回。因此，这些沟槽微粒沿着一条平行于地轴的直线或等价于直的线，从一个半球穿过整个地球的中间区域到另一个半球；再通过地球周围的以太返回先前进入地球的同一半球；如此再次穿过地球，形成了一种涡旋。

134. 在空气和水中都没有适合沟槽微粒进入的孔隙。

由于我们已经证明从前述沟槽微粒自一极返回另一极所穿过的以太中，产生了四个不同的部分(即地球内层或金属的壳、水、地表和空气)；而第三部分第 113 条中也指出，除了在这种以太的较大体积微粒中，没有任何沟槽微粒大小的孔隙形成的痕迹：在此必须注意，所有这些较大的微粒从一开始时就一起流向了地球内壳。于是在水或空气中，都不会有任何这类孔隙：这既是因为那里没有足够大的微粒；也是因为这两部分是流体，所以它们的微粒处于不断变化的状态中；因此就算其中曾经存在过这类孔隙，也早被上述变化破坏掉了，毕竟这些孔隙需要一种确定和稳定的环境。

135. 除了铁以外，在地表的任何物体中也都没有［适合沟槽微粒进入的孔隙］。

另外，由于前面已经说过，地球内壳的一部分是由相互连接的枝杈微粒组成的，一部分是由穿过枝杈微粒的空隙并在此〈不断往复〉移动的其他微粒组成的；出于刚刚指出的原因，这些孔隙也无法存在于后面那种更易流动的微粒中，而只能存在于枝杈微粒中。至于地表，其中必定从一开始就不存在这种孔隙，因为它是在水和空气之间形成的〈并且由很小的微粒组成〉。但是，由于各种金属随后从大地内层上升到地表，即便所有由地球内层的更易流动且坚固的微粒组成的金属必然都不包含此类孔隙，但在有枝杈的、大块却不太坚固的微粒组成的金属之中，一定不乏这些孔隙。我们完全有理由相信铁〈或钢〉就是这样一种金属。

136. 为什么铁中会有这样的孔隙。

因为〈在没有火的帮助下〉，没有什么金属（像铁一样）如此难以用锤子塑造，或在火中熔化，或在没有其他物体混合的情况下锻造得如此坚硬：这三件事证明了相比于其他金属，铁的碎屑（ramentorum）有更多枝杈或更有棱角，由此接合得更加牢固。这与以下事实并不矛盾：某些〈刚开采出的〉铁［矿石］块最初很容易在火上熔化；因为那时它的碎屑尚未相互连接，而是彼此分开，故而很容易被热的力搅动。此外，尽管铁比其他金属更坚硬且不易熔，但它是最轻的金属之一，也是最容易被锈蚀或被强水（aqua fortis）腐蚀的金属。[①]所有这些都证明了相比于其他金属，铁的微粒并不因体积更大而更加坚固，[②]也证明了其中包含许多孔隙。

137. 在它的单个碎屑中如何也有〈这类〉孔隙。

但在这里，我不愿断言铁的单个碎屑中存在（像螺纹一样扭曲，可容沟槽微粒穿过的）整条孔道。[③]我也不想否认，这样的孔道可能出现在碎屑中：但是我们可以这样认为，在这些铁屑表面已经挖出了一半的孔道，因此当〈两个〉表面被恰当连接起来，便能形成完整的孔道。〈因为有许多圆孔的坚硬物体断裂时，它通常沿着直接穿过这些孔中央的线裂开〉。所以不难相信，在铁所形成的大地内层那些更大的、有枝杈且被挖空的微粒，会以这样一种方式被穿透大地内层的精气或刺激性汁液的力分割，使得〈上述微粒被孔道穿透，并被分成两半，且〉被挖空的一半孔道留在碎屑分割后的表面；随后，这些碎屑通过地表的脉络逐渐升入矿里，并被精气、蒸散物和蒸气推挤出来。

138. 如何使这些孔隙适于通过来自任一方向的沟槽微粒。

必须指出，这些[铁]屑并不能总是转向它们上升的方向。因为它们是有角的，并与地脉中各种不均匀处相撞〈而发生旋转，时而转向这一侧，时而转向另一侧〉。同样，当（从大地内层突然出现

① 这里的强水（aqua fortis）即指硝酸。

② 这里以体积和坚固性相比的意思是，铁的致密程度不如其他金属。

③ “孔道”一词在拉丁文中为“foramen”，即“通过钻凿产生的开口或小孔”。然而更多时候，笛卡尔使用的是“meatus”（通道）和“porus”（孔隙）两种说法。

并在整个地表寻找通路的）沟槽微粒发现这些碎屑中的孔隙是如此适合它们之时，为了沿着直线继续运动，它们必须努力进入那些此前习惯于从中离开的孔道。它们遇到了前文提到过的极细小的枝杈末端，这些末端突起在孔隙的弯绕之间以抵抗试图返回的沟槽微粒；但也应当注意，这些枝杈末端起初的确是在抵抗这些沟槽微粒，但在经受后者频繁的撞击后，最终都弯向了相反的方向，还有一些则断开了。然后，当孔隙所在碎屑的位置发生变化时（并且孔隙相应地将其他开口转向沟槽微粒），后者再次在孔隙中遭遇弹起的枝杈末端，并再次将它们逐渐弯向另一个方向；而重复此过程的频率越高、时间越长，这些枝杈越是容易在两个方向上被折弯。

139. *磁石的本性是什么。*[①]

那些碎屑在以上述方式穿过地表脉络上升的过程中频繁被转动，时而转向某个方向，时而转向别的方向；而无论它们是单独聚集起来，还是被驱赶到其他物体的孔隙中，都必然会形成铁块（glebam ferri）。另一方面，那些一直保持在相同位置，或者有时被迫改变位置以便进入矿中的碎屑，在被牢牢地驱赶到岩石或其他物体孔隙中后至少会保持不动许多年，从而形成磁石。因此，几乎所有铁〈矿石〉块都以某种方式接近了磁石的本性，并且绝不存在不含任何铁的磁石。尽管这样的铁有时可能会非常紧密地粘附在其他物体上，在火的作用下更易被损坏而非与之分离。〈而绊住这些磁性碎片的石头往往非常坚硬，因此有些时候几乎不可能熔化磁石

① 法文版标题为：“磁石和铁之间有什么区别。”

来制铁。〉

140. 通过熔化〈矿石〉如何制成钢和任意种类的铁。

但是，当置于火附近的铁〈矿石〉块被液化以便转变为铁或钢时，它们的碎屑受热力搅动与异质物体分离，并以各种方式扭曲，直到它们可以沿着（前述）适于通过沟槽微粒而被挖空的一半孔隙所在的表面彼此附着，并且这些半边孔隙完美地相互匹配从而形成了完整的孔隙；当这种情况发生时，那些在〈所有〉其他〈地界〉物体中并不比在火中更多的沟槽微粒，比在别处更加自由地流经那些孔隙，并且阻止那些（因其合适的位置与组合重新构造了孔隙的）狭小表面像以前一样轻易改变其位置。此外，这些表面〈相互接触〉的连续性，或至少是（将所有碎屑向下推动的）重力，都会阻止它们轻易分离。由于同一时间，碎屑本身继续在火的搅动下移动；其中一些因为同样的[单个]运动而联合起来，并且〈熔化金属〉形成的所有流体可以说都被分成诸多液滴（guttulas）或颗粒（grumulos）：也就是说，所有共同移动的碎屑以某种方式结合起来，形成了一个液滴，并立刻凭借自身的运动使其表面变得光滑平坦。因为在与其他液滴接触之后，无论构成它的碎屑有何粗糙和棱角分明之处，都将从表面上被压回内部；这也使得形成每个[单独]液滴的所有部分都极其紧密地连接在一起。

141. 为什么钢极其坚硬、刚性且易碎。

所有被分成〈不断分开又重新结合的〉小液滴或小颗粒的流体，一旦迅速冷却，就会凝固成钢。钢极其坚硬、刚性且易碎，几乎像玻璃一样。它是坚硬的，因为它由非常紧密地连接在一起的碎屑组成；它是刚性的（即一旦弯曲便会自发恢复为原状），因为其碎屑的狭小表面不会因弯曲而分离，而只有孔隙改变了形状，正如前文论及玻璃时所说的那样。最后，它是易碎的，因为构成它的液滴或颗粒仅通过表面接触而彼此粘附；且其中只有极少狭窄的区域是直接接触。

142. 钢与其他铁的区别。

然而，并非所有的铁矿石都同样适合转变为钢，甚至通常用以制作最好和最坚硬的钢的铁矿石，如果在不适当的火中熔化也只会产出生铁。因为如果组成铁块的碎屑是如此有棱角而粗糙，以至于在正确地将表面相互固定并分成小液滴之前，它们就相互粘附在一起了；或者，如果火的强度不足以将液体分成若干液滴并将构成液滴的碎屑压紧；又或者从另一方面来说，如果火太过猛烈以至扰乱了碎屑的正确位置：钢都无法形成，而只会形成不那么坚硬且更柔韧的铁。

143. 钢是如何淬火的。

此外，即使已经制成的钢再次暴露于火中，也不会轻易地〈再次〉熔化〈并变得类似普通的铁〉，（因为它的颗粒太大且太坚硬，不能被火整体移动，并且组成各液滴的碎屑太过牢固地接合在一起，无法将它们全部从其处所驱逐出去）：但它仍然会软化；因为它的所有微粒都被热所动摇。如果随后将其缓慢冷却，它不会恢复此前的硬度、刚度或脆性；而会变得像生铁一样柔韧。因为当它以这种方式冷却时，被热力从液滴表面压入内部的角状和不均匀碎屑，

〈有充足的时间〉将自己推出去；并会在像某种极小的倒钩那样相互缠绕之后，将小液滴相互粘合起来。因此，这些碎屑不再在这些液滴中牢固地相互连接，而这些液滴也不再通过直接接触而相互粘附，而是仿佛被某些钩子或倒钩固定在一起。因此，钢变得柔软而有韧性，而非极度坚硬、刚性和易碎。在这种状态下，它与普通的铁没有什么不同，除了再次加热〈到赤热状态〉并迅速冷却后，这种钢将恢复从前的硬度和刚性。而铁则不同，或者至少程度不同。其原因在于，钢的碎屑不会偏移最大硬度的位置太多，从而能轻易通过火力恢复原状，并在快速冷却后保持这种状态：但是，由于铁的碎屑从未有过这种状况，它们也永远不可能恢复〈或因此获得这种状态〉。[①] 此外，为了使烧热的钢或铁快速冷却，通常会用水或其他冷的液体加以淬火。另一方面，如果要使其更慢地冷却，则将其浸入油或其他脂性物质中加以淬火。而且由于它越坚硬和刚性，也会变得越脆。为了用它制造剑、锯、锉或其他工具，一定不要总用最冷的液体淬火，而要在温度调节适当的液体中进行冷却，具体则取决于这一器具试图避免易碎的必要性是大于还是小于追求硬度的必要性。因而当它被浸入某种〈合适的〉液体中时，也可以合理地称之为回火（temperari）。[②]

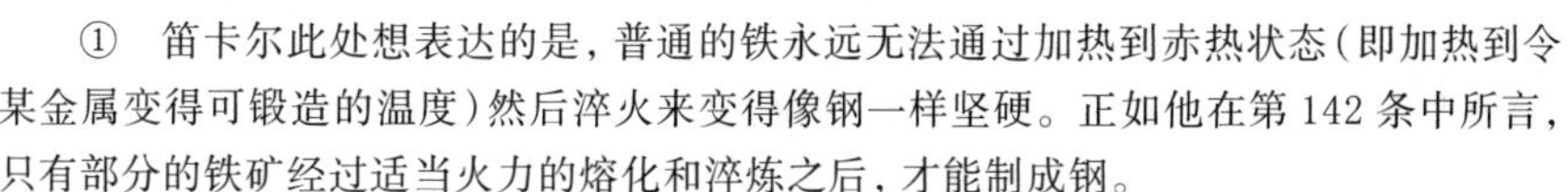

① 笛卡尔此处想表达的是，普通的铁永远无法通过加热到赤热状态（即加热到令某金属变得可锻造的温度）然后淬火来变得像钢一样坚硬。正如他在第 142 条中所言，只有部分的铁矿经过适当火力的熔化和淬炼之后，才能制成钢。

② 所谓“回火”，一般指炼钢过程中的必要步骤，即因淬火后的钢质地硬脆，将其用较低温加热，以调整其显微组织及机械性质，使之保持一定的硬度并增加韧性。而笛卡尔此处也用来指称一种以合适温度加以淬火，以使其缓慢冷却的流程。这里“回火”的拉丁文 temperari 系动词原形 tempero 的现在时态被动不定式，英文译作“tempered”。

144. 磁石、钢和铁的孔隙之间的差异。

而且，对于那些适于通过沟槽微粒的孔隙，前文已经讲得很清楚，无论是在钢还是铁中，这类孔隙都必然非常多〈，比并非完全由金属构成的磁石要多得多〉。而且在钢中，它们必然更加完整和完美；这些孔隙的弯绕中突出的枝杈末端一旦朝一个方向弯曲，就不能〈像在铁中那样〉轻易地向相反方向折回，尽管它们确实在钢中比在磁石中更易弯曲。〈因为首先，炼钢的矿石是最纯净的，而且其中的碎屑自离开大地内层以来就很少发生改变；同时也因为这些碎屑相较铁的碎屑排列得更好，更紧密。〉最后，钢或其他铁中的这些孔隙并不能使得适合来自南〈极〉的沟槽微粒通过的入口都转向一个方向，以及适合来自北〈极〉的其他沟槽微粒通过的入口都转向另一方向，就像在磁石中那样。相反，他们的情况必然是变化不定的，因为它受到火的作用干扰。当〈烧热的铁或钢〉冷却之时，这一作用短暂地中止，仅有一定数量的孔隙能够被转向南或北，因为恰好有来自地球两极的沟槽微粒正在寻找穿行的通道。〈而当它们长时间留在同一位置时，也能像这样让钢或铁之中未曾烧热部分的孔隙一点点地转向。〉但由于这些沟槽微粒在数量上并不与〈钢和〉铁的所有孔隙相应，[①] 因此当铁在最终加热后冷却之时，整个铁都因为它所占据的地球位置或长久不动地处于同一位置，而获得了一些磁力；不过就铁中包含的孔隙数量而言，它可能获得的磁力[比通过这些方式获得的磁力]要大得多。

① 这里指钢铁中孔隙的数量要远远多于穿过其间的沟槽微粒所能填满的部分，因此无法做到所有孔隙都受此影响而转向。

145. 列述磁的固有属性。[①]

一切都以此种方式遵循上述自然原理，即在不考虑此处将要解释的磁石的固有属性的情况下，我也认为它们只能如此。在这些原理的帮助下，我们将陆续看到，所有那些〈迄今为止最仔细的实验所能揭晓的〉固有属性，都得到了如此清楚而完美的解释。即使我们不知道它们遵循了自然原理，这也足以使我们相信其真实性。[②]〈为了更好地加以认识，〉这里就将热衷于磁学之人通常注意到的磁的固有属性，简要记录如下：

(1) 磁石中有两个磁极，其中一个在任何地方都转向地球北极，而另一个在任何地方都转向地球南极。

(2) 根据它们在地球上占据处所的不同，这些磁石的磁极不同程度地向地球中心倾斜。

(3) 如果两个磁石是球形的〈并且离得较近〉，则每个磁石都以其转向地球的相同的方式转向对方。

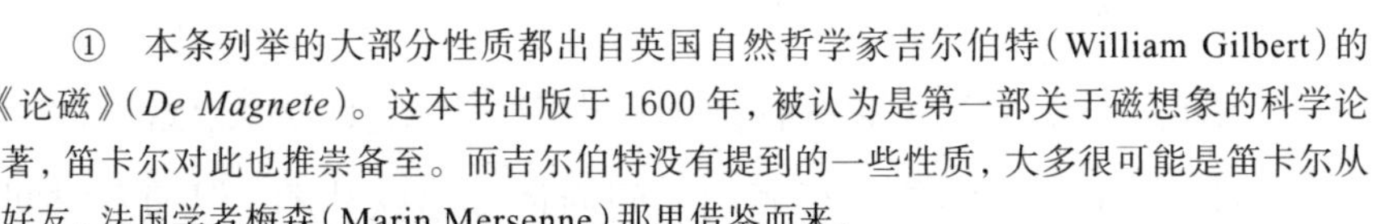

① 本条列举的大部分性质都出自英国自然哲学家吉尔伯特（William Gilbert）的《论磁》（*De Magnete*）。这本书出版于 1600 年，被认为是第一部关于磁想象的科学论著，笛卡尔对此也推崇备至。而吉尔伯特没有提到的一些性质，大多很可能是笛卡尔从好友、法国学者梅森（Marin Mersenne）那里借鉴而来。

② 值得注意的是，笛卡尔在这里实际区分了三种不同的知识：第一是“前文所述”的部分，即所谓“只能如此”的“如此”（即借助沟槽微粒的运动加以推演的细节等）；第二是“自然原理”，即他在第二部分所阐释的理论体系；第三是“磁石的固有属性”。他的意思是，最开始他是在没有参照“磁石的固有属性”情况下，从“自然原理”中推出了“前文所述”。然后，他意识到“前文所述”能很好地解释“磁石的固有属性”。最后，他总结说这足以证明“前文所述”是正确的，即便不考虑它是从“自然原理”中推出的这一事实。由此，他提供了一个从演绎到归纳来建立真理的案例，简言之，即他通过经验验证了一个不依靠经验的初步推断。这一验证过程是如此确凿，以至于由此确立为真的理论可以脱离它最初得以推出的原理，而依然不影响其真实性。

(4)它们如此转向之后，便互相靠近〈直至接触〉。

(5)如果他们被约束在相反的位置上，就会互相排斥。

(6)如果一块磁石被一个平行于其两极连线的平面所分，那么经此分割后，原本相互连接的两部分，将相互远离。

(7)如果这块磁石被一个垂直于其两极连线的平面所分，〈在分割线上〉原本相邻、此后又位于分割后的不同部分的两点，会形成相反的力的极点〈，一个朝北，一个朝南〉。

(8)虽然在一块磁石中只有南北两极，但在它的每个碎片中也发现了类似的两极；因此，它的力尽管就两极而言看似不同，但就任一部分与整体而言都是一样的。

(9)仅仅被磁石〈接触或〉放在磁石附近，铁便会获得磁石的这个力。

(10)根据铁在磁石附近被放置的不同方式，它会以不同的方式获得这个力。

(11)一块长形的铁片，无论以任何方式放在磁石附近，始终沿其长度获得该力。

(12)磁石不会失去它的任何力，即使它将这个力传导给了铁。

(13)这个力确实是在很短的时间内传导给铁片的，但随着时间推移，会变得越来越稳定，〈如果铁仍留在磁石旁同样的位置〉。

(14)相比于生铁，最坚硬的钢接获得的力更大，并且在获力后保持得更加稳定。

(15)相较于不太完美的磁石，更完美的磁石将传导更大的力给钢。

(16)地球本身也是磁石，并且将它的一些力传导给铁。

(17)在地球这一最大磁石中，这个力似乎没有其他大多数较小的磁石那么强。

(18)被磁石接触过的针将它们的末端转向地球两极，就像磁石转向其两极一样。

(19)这些针并不精确地指向地球两极，而是在不同地方以不同方式偏离两极。

(20)这一偏离会随着时间而改变〈，以至于现在有些地方的磁偏角比上世纪更小，而别的一些地方则更大〉。

(21)根据某些人的说法，在垂直立于其某极之上的磁石中，没有磁偏角，或者可能不存在相同的磁偏角，或者没有那么大的磁偏角，就像当磁石两极与地球等距时那样。

(22)磁石吸铁。

(23)衔铁磁石(magnes armatus)比无衔铁时能吸住更多的铁。

(24)它的两极尽管相反，却彼此协助以吸住同一块铁片。

(25)悬于磁石上的小铁轮沿任一方向的旋转均不受磁力阻碍。

(26)通过不同方式将一块磁石附在另一块磁石或铁片上，可以不同程度地增加或减少该磁石的力。

(27)一块磁石无论多强，如果本身不接触铁，就无法将一块铁从与较弱磁石的接触中拉开。

(28)相反，较弱的磁石或一小片铁通常会将与它接触的铁片从更强的磁石上分离。

(29)在北方，我们称之为南极的磁极比我们称之为北极的磁极能吸住更多的铁。

(30)铁锉屑会以某种确定的方式围绕一个或多个磁铁排列。

(31)一块固定在磁石极点上的薄铁板，会使吸引并转动铁的力发生偏转。

(32)同样的力不受任何其他插入物体的阻碍。

(33)不同于在无阻碍情况下自发转向的方式，如果一块磁石持续扭向地球或其他附近的磁石，那么久而久之，它会逐渐失去它的力。

(34)最后，这种力也会因锈蚀、潮湿和废弃不用而减弱，[①] 并被火消除；但这并非基于我们已知的任何原因。

146. 沟槽微粒如何流过地球的孔隙。

为了理解这些固有属性的原因，让我们考虑一下以 A 为南极、B 为北极的地球 AB［见图 36］。注意，〈用四周缠绕的微小扭曲物体代表的〉来自天界南部 E 的沟槽微粒，与来自北部 F 的微粒扭曲方式完全不同：因此，一个群组中的微粒绝对不可能进入另一群组的孔隙。还要注意，来自南部的微粒从 A 呈直线继续前进穿过地球中部到达 B，然后再从 B 穿过地球周围的大气回到 A；同时，来自北部的微粒从 B 穿过地球中部到达 A，然后再从 A 穿过地球周围的大气返回 B：因为允许沟槽微粒从地球的一侧到另一侧经过的孔隙，并不允许它们原路返回。

① 这里“废弃不用”一词拉丁文作 situs，该词通常情况下表示“位置”“地点”，但也可理解为“潮湿”“腐坏”“废弃”。英文版将其翻译为“moisture”即潮湿；由于前一词亦为潮湿，法文版直接将其省略，但第 183 条的注释中声明这里的 situs 应作“破旧、不洁、废弃、失修”之义。基于对上下文的理解，同时也为了避免重复，这里将其译为“废弃不用”。详见后文第 183 条。

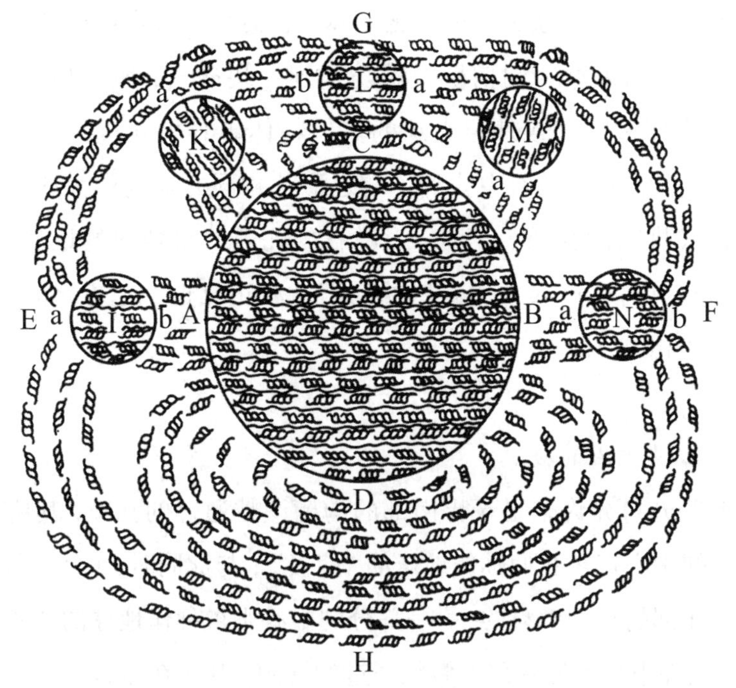

图 36

147. 沟槽微粒穿过空气、水和地表比穿过地球内层更加困难。

但与此同时，随着新的沟槽微粒不断地从天界的 E 和 F 部分抵达，等量的其他沟槽微粒则通过天界的 G 和 H 部分离开，或者在旅途中被破坏失去原来的形状。而当它们穿过地球的中间区域时，并不会发生这种情况。因为它们挖凿出了适于其尺寸的孔隙，从中它们能不受阻碍地快速流动。但当它们通过空气、水和地表的其他物体返回时，由于其中没有此类孔隙，它们会移动得困难得多，并不断遭遇第二元素和第三元素的微粒；在试图驱逐这些微粒的同时，它们也被压碎。

148. 相比于穿过外层大地的其他物体，它们更容易穿过磁石。

现在，如果这些沟槽微粒碰巧遇到一块磁石，那么毫无疑问，它们将比穿过空气或外层大地的其他物体更容易通过磁石。因为如前所述，它们在磁石中找到了与之形状相同并与内层大地孔隙以同样方式排列的孔隙。至少，当磁石的孔隙开口朝向的地球部分，也是那些可自由进入上述开口的沟槽微粒正靠近的地方之时[，这将与事实相符]。

149. 什么是磁石的极。

那些开口允许来自天界南部的沟槽微粒通过的孔隙，其所在地球部分的中心点被我们称作地球的“南极”；与此同时，(允许通过来自天界北部的沟槽微粒的)另一部分的中心则被称作地球的“北极”：同样，允许来自天界南部的微粒通过的孔隙，其所在磁石部分的中心被我们称作磁石的“南极”，相反的点则被称作磁石的“北极”。[①] 至于其他人通常将我称作南极的点叫作“北极”，我并不关心；〈因为他们认为这点自然地转向北边，我稍后会对此加以解释〉。由于只有普通人才有权利因经常使用而将不恰当的名字赋予那些事物，但他们尚未习惯谈论磁石；〈而我确信凭理性思考并渴求真理之人，将不会反对我对理性而非习惯用法的偏爱〉。

150. 为什么这些极转向地球的极。

但是，当这些磁石的极没有朝向地球上那些允许沟槽微粒自由

① 这一命名法是由吉尔伯特引入的。他首先意识到因为地球本身也是一个巨大的磁石，因此倾向于指北的磁石一极，实际上就是磁石的南极。

通过的部分时，这些沟槽微粒便会斜着冲入磁石的孔隙，并以它们继续沿直线运动具有的力驱动磁石，直到它们使磁石恢复到〈对它们来说最方便的〉自然状态。因此，只要磁石不受任何外力的约束，[这一作用]都会使其南极朝向地球的北极，并使其北极朝南。发生这种情况的原因是，这些从地球北极向南经过空气〈朝着磁石〉穿行的沟槽微粒，首先来自天界南部，并[穿过]地球的中部[到达其北极]；而那些向北返回的沟槽微粒则来自[天界]北部。

151. 为什么这些极也以一定角度向地球中心倾斜。

沟槽微粒还会使磁石的一极比另一极更偏向地球，具体取决于它在地球上的位置。因此在赤道上时，磁石 L 的南极 a 指向地球的北极 B[见图 36]；同一磁石的北极 b 则指向地球的南极；磁石的任何一极都不比另一极压得更低，因为沟槽微粒以相等的力从两侧靠近它们。但是在地球的北极，磁石 N 的〈南〉极 a 会被完全压下去，而极点 b 则被抬升到垂直方向。在中间部分的处所，磁石 M 根据与地球极点 B 的距离，或多或少地抬升它的极点 b，或压低它的极点 a。上述变化的原因是，即将进入磁石 N 的南部沟槽微粒，从地球内层部分穿过极点 B 沿直线上升；而北部微粒则从地球的 DAC 半球出发，自各个方向穿过空气朝向同一磁石 N 而来，并且相比于磁石的低处，它们必然更直接地靠近磁石的高处：即将进入磁石 M 的南部微粒，则从所有 B 和 M 之间的地球区域升起，〈故而〉拥有能将磁石的〈南〉极 a〈向这片区域〉斜压下去的力。而〈从另一极进入磁石的〉北部微粒并不能阻止这一情况，因为它们从地球〈另一半〉的 AC 区域出发流向极点 b，[这一动作在]极点 b 升

高时和被压低时同样容易。〈在任一情况下，它们都必须完全转过半圈才能进入极点 b 附近，所以当磁石如此放置时，它们经过磁石时偏转的方向并不比仅仅穿行于空气中更大。〉

152. *为什么一块磁石以朝向地球的相同方式转向并朝另一块磁石倾斜。*

但是，由于这些沟槽微粒以流经地球的完全相同的方式穿过各个磁石，因此它们必然以使磁石转向地球的同一方式，使得两个球形磁石相对旋转。必须指出的是，沟槽微粒在任何磁石附近都比在空气中的其他区域积聚得更多：因为它们在磁石中拥有孔隙，使之相比在周围空气中能更轻易地流过。这些孔隙将它们留在磁石附近〈，因此它们就像在地球周围一样在磁石周围形成了某种涡旋〉。同样，由于它们在地球内层拥有孔隙，故而它们在空气和地球周围的其他物体中也要多于天界。因此就磁力而言，一块磁石与另一块磁石之间的关系，必须和一块磁石与地球（可以说是最大的磁体）之间的关系等量齐观。

153. *为什么两块磁石互相靠近，以及每个磁石的作用范围（sphæra activitatis）。*

两块磁石不仅会相对转动，直到一块磁石的北极朝另一块磁石的南极；而且〈无论是正在转动还是在转动之后〉，如果没有任何物体阻碍其移动，它们将彼此靠近直至接触。因为必须指出的是，当沟槽微粒位于磁石的孔隙中，它们会非常快速地移动，由于它们被所属的第一元素推动并携带至此，当其涌出后便会碰撞并驱赶其他速度较慢、属于第二或第三元素的物体微粒。因此[见图 37]，穿过磁石 O 的沟槽微粒从它们由 A 向 B 以及从 B 向 A 传输的速度中，获得了沿直线朝向 R 和 S 的持续前进的力，直至遇到如此众多的第二和第三元素微粒，从而调转方向朝着 V 而去。散布着这些微粒的整个〈包含着涡旋的〉空间 RVS，被称为磁石 O 的磁力范围（sphæra virtutis）或作用范围（sphæra activitatis）。显然，磁石越大，尤其是沿着 AB 线越长，这一范围就必然越大。因为这种情况下，沟槽微粒穿过磁石时会经过更长的距离，由此获得更大的搅动。类似地，穿过磁石 P 的沟槽微粒沿直线在两侧朝向 S 和 T 行进；然后从那里转向 X，驱动磁石作用范围内包含的所有空气。但若没有可供撤离的地方，空气便不会因此被排开；而这样的地方在磁石的作用范围相互分离时，正好就没有。但是当它们联合起来形成一个[作用]范围时：首先，对从 O 朝向 S 运动的沟槽微粒而言，继续沿直线行进到 P 并替换先前从 T 经由 X 返回到 S 和 b 的那些微粒，比转向 V 和 R 更加容易（反之，来自 X 的微粒很容易朝向这两部分行进），同时从 P 到 S 的微粒继续前进到 O 比朝着 X 转向更容易（同样，来自 V 的微粒也能毫不费力地往 X 前进）；因此，这些沟槽微粒就像

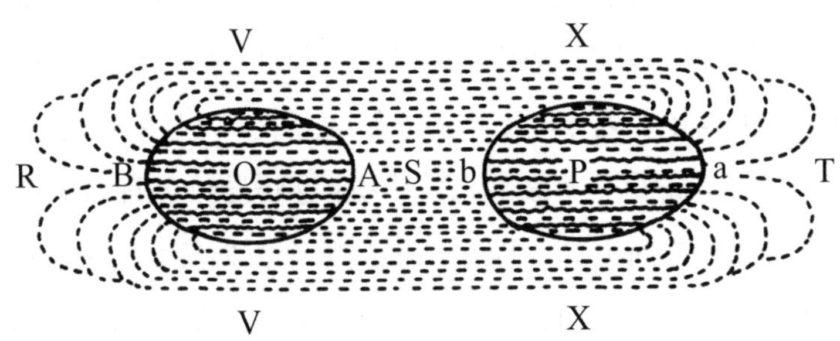

图 37

穿过一整块磁石那样穿过 O 和 P 两块磁石。第二，沟槽微粒从 O 到 P 和从 P 到 O 沿直线行进，将中间的空气从 S 排向 R 和 T 并进入磁石 O 和 P 原本的处所（从而导致两块磁石彼此靠近，直到在 S 处相互接触），比迫使这些微粒穿过从 A 到 b、从 V 到 X 的所有空气要更容易；而当这两块磁石互相靠近之时，或至少在其中一个受限、另一个靠过来时，上面两条路径还会缩短。

154. *为什么它们有时也相互退离。*

但是，两块磁石中名称相同的极并不会因此互相靠近，相反，如果它们离得过近，还会相互退离。因为从一块磁石的一极涌出的沟槽微粒，无法直接进入与之相对的另一磁石的[类似极]，并且两块磁石之间还要留出一定的空间，以便这些微粒能从中穿过以返回它们所涌出的磁石另一极。具体而言[见图 38]，由于从 O 出发穿过极点 A 的微粒不能通过极点 a 进入 P，因此 A 和 a 之间需要留出一定的空间，使其可以通向 V 和 B；借助从 B 移到 A 获得的力，它们驱动磁石 P。同样，从 P 出发的微粒也会驱动磁石 O，至少当两者的轴 BA 和 ab 在同一直线上时是如此。但是，当它们的轴彼此稍加倾斜，这些磁石就会以前述方式转动，或者若转动（而非直线运动）受阻，便会再次沿着直线退后。因此，如果将磁石 O 放置于漂浮在水上的小船之中，使其轴线始终竖直，并且手持磁石 P（其南极面向另一个磁石的南极）朝 Y 移动；这将导致磁石 O 在被磁石 P 接触之前向 Z 方向退却。而无论船向哪个方向旋转，这两块磁石之间始终需要一定的空间，以使通过极点 A 和 a 涌出的沟槽微粒可以通向 V 和 X。

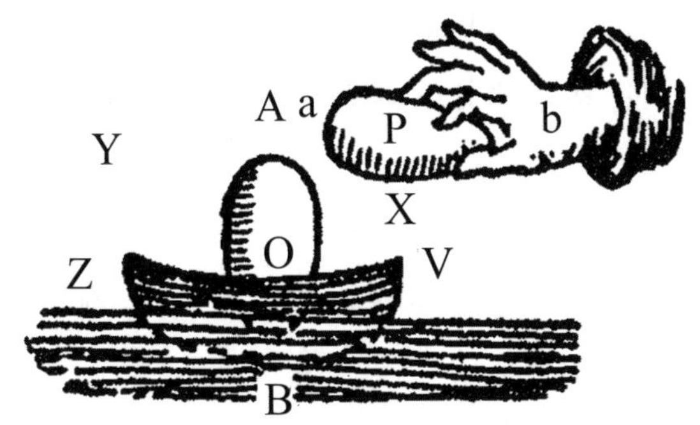

图 38

155. 为什么在分割前连接在一起的磁石各个部分也相互退离。

从这些事情中很容易理解，如果一块磁石被一个平行于其两极连线的平面分割，且分割后的一部分〈用线〉自由悬挂在另一部分之上，为何该部分会自发转向与此前相反的位置。故而［见图 39 左］，如果 A 和 a 部分以及 B 和 b 部分曾经相连接，此后 b 便会转向 A，a 会转向 B。出现这种情况是因为，其中一部分的南部与另一部分的南部原本是相连的，同样北部也是如此；但是分割以后，出现在其中一部分南部的沟槽微粒，必然会通过另一部分的北部进

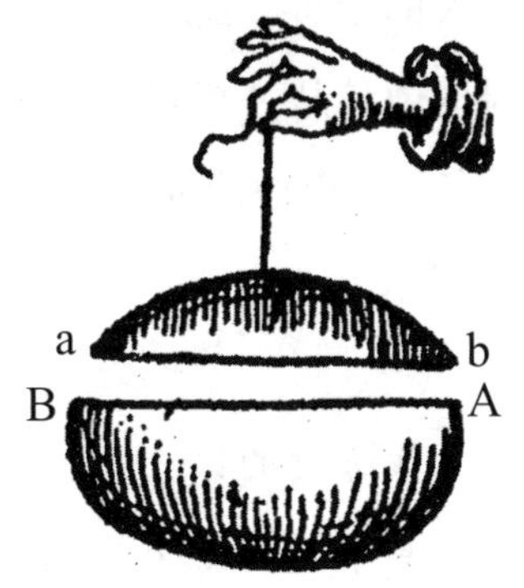

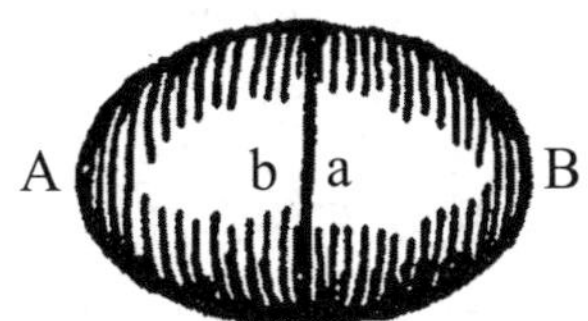

图 39

入其中；而离开前者北部的微粒，也必然进入后者的南部。〈通过这种方式，它们使悬挂部分的南极 a 朝向另一部分的北极 B，也使得 b 朝向 A〉。

156. 为什么原本在同一磁石中相邻的两点，在分割后的各个部分中成了相反的力的极点。

如果磁石被一个垂直于其两极连线的平面分割，那些在分割前彼此相邻、分割后进入不同部分的极点（例如极点 b 和 a）[见图 39 右]具有相反的力，其原因也很明显：因为由其中一极流出的沟槽微粒只能从另一极进入。

157. 为什么磁石任何部分的力都和整体的力相同。

同样显而易见的是，磁石中任何部分的力都和整个磁石的力属于同一[类型]：因为极点的力和其余部分的力并无区别，只是似乎更大一些，这是由于穿过磁石中最长孔隙的沟槽微粒从极点涌出，而极点本身又位于所有同一方向微粒的正中。例如，至少在球形磁石中，磁极被认为是其余部分中力最大的地方。此外，一个极点与另一极点的力也无甚差别，只不过沟槽微粒从一极进入，从另一极流出：但是在任何情况下，无论磁石多小，沟槽微粒只要能进就能出；〈因此任何磁石的部分都是有两极的〉。

158. 为何一块磁石会将它的力传导给一块靠近的铁。

靠近磁石的一块铁从中获得磁力，便不足为奇了。因为铁〈就像磁铁一样〉具有适于接受沟槽微粒的孔隙，也不缺乏获取这种力的条件，除了组成其碎屑的小枝杈的极小末端在孔隙中朝[各个]不同方向突出，使得允许来自南部的沟槽微粒通过的孔隙中，末端必然弯向同一方向，而在其他孔隙中则弯向相反的方向。但当磁石靠近时，沟槽微粒如同激流一般猛力而大量地涌入铁的孔隙中，将小枝杈的末端折弯，由此将磁力所需的一切条件都赋予了铁。

159. 为什么根据置于磁石附近的不同方式，铁获得的力也不同。

并且，根据铁块贴近的磁石部分的不同，铁获得的力也不同。因此[见图 40]，如果将铁块 RST 的 R 部分贴近磁石 P 的北极[B]，它将成为铁块的南极；因为南部的沟槽微粒将通过该部分进入铁，而从极点 A 出发穿过空气折回的北部微粒，将从 T 部分进入。如果 R 部分位于磁石的赤道上方，并且面朝磁石的北极（就像在 C 处那样），它也将变成铁块的南极：但是如果它转过来面朝磁石的南极（如在 D 处那样）；那么它将失去南极的力而成为北极。最后，如果

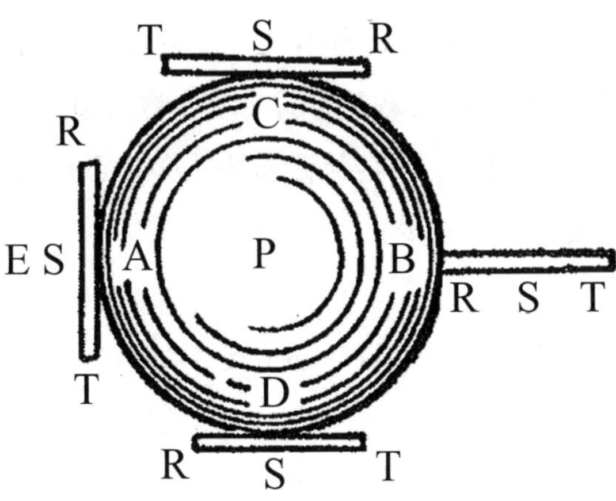

图 40

这块铁的中心部分 S 接触到磁石的极点 A，则在 S 处进入铁块的北部沟槽微粒将从 R 和 T 两端流出。由此铁将在两端获得南极的力，在中心处获得北极的力。

160. 为什么一块长形的铁只能沿长度方向获得这种力。

可能有人会问，为什么这些沟槽微粒从磁石的极点 A 进入铁块的 S 部分后，没有沿直线朝 E 方向行进，而是转而朝向 R 和 T 的两侧方向，由此这块铁就是沿长度而非宽度方向获得磁力的。然而回答很简单，因为沟槽微粒在铁块中找到的路径比空气中的路径更加开阔且易行，故而它们在空气〈的阻力下〉转回铁片〈，并尽可能长时间地在铁片中穿行〉。

161. 为什么尽管磁石将力传导给了铁，却不会失去它的力。

如果被问到为什么磁石将力传递给〈大量〉铁时却不失去它的力，回答也很简单。由于从磁石中流出的沟槽微粒进入了铁块而非其他任何物体，这并不会在磁石本身中产生任何变化：大概除了当铁附于磁石之上时〈，相比磁石周围并无一物〉，由于它们穿过铁块比穿过其他物体更容易，便会从磁石中大量〈而自由地〉流出；不过磁石的力并没有因此减少，反而增强了。

162. 为什么这种力非常快就传导给了铁片，却在一段时间内都稳定在其中。

铁片在最短的时间内获得了这种力，因为沟槽微粒非常快速地从〈一端〉流向〈另一端〉，〈当它们第一次穿行其中，就将其来源处的磁力传导给了铁片〉。但是这种力会在很长一段时间内稳定在铁片中，〈无法被轻易消除，只要它长久地相对于磁石处于同一位置；〉因为小枝杈的末端持续弯向一方的时间越长，向相反方向折回的难度就越大。

163. *为什么钢比生铁更适于获得磁力。*

而且，钢比起生铁更能获得这种力，因为钢具有更多且更完美、适合通过沟槽微粒的孔隙。并且，由于这些孔隙中突出的小枝杈末端不那么柔韧，因此它可以更稳定地保留这种力。

164. *为什么相比于不太完美的磁石，更完美的磁石会将较大的力传导给钢。*

更大且更完美的磁石会传导给钢较大的力：这既是因为沟槽微粒以较大的力涌入其孔隙，并使得这些孔隙中的小枝杈末端以更大程度弯曲；也因为同时有更多的沟槽微粒涌入其中，为自己凿开了更多这样的孔隙。必须指出，相比于由大量岩石物质中嵌入铁屑而构成的磁石，纯粹由铁屑构成的钢拥有更多这类孔隙。因此，由于较弱的磁石只有少量沟槽微粒可进入铁，它们无法凿开所有孔隙，而仅能打通少数被小枝杈最柔软的末端封闭起来的孔隙。〈随后到来的沟槽微粒，则只会穿过上述开口。所以，除非有一个更完美的磁石靠近铁并传递更多的沟槽微粒，否则剩余的孔隙将无法起作用。〉

165. *为什么大地自身也会向铁传导磁力。*

因此，即使是生铁（自然，其中细小枝杈的末端都十分柔韧）也可以在很短的时间内从地球自身获得磁力。诚然，地球就是最大的磁石，尽管是非常弱的磁石。具体来说，如果一块铁是长形的，还未被赋予任何这样的力，若它位于北方的一端朝地球倾斜，仅此就可推知该端会立刻获得南极的力；若是它被举起来，另一端沉下去，那么这一端便会失去这个力，并获得完全相反的力。①

166. *为什么地球的磁力比小磁石还弱。*

但是如果有人问，为什么这种力在地球这个最大的磁石中，比在其他更小的磁石中还要弱；我的回答是，我并不认为它更弱，相反，它在前述完全被沟槽微粒穿透的地球中间区域要强得多。但我认为，从该区域涌出的沟槽微粒主要通过地球更高区域的内壳（即金属的来源地）返回，其中也有许多适合它们通过的孔隙。因此，这些微粒很少会抵达我们〈居住的地表〉。因为我断定内壳之中以及这一外层区域的地脉中包含的磁石和铁屑的孔隙，其扭曲的方式都与中间区域的孔隙相反；因此从南向北流经中间区域的沟槽微粒，将会从北向南通过更高区域的各个部分，尤其是通过它的内壳

① 这一条的法文版描述了一个证明性的磁针实验，具体操作如下："首先选取一块生铁，无论什么样，只要是长形的均可，且尚未获得显著的磁力。使其一端略微朝下，另一端略微朝上，然后让两端与水平线等距。接下来，将一个指南针靠近生铁刚刚朝下的一端，并使其指针如往常一样朝向南方。再将生铁的同一端略微抬高一些，随即恢复为水平并依然靠近同一指针。我们会看见，指针会向另一个方向转；而假若如此多次地抬高和降低生铁的一端，就会发现在北方，指针通常朝南的一边向着生铁方才压低的一端转过去，而通常朝北的一边则向着生铁方才抬高的一端转过去。这就证明了单凭铁被置于地球上的位置，就能传导给它可以转动指针的力。"

以及外层[区域]的磁石和铁返回。由于大多数沟槽微粒都聚集在那里，鲜有微粒会另辟一条缺少合适孔隙的、通过空气和附近其他物体的路径。如果上述解释是对的，那么一块从地球上切下来并自由漂浮于水上的磁石，它曾经与大地相连时始终朝北的表面，必然仍会转向北边，〈只要附近除了地球外没有其他磁石〉：就像磁力的主要研究者、地球磁力最早的发现者吉尔伯特（Gilbert）宣称他已证实的那样。[①] 还有一些人认为他们观察到了相反的事实，我则以为不然；因为他们可能被下列事实所欺骗：即他们极小心分离出磁石的那部分土地，本身就是一块磁石，而被分开的磁石极点则朝着原来的磁石转向。因为如前所述，一块磁石碎片[以相反的方式]转向另一块碎片。〈所以为了正确地展示该实验，在注意到磁石与矿石相连时哪一侧朝北和朝南之后，人们必须将磁石从那里完全移开，并且不要将磁石放在除地球以外的任何磁石附近〉。

167. *为什么磁石触碰过的针的磁极总是在其末端。*

此外，由于这种磁力仅沿着长度方向传导给长形的铁块：可以肯定，被赋予这种力的针必然总是将末端转向球形磁石的极点指向的同一片大地〈，假如它和针位于地球上同一处所的话〉；并且这种针的磁力极点必然始终精确地集中在末端。

168. *为什么磁力的极点并不总是精确地指向地球的极点，而是不同程度地有所偏离。*

并且由于针的末端比起磁石的极更易与其余部分相区别，人们

① 参考吉尔伯特《论磁》第三卷第二章。

在其帮助下已然注意到，磁极并非各处都精确地指向地球极点，而是在不同地点以不同方式与之偏离。正如吉尔伯特早先注意到的，这一偏离的原因必须完全归因于地球表面的不均等。因为很明显，地表的某些部分比其他部分发现了更多的铁屑和磁石：结果，涌出大地内层的沟槽微粒更多地流向了这些地方而非其他地方，因此常常偏离原本路线。由于磁极或针末端的旋转仅取决于这些微粒的路线，所以必然随其偏离而偏离。我们可以在非球形的磁石中对此进行测试：如果将一根细长的针放在该磁石的不同部分的上方，它并不总是以完全相同的方式转向磁石的极，而是常常有所偏离。我们也不应认为，相比于整个地球，地球最外层表面的不均等并不明显，所以并非导致上述偏离的原因；因为这类不均等不应与地球大小相比，而应与发生偏斜的针和磁石相比，很明显，它们是足够大的。

328

169.〈在地球的同一区域〉这种偏角有时会随着时间的流逝而发生变化。[①]

有人说这种偏角〈不仅随地球上地点的不同而不同，而且〉在给定地点还可以随时间而变化；〈因此，现在在某地观察到的偏角与上个世纪在此观察到的偏角不吻合〉。〈在我看来，〉这并不奇怪，〈考虑到偏角完全取决于该区域某一侧的铁和磁石数量是大于还是

① 1639 年，梅森寄给了笛卡尔等人一份关于磁的固有属性列表，参考 Mersenne, *Correspondance*, VIII (Paris, 1963), 754–762。该列表中声明一个给定位置的磁偏角是不变的，这也是吉尔伯特持有的观点。在 1639 年末和 1640 年初，梅森收到了约翰·佩尔(John Pell)的几封信，得知英国数学家盖利布兰德(Henry Gellibrand)已经在英格兰观察到了磁偏角的变化。梅森随后将此事告知笛卡尔，笛卡尔当时推测认为，这种变化可能是由地形的变化而引起的。

小于另一侧〉。首先是因为，人们每天都将铁从地球的某些地方转移到另一些地方；其次是因为，该处地表的铁矿〈矿藏〉可能会随着时间流逝而腐坏，而〈以前没有铁矿的〉别的地方则有其他铁矿生成，或者从大地内层传递上来。

170. 为什么垂直立于其极点的磁石偏角，会小于极点与地球等距的磁石偏角。

也有人说，在（在北方）垂直立于其南极，或在南方垂直立于其北极的球形磁石，该偏角为零。而且，当磁石以这一姿势放置在船上时，它总是将其赤道上的同一点精确地转向正北，而将相反的点转向南方〈，即便被运到不同地方也是如此〉。我尚未通过任何实验验证这点是否成立，① 但我相信如此放置的磁石偏角并非总是相同，也可能小于极点与地球等距时的磁石偏角。因为在这一地球更高区域中，除了赤道〈和极点〉附近之外，沟槽微粒〈以两种方式流动着：它们〉不仅沿着〈平行于地平线〉与地球中心等距的线从一个极点返回到另一极点，还有许多也从地球内部升起〈或降入其中〉。使得垂直立于其极点的磁石旋转的，主要是后面这些微粒；而导致不同偏角差异的，则主要是前面那些微粒。

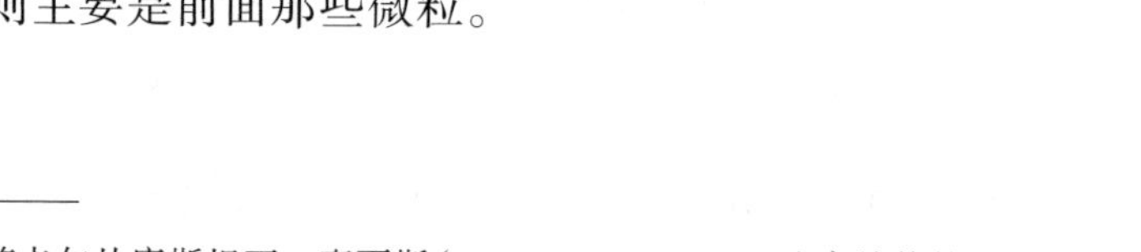

① 1642 年 1 月，笛卡尔从康斯坦丁·惠更斯（Constantine Huygens）寄给他的一份手稿中得知了这一说法，而后者又是从梅森那里收到这份手稿的，其作者不详。笛卡尔在 1 月 31 日给惠更斯的信中指出，他很难相信这个说法，但也没有太重视自己的推测，毕竟很难专门为他生产一个这样的球形磁石。笛卡尔对这一所谓属性的解释与他在 1643 年向梅森提出的解释基本相同。见 A. & T., III, 521–522, 673。

171. *为什么磁石吸铁。*

此外，磁石会吸引铁，或者说磁石和一块铁相互靠近；但事实上那里并无吸力：相反，一旦铁进入磁石的作用范围，它就会向磁石借力，于是从磁石和铁块中流出的沟槽微粒都会将两者之间的空气排出。[①]结果是，两者彼此靠近的方式与两块磁石一样。诚然，铁〈朝向磁石〉的移动比磁石〈朝向铁的移动〉更自由；[②]因为铁仅由这类碎屑组成，即其中的沟槽微粒拥有适合它们的孔隙，而磁石却掺杂了太多的岩石物质。

172. *为什么衔铁磁石*（magnes armatus）*比无衔铁的磁石*（magnes nudus）*可吸住更多的铁。*

然而许多人都想知道，为何与单独的磁石相比，衔铁磁石，即在其极点上附有一块薄铁片的磁石能吸住更多的铁。其原因可见诸以下事实：尽管衔铁磁石可吸住更多悬于其下的铁，但即便离铁极近，它也不会将铁进一步引向自身；而如果有人在衔铁磁石和铁之间放置一物，无论多薄，那么衔铁磁石甚至无法再吸住更多的铁。由此可见，衔铁磁石中更大的力完全是由不同的接触情况产生的：因为，一块薄铁片的孔隙自然与悬于其下的铁的孔隙完全吻合。所以，穿过这些孔隙从一块铁进入另一块铁的沟槽微粒，就会将其间的所有空气排出，导致这些铁片直接相邻的表面很难被分开：前文

① 法文版这里的表述略有不同，其认为将空气排出的仅是“从磁石流向铁块的沟槽微粒”。

② 在笛卡尔的体系中，这自然还取决于两者哪一方的量更大。

已经表明，没有比直接接触更好的方式来联结两个物体。[①] 然而（因为其中的岩石物质），磁石的孔隙并不与铁的孔隙相吻合。因此，磁石和铁之间必然始终保留有少量空间，使得来自一方孔隙的沟槽微粒可以通过其间到达另一方的孔隙。〈由于这些孔隙并非直接相对，因此沟槽微粒必须在两个表面之间略微倾斜地流动，为此要在其中保留足够的空间，这也阻止了上述表面完全相接〉。

173. 为什么它的两极尽管相反，却彼此协助以吸住铁。

有些人也惊叹于，尽管〈就其向南和向北旋转而言〉磁石的极点被认为具有相反的力，但它们仍然彼此协助以吸住铁：由此如果两个极点都覆盖有薄铁片，它们就能共同吸住大约两倍于其中一极可吸住的铁。因此［见图 41］，如果 AB 是一块磁石，且两极各自与薄铁板 CD 和 EF 相连，同时铁板 CD 和 EF 在两侧伸出，使得附于其上的铁片 GH 在相当宽阔的表面上与两者相接触。GH 这块铁片的重量大约是一块薄金属板可吸住重量的两倍。但是根据业已解释过的沟槽微粒运动，其原因也很明显。尽管就可以进入一极的微粒并不能进入另一极而言，它们是相反的；但这并不妨碍它们合力吸住铁片；因为从磁石的南极点 A 出现的微粒，在被钢板 CD 偏转之后，就进入了铁片的 b 端，并在此创造了铁片的北极。然后，从 b 流向南极 a 后，它们遇到了另一块钢板 FE，[②] 从中它们升入磁

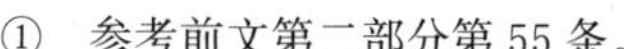

① 参考前文第二部分第 55 条。

② 注意，这里拉丁文本将衔铁 CD 和 FE 表述为“钢板”（laminæ chalybeæ），并不完全符合前文“铁片”（laminam ferream）的定义，可见磁石的衔铁既可以是普通铁片，也可以是钢板。

石的北极 B。相反，那些从 B 流出的微粒通过衔铁 EF、附着的铁片 HG 以及另一块衔铁 DC 返回到 A。〈由此，它们将铁片与两块衔铁以同样的方式连接起来。〉

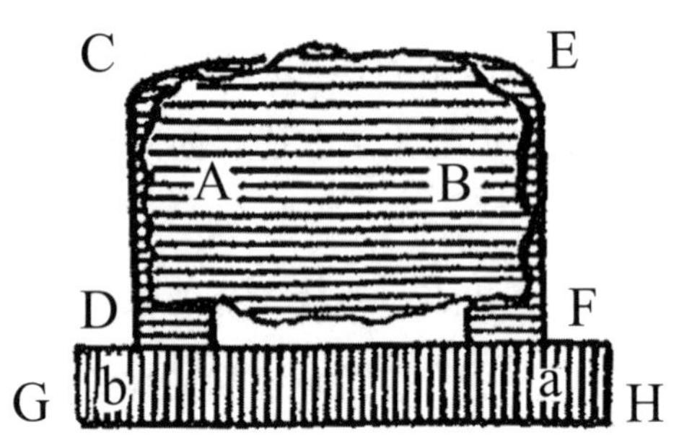

图 41

174. *为什么悬于磁石上的小铁轮的旋转不受磁石的力的阻碍。*

当一个小铁轮［通过轴线］悬在磁石上，并像陀螺一样被转起来之后，相比于远离磁石并被按在地上时，它会旋转得更久。然而，沟槽微粒穿过磁石和铁的运动似乎与小铁轮的圆周运动不相一致。诚然，如果沟槽微粒仅由沿直线的运动所驱使，并发现(它们必须由以进入的)铁的各个孔隙与(将要通过其离开的)磁石孔隙正好反向，我将断定上述微粒必然会阻止轮子的旋转。但是，由于这些微粒本身在不断旋转，一些朝某方向转，一些朝反方向转，因此必然斜着从磁石孔隙穿行到铁的孔隙中；无论以何种方式转动小轮，微粒进入小轮的孔隙都和进入静止状态的孔隙一样容易。并且当悬于磁石上旋转时，它的运动不会因为与磁石接触而受阻，因为相比于被重量按在地上时与地球相接触〈，(磁石和小轮之间总有一定的空间)〉。

175. *一块磁石的力如何以及为何增大或减小另一块磁石的力。*

一块磁石的力会因为另一块磁石或一块铁的接近而以不同方式增大或减小。但是，这里存在一个普遍规则：无论何时，只要这些磁石的位置使得[每个]磁石都将沟槽微粒送入另一个磁石，它们〈的力〉就会相互增强。但反过来，如果[每]一块磁石都使得进入对方的微粒减少，则它们〈的力〉就相互对抗〈而减弱〉。这是因为微粒流过每块磁石的速度越快，数量越多，其作用力就越大；也因为相比于缺少磁石或铁时的空气或同一位置的其他物体，一块磁石或铁可以传递搅动更大、数量更多的微粒到另一磁石中。因此对两块磁石而言，不仅在一块的南极与另一块的北极相连且铁悬于它们的其他极点时，而且在两块磁石被分开且铁置于两者之间时，它们都能彼此协助以吸住铁。例如[见图 42]，磁石 C 借助磁石 F 来维持住与 C 相接的铁片 DE。相反，磁石 F 借助磁石 C 隔空吸住该铁片的末端 E：因为 E 可以很重，以至于如果另一末端 D 靠在并非磁石 C 的其他物体上，则 F 无法单独吸住 E。[1]

① 值得注意的是，拉丁文本在本条最后两句中使用的“吸住”和“维持住”的说法有微妙的区别。由于磁石 C 与铁片直接接触，笛卡尔用了“维持住”（retineo）一词；而磁石 F 与铁片隔空相吸，他用的是“吸住”（sustineo）一词。作者并未明确就两者做过辨析，法文版中也统一用“维持”（soutenir）一词代替，但由上述用法来看，笛卡尔所谓的“吸住”似乎主要指类似第 172 条中衔铁磁石隔空将铁块吸引起来，而并非直接接触的情况。由后文第 180 条中对“吸住”（sustineo）和“引向”（traho）的区分也可看出，所谓“吸住”，更像是一种吸而不引，即强调其因吸力而稳住对方，并维持在既不远离也不更加靠近的状态。

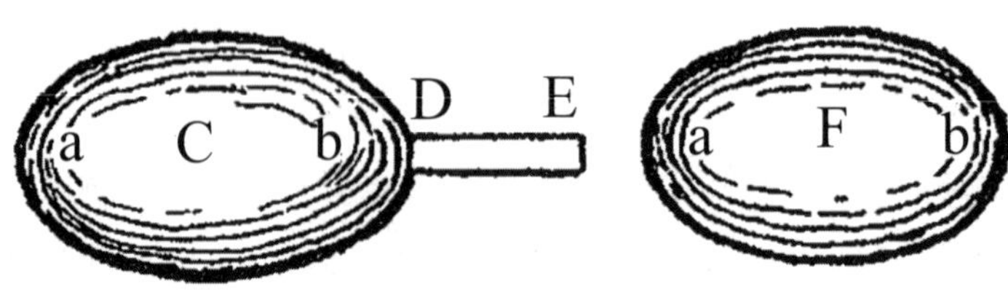

图 42

176. 为什么无论多强的磁石，也无法将一块与较弱的磁石邻接的铁吸过来。

然而，磁石 F 的某种力，即它将铁片 DE 吸向自身的力，被磁石 C 所阻。必须注意，只要这块铁接触了磁石 C，它就不会被没有接触的磁石 F 吸过去，即使我们假设 F 比 C 强得多。其原因在于，沟槽微粒以上述方式穿过两块磁石和这块铁，就像穿过单个磁石一样，并且在 C 和 F 之间的整个空间中具有差不多相等的力。因此它们不能将铁片 DE 拉向 F，因为 DE 不仅借由磁力，也通过接触与磁石 C 绑定在一起。

177.〈相反，〉为什么〈有时〉较弱的磁石或铁块可以将一块铁从与之邻接的较强磁石上拉开。

由此显然可知，为什么一块较弱的磁石或细长的铁片，可以将另一块铁片从〈它附着的〉更强的磁石上拉开。必须指出，只有当较弱的磁石接触到那块它要拉离较强磁石的铁片时，这种情况才会发生。因为当一块长形铁片〈如 DE〉的末端被两块磁石〈如 C 和 F〉的不同极接触时，若将两块磁石相互拉远，其间的铁块并不总会附于较强的一方，或者附于较弱的一方，而是时而附于这边，时而附于那边。而我认为〈这表明了〉它没有理由附于一方而非另一方，除非它接触的一方以更大的表面积〈或更多的点〉与之粘附。

178. 为什么在北方，磁石的南极比北极更强力。①

然而，从磁石F辅助磁石C吸住铁片DE的事实能明显看出，为什么在北方区域，我们称为南极的磁石极点〈似乎具有更大的力量，并且〉比另一极点吸住更多的铁。因为〈当它的南极转向地球的北极时，〉便受到了地球这一最大磁石的增强，正好与磁石C受到磁石F增强的方式完全相同；而〈当其在同一半球[向下]转向地球时，〉另一极由于位置不当便会受到地球的妨碍。

179. 关于撒在磁石周围的铁锉屑中可观察到的东西。

如果我们稍微仔细地考察一下铁锉屑围绕磁石的排布方式，在此帮助下，我们将会注意到诸多可以印证前文所述之事。因为首先，可以注意到它们不是随机地积聚，而是相互倾斜形成了一些小的管道。相比于穿过空气，沟槽微粒可以更自由地流过这些管道，相应地，它们也指明了这些微粒的路径。为了使人眼清楚地看到这些路径，将一些铁锉屑撒在一个平面上，平面上的小孔中嵌入球形磁石，使得磁石两侧的磁极都与该平面接触（以天文学家通常将天

---

① 吉尔伯特在《论磁》（第二卷第三十四章）中提及过这一固有属性。早在1643年，笛卡尔就在一则关于基歇尔（A. Kircher）的《磁石，或论磁之技艺》（*Magnes, sive De Arte Magnetica*）的简短注释中提到磁石北极“吸铁”的说法。而法文版特意补充了不同极点指向北方时，磁力强弱也会不同，这与吉尔伯特的说法更为近似。

球嵌入地平圈以表示正天球的方式);[①] 散落的铁锉屑会自行排成小的管道，显出磁石周围甚至前文所述地球周围的沟槽微粒的弯曲路径。之后[见图 37]，如果另一磁石以相同的方式被引入该平面，并与第一个磁石相邻，且一个磁石的南极朝向另一磁石的北极。散落四周的铁锉屑也将显示出沟槽微粒如何在这两块磁石中移动，就像穿过单个磁石一样，因为在彼此相对的极点间伸展的管道将是完全笔直的，而其他(将从相互远离的一极到达另一极)的小导管则在磁石周围弯曲：正如此处的 BRVXTa 线。此外，当一些铁锉屑悬于一块磁石的极点——例如南极时，如果置于第一块磁石下方的第二块磁石的南极转向这些〈垂直悬挂在下面的〉铁屑，并逐渐靠近它们，则可以观察到这些铁屑形成的小管道一开始是如何将自身向上拉回并弯曲的：[②] 这自然是因为流经其中的沟槽微粒被来自下方磁石的其他微粒排开。然后，如果位于下方的磁石比上方的磁石强得多，这些管道就会分解，铁锉屑便掉落到下方的磁石上，因为从下方磁石升起的沟槽微粒猛烈撞击单个铁锉屑，且仅能通过铁锉屑与上方磁石粘附的表面进入其中，这便使得铁锉屑与上方磁石相分离。另一方面，如果将下方磁石的北极转到与附着铁锉屑的上方磁石的南极相对，那么这些铁锉屑构造的管道就会沿直线指向下方磁石，并尽可能地延伸：因为这些管道为沟槽微粒从一块磁石进入另一块磁石提供了双向通道。但是铁锉屑并未因此与上方磁石分开，

① 所谓正天球(right sphere)，意为在地球赤道上观察到的天球，即天球的极点位于地平线上。

② 迄今尚不清楚笛卡尔是如何获知这些现象的。因为该现象并未记载在目前已知他所使用过的任何资料，或者他的任何信件之中。这似乎也是相关现象最早的详细描述。

除非曾与下方磁石接触(基于上文讨论过的接触的力)。由于同样的力，如果附在无论强弱的任一磁石上的铁锉屑，被另一个较弱的磁石或单纯一根铁棒触碰到，那么其中一部分将离开较强的磁石，并跟随较弱的磁石或铁棒而去，尤其是那些与后者接触的表面比前者更大的[铁锉屑]。因为这些微小的表面各不相同，也不平坦，所以常见的情况是，部分铁锉屑会更加牢固地与某一磁石或钢片而非别的相连接。

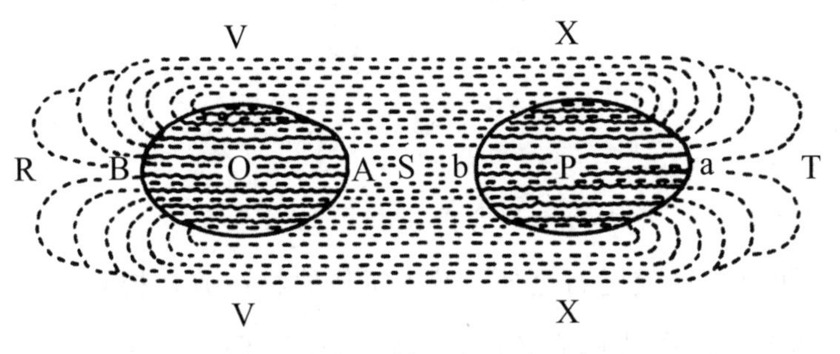

图 37

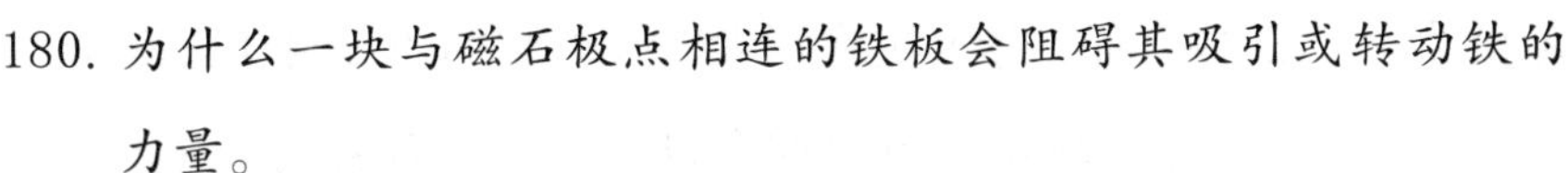

180. 为什么一块与磁石极点相连的铁板会阻碍其吸引或转动铁的力量。

如前所述，将一块铁板放在磁石的极点上会大大增强其吸住铁的能力；但它也会阻止同一[磁石]将铁引向或转向自身的力。因此[见图 43]，附于磁石 AB 极点的(铁)板 DCD 会阻止磁石将针 EF 引向或转向自身。因为我们会注意到，如果不是因为这块板，那么沟槽微粒将从 B 向 EF 延伸，而现在它们却从板上的 C 点向边缘 DD 方向偏转；由于这些微粒流过铁板比穿过空气更自由，因此几乎没有任何微粒到达针 EF。同样，前文说过来自地球中间区域的沟槽微粒很少抵达我们这里，因为它们大部分都通过地球更高区域的内壳从一个极点返回另一极点。这就导致整个地球就只有一股微弱的磁力能被我们感受到。

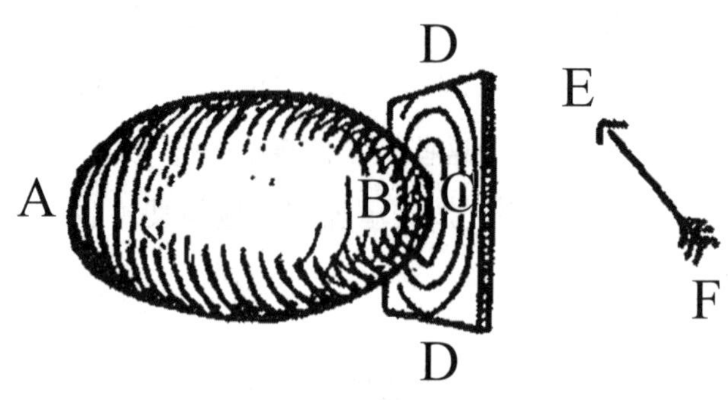

图 43

181. 为什么插入其他物体不会产生相同的效果。

然而除了铁或磁石之外，将任何其他物体放在板 CD 处[见图 41]，都不可能阻止磁石 AB 的力施加在针 EF 上。因为在地球表层，无论多么坚固和坚硬的物体，其中总有诸多孔隙并非按沟槽微粒的大小而形成，而实际上更大一些，因为它们也允许第二元素的小球通过。所以，沟槽微粒可以像穿过空气一样自由地穿过上述孔隙，并在其中碰到第二元素的小球。

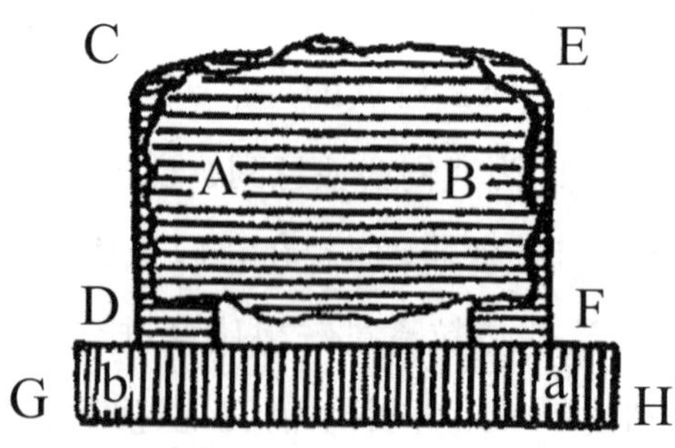

图 41

182. 为什么磁石的位置不当会使它的力逐渐减弱。

如果一块铁或一块磁石长时间保持转向地球或附近的其他磁石的状态，而非凭其自主转动（即如果没有任何东西阻碍其运动），仅此便会逐渐失去它的力：因为这时，来自地球或附近其他磁石的沟槽微粒会倾斜着或以不恰当的方式撞上它的孔隙，并逐渐改变、破坏它们的形状。

183. 为什么这种力也会因锈蚀、潮湿和废弃不用而削弱，并被大火完全消除。

最后，磁力会因潮湿、锈蚀和废弃不用而大幅削弱，并被烈火彻底消除。从铁屑中长出来的铁锈会堵塞孔隙入口，空气的潮湿和废弃不用作为锈蚀的根源，也会造成同样的后果。而火的搅动则会使铁屑的位置完全失序。到目前为止，我认为关于磁石的一切都尚未得到真实和肯定的观测，其中原因也很难由前述内容加以解释。

184. 关于琥珀、蜡、树脂和其他类似物品的吸力。[①]

然而，在关于磁石吸铁的讨论之后，我似乎也应当再谈谈同样能吸引小物体的琥珀、黑玉、蜡、树脂、玻璃等类似物品。尽管我无意就任何具体事物做出解释，除非是为了证明我所关心的更普遍事物〈的真实性〉，而且，若不首先从其他诸多固有属性的观察中推导并研究它们的内在本性，我便无法考察这种力；但是，由于同样的力也存在于玻璃中（我在前文中为展示火的效果而不得不加以

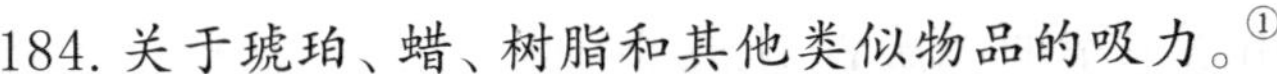

① 法文版的标题为：“琥珀、煤玉、蜡和玻璃等的吸力是什么。”

讨论），若不解释这种力，那么我关于玻璃的讨论可能会遭到质疑。特别是当某些人看到琥珀、蜡、树脂和几乎所有油性物质中都有这种力，也许会认为这是因为上述物体的某些细长的枝杈微粒在受摩擦移动后（因为通常需要摩擦来激发这种力）飞散在附近空气中，彼此粘附在一起，随后在返回途中将其撞上的微小物体一并携带回去，遂产生了这种力。正如我们看到的，悬于棒上的一滴〈非常粘稠的〉液态脂肪，可以通过这种轻微摇动使得一部分液滴仍粘附在棒上，另一部分下降一段距离后〈因其自行趋向液滴的其余部分〉立即缩回，从而将它碰上的微粒残渣一道带回。但至少在玻璃本性如前文所述的情况下，很难想象玻璃中会发生类似的事。因此，必须指出这类吸力的另一个原因。[①]

185. 玻璃的吸引是什么原因造成的。

当然，从前文指出的玻璃制造方式来看，很容易推出除了第二元素小球可从中通行的大空隙以外，其微粒间还存在许多相当长的缝隙；这些缝隙由于太窄而无法容纳上述小球，因此它们提供的通道仅容第一元素物质通过。必须考虑到，第一元素的物质（常常呈现为它所进入的一切孔隙的形状）在通过这些缝隙时会形成某种薄而宽且相当长的细带，它们要么停留在玻璃中，要么也不会离玻璃太远，因为在周围空气中找不到类似的缝隙。这些细带以某种圆周

---

① 自古希腊哲学家米利都的泰勒斯（Thales of Miletus）以来，琥珀在摩擦后吸引小物体的事实就已为人所知。笛卡尔在这里提出的问题后来也成为了静电学讨论的基本对象。而他要提出的解决方案一如既往地致力于消除任何“隐秘属性”，即所谓隔空作用于物的“引力”。

运动围绕玻璃的微粒旋转，从一些缝隙流入其他缝隙。尽管第一元素的物质流动性很强，但因为它由不均匀搅动的小微粒组成（正如我在第三部分的第87和88条中所述），我们完全有理由相信，当其中搅动最剧烈的微粒不断地离开玻璃进入空气、又从空气返回玻璃之际，玻璃中搅动较小的微粒就被驱入与空气孔隙并不相符的缝隙之中。然后它们在那里彼此粘附，形成了这些细带。随着时间的流逝，这些细带获得不易变动的稳定形状。这就是为什么，如果对玻璃进行足够强烈的摩擦以使其略微变热，这些细带将被抖落，散布在附近的空气中并进入邻近物体的孔隙。但因为外面并不容易找到通路，它们卡在了一些更小物体的孔隙中，随即便向着玻璃返回，同时将那些小物体一并带了回去。

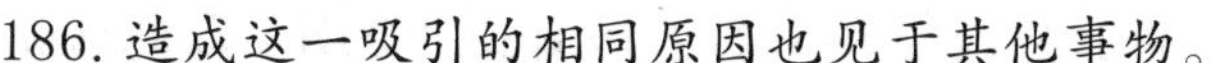

186. 造成这一吸引的相同原因也见于其他事物。

另外必须相信，此处提到的关于玻璃的现象在大多数其他物体中也存在：即，在它们的微粒之间存在一些很窄的间隙，这些间隙无法容纳第二元素小球，仅接受第一元素的物质通过。而且，相比于周围空气中只对第一元素物质开放的类似孔隙，它们更大并且被搅动不那么大的微粒填满。这些微粒相互粘附，（并由于上述间隙的不同）自然形成了形状各异、但大多像细带一样又薄又宽而细长的微粒。因此，它们可以通过围绕所在物体的微粒扭转而不断移动。由于这些细带由以获得其形状的间隙必然非常窄，以至于无法容纳第二元素的小球，所以它们几乎不可能比介于空气微粒之间但未被第二元素小球占据的孔隙更大，除非它们像狭缝一样细长。〈而那些间隙却必然大于空气中的孔隙，由此当第一元素不断通过该物体的其他孔隙流出，并且从空气的孔隙中等量流入时，其中那些搅动不太大的微粒才能停留其中。〉因此，尽管我并不否认上述产生吸引的前一种原因可能出现在某些物体中，[①] 但因为它并不普遍〈适用于各种物体〉，也因为很多物体中都观察到了吸引现象，所以我认为，在玻璃中找到的〈类似〉原因才是这些物体或至少是其中大部分产生吸引的原因。

187. 前述内容可以解释，通常归因于隐秘性质的所有那些神奇效应的原因可能是什么。

此外，我希望在此可以观察到，这些由地界物体孔隙中的第一元素物质构成的微粒，不仅可以是例如琥珀和磁石中各种吸引产生的原因，也可以是其他数不清的神奇效应的原因。因为每个物体[的空隙]中形成的那些微粒在形状上都有独特之处，以此区别于其他物体中形成的微粒。尤其它们还保留了其所属的第一元素的最大搅动。所以有时候最为细微的原因，也可能导致它们或者在所在物体孔隙之内穿梭而不逸出其外；或者飞速地离开那个物体，〈不受阻碍地〉穿过所有其他[种类]的地界物体，在最短时间内抵达尽可能远的地方并找到适于接纳其行动的物质，由此产生一些罕见的〈神奇〉效应。[②] 当然，任何人一旦愿意思考磁石和火的固有属性如何奇妙，以及它们与我们通常在其他物体中观察到的固有属性

① 即前文第184条中提到的原因。

② 法文版在此之后添加了一些例子，为拉丁文版所无：“譬如，使得尸体上的伤口在凶手靠近时流血，引起睡眠乃至清醒之人的想象，或灌注一些想法以警醒他们某些并不发生在近前的事，使其感受到密友的巨大痛苦或快乐、刺客的邪恶计划以及类似的事。”总之，均为当时被归入梦、预感和心灵感应等非物理性现象的事件。

如何不同；最微小的火花在一瞬间可以引燃多么大而猛烈的火焰；恒星向各个方向发出的光传到了多远的距离；以及我在本书中根据众所周知且普遍接受的原理（即，从物质的形状、大小、位置和运动中）推出其原因（根据我的判断显而易见）的其余效应；那么他将有理由相信，无论在岩石或在植物中，都没有如此隐秘的力，也没有那样惊人的交感（sympathy）或反感（antipathy）的奇迹可言。归根到底，自然界中一切归因于纯粹物理或与心灵、思想无涉之原因的效应，其缘由都能从同样的原理中推出。因此，没必要再添加其他的原理。

188. 为了理解物质事物，必须从［我计划的］关于动物与人的论述中借鉴的内容。

按照之前的打算，如果我还要写作另外两部分，即关于生物或动植物的第五部分和关于人的第六部分，那么在《哲学原理》的第四部分就不应再说更多。但是由于我尚未完全考察我希望在此部分讨论的所有内容，也不知道自己是否有足够的闲暇〈或经验〉来完成这些工作；因此，为了不再拖延前面四部分的发表，也为了确保那些留待其他部分的讨论不至在此空缺，我将补充一些关于感官对象的内容。因为到目前为止，我已经将这个地球乃至整个可见世界描述为一台机器，除了其中微粒的形状和运动之外，其余均不做考虑。然而，我们的感官还向我们展示了许多其他事物，即颜色、气味、声音和类似的东西。如果我对此完全保持沉默，人们便会以为我忽略了对自然事物解释的最主要部分。

189. 感觉(sensus)是什么，以及它是如何发生的。

因此必须了解到，即便人类的灵魂指引着整个身体，[1]它的主要所在仍位于脑中；只有在这里，它不但可以理解和想象，而且凭借像丝线一样从大脑延伸到其余所有肢体的神经，还可以进行感知。神经以这一种方式与这些肢体相连接：若非分布其中的部分神经末端被移动，且该移动被传导到神经汇聚于脑中的另一末端，即灵魂之所在附近，则人身体的任何部分都无法被触动，正如我在《屈光学》第四章中充分解释过的那样。但是，因神经在脑中激发运动的不同，它们也会以不同的方式影响（与大脑紧密相连的）灵魂或心灵。上述运动的直接后果，即各种不同的心灵状态或思想，被称为感官知觉(sensuum perceptiones)，或通常所说的感觉(sensus)。

190. 关于感官的区分：首先，关于内在感觉，即灵魂的激情(animi affectus)和自然欲望(appetitus naturalis)。[2]

感觉的多样性首先取决于神经本身的多样性，其次取决于各个神经中发生的运动的多样性。但是，并非每个神经都会产生一种与众不同的感觉，因为实际上只有七种主要的神经：其中两种与内在感觉相关，其他五种则与外在感觉相关。延伸至胃、食道、喉咙和其他旨在满足自然需求的体内部分的神经，产生了一种被称作“自

① 这里“指引”一词的拉丁文为 informo（英译：instruct），该术语常见于经院哲学的讨论之中，意为“赋予实体形式”。但在笛卡尔的认识论哲学中，灵魂显然并非身体的“形式”，他也一向拒斥亚里士多德主义关于身体和灵魂的解释。因此这里姑且照其衍生义译为“指引”。

② 标题中的“灵魂”，即拉丁文的 animus，在笛卡尔的时代，它仍用以表示思想或感觉的所在。

然欲望”（appetitus naturalis）的内在感觉。然而，伸向心脏和心前区的小神经尽管极其微小，[①] 却产生了另一种内在感觉，其中包括所有的激动或激情，以及悲、喜、爱、恨在内的心灵的情感。例如，当血液〈十分纯净并〉得到适当的调节，便会相较平时更易在心脏中扩张，从而使心脏孔口附近的小神经放松并使之运动，随之引起脑中的运动，在我们的心灵中激发起自然的愉悦感；而其他能在这些小神经中以同样的方式产生运动的原因，也会赋予同样的幸福感。因此，仅是想象享受着令人愉悦的事物，本身并不包含幸福的感觉；只不过它会将精气从大脑传递到这些神经所植根的肌肉之中。[②] 在肌肉的帮助下，心脏孔口得以扩张，这反过来又在心脏的小神经中产生了运动，由此便产生了幸福的感觉。通过这一方式，当我们听到好消息时，心灵首先对其加以判断，并纯粹因理智的喜悦而高兴，而无任何身体上的激动。因此，斯多葛派也认为这是一种适合智者的欣喜。然后，当这个好消息〈从理智进入〉想象之际，精气就从大脑流到了心前区的肌肉，并移动了那里的小神经，在这些神经的帮助下激发了脑中另一种运动，从而以一种动物性的愉悦感影响了心灵。同样，如果血液太粘稠，以至于在心室里流动得很缓慢且扩张得不充分，便会在附近的小神经中产生一种不同〈于先前〉的运动；当这一运动传递到大脑，自然会使心灵感到悲伤。尽管心灵自身也

① 这里的“心前区”（praecordia）指心脏下方的一块区域，人们一度认为这里是产生感情的所在地。法文版则改为“横膈膜”（diaphragme）。

② 这里所谓的“精气”（spiritus），即笛卡尔在《论灵魂的激情》中提到的“动物精气”（spiritus animalis），他认为这是由血液中最精细的部分所组成，并从大脑通过神经进入肌肉中，以带动整个身体运动。详见《论灵魂的激情》第一部分第十条。

许不知为何会悲伤。还有一些别的原因也能〈借由使这些神经以同样的方式运动〉产生同样的效果。而这些神经中的其他运动则会产生别的〈情感〉状态，例如爱、恨、恐惧、愤怒等，就其作为情感或灵魂的激情而言，也即作为某种混乱的思想(confusæ cogitationes)而言，它们不会仅凭心灵自身而产生，而是因为与心灵紧密相连的身体正在经历之事而产生。这些情感与我们拥有的那种关于什么是应被珍视、被渴望或被回避等的各种想法完全不同。同理，诸如饥饿、口渴等被胃和喉咙等处神经〈在灵魂中〉激发的自然欲望，也与想要吃、想要喝的一类意愿完全不同。但是因为这类意愿或欲求几乎总是与之相伴，所以它们也被称作欲望。

191. 关于外在感觉：首先，关于触觉。

至于外在感觉，通常有五种。这是因为可产生上述感觉的神经被五种不同的对象所移动，也因为此种运动在灵魂中激发了同样五种混乱思想。首先，末端延伸至全身皮肤的神经，能以皮肤为媒介被任意地界物体触碰，并被它们的全部[固有属性]所移动：或是硬度，或是重量，或是热，或是湿度，等等。根据神经被移动或受阻于正常运动的多种不同方式，我们的心灵中便激发出同样数量的不同感觉，这就是各种触觉性质得名的由来。〈我们称这些性质为“硬”“重”“热”“湿”等，但上述名称仅仅意味着这些物体拥有使我们的神经在灵魂中激发坚硬感、重感、热感等所需的东西。〉此外，当这些神经相较平时被更剧烈地移动，却未对身体造成伤害时，便会产生一种挠痒般的兴奋感，〈这一灵魂的混乱思想〉自然地使心灵愉悦(因为它向心灵证明了与之紧密相连的身体的强健)。但是如果〈该作用变得稍强一些，以至于〉造成了某种伤害，则会引起疼痛感。由此可见，为什么身体的愉悦和痛苦就〈引发它们的〉对象而言是如此相似，尽管它们在感觉上是相反的。

192. 关于味觉。

其次，〈是继触觉之后最为粗糙的感觉，即味觉。它的器官是〉分布在整个舌头与邻近部分的其他神经。当构成地界物体的微粒相互分离，并与唾液一起漂浮在口腔中，会以不同方式移动这些神经。根据微粒形状〈或运动〉的不同，由此产生了不同味道的感觉。

193. 关于嗅觉。

第三，〈是嗅觉。它的器官是〉另外两个神经（或脑的附属物，因其不突出于颅骨之外）。它们被地界物体彼此分离且飞散在空气中的微粒所移动。这些微粒并非随便什么微粒，而要足够精细同时足够活跃，从而在被吸入鼻孔之后，得以穿透海绵〈筛〉骨的孔隙渗入这些神经。这些神经的不同运动，产生了不同气味的感觉。

194. 关于听觉。

第四，〈是听觉。它的对象很简单，就是耳中的各种震动。因为有〉另外两个神经隐藏在耳朵最内部的腔体中，它们会捕捉所有周围空气的震颤。当空气撞击到耳膜的细小薄膜上时，会立即摇晃附于其上的三根小骨的链条，而上述神经也附着在此。这些骨头的不同运动，产生了不同声音的感觉。

195. 关于视觉。

最后,〈是所有感觉中最为精细的视觉。它的器官是视神经〉。构成所谓“视网膜”的眼内薄膜的视神经末端,并不会被空气或〈进入眼中的〉任何地界物体移动,而只会被第二元素小球所移动。[①]此时便会出现光和颜色的感觉,正如我在《屈光学》和《气象学》中已充分解释过的那样。[②]

196. 灵魂只有在脑中才能去感觉。

而且有清楚的证据表明,灵魂(通过身体各个部分的神经)感觉到身体所发生之事,并非由于灵魂存在于各肢体之中,而仅仅在于它在脑中。首先,[事实证明]只影响大脑的各种疾病会消除或干扰所有感觉;就像(仅发生在大脑中的)睡眠本身每一天都会剥夺我们大部分的感觉能力,睡醒之后又将其恢复一样。其次,如果大脑处于健康状态,仅有从外部肢体延伸至脑的神经通路被阻塞,这一事实便足以导致肢体的感觉消失。最后,有时人们会觉得疼痛似乎位于特定肢体中,但其实疼痛的原因并不在此,而是位于由此延伸至脑的神经途径的其他肢体部分。最后一点可以被无数经验所证明,此处仅举一例。譬如某个女孩的手被严重的疾病感染,每当外科医生来看她,就会将她的眼睛蒙住(以免她被医疗器械所扰);几天后,由于坏疽蔓延,她的手臂被截肢至肘部,并以绷带卷代替

① 法文版此处还添加了一句关于第二元素小球的限定语,即“穿过眼中所有的透明薄膜和流体及其孔隙”的小球。但事实上,笛卡尔在《屈光学》中认为这种假设并无必要。

② 参考笛卡尔《屈光学》第六讲以及《气象学》第八讲。

她被截肢的部分，以至于她完全不知道自己的手已经没了。然而有时候，她还是会抱怨被切除的手仍感疼痛，时而在这根手指，时而在另一根手指。发生这种情况的原因只有一个，即原本从大脑向下延伸至手、现在终止于肘部附近手臂的神经，必然以曾经在手部所受刺激的同一方式被移动，由此在寓于脑中的灵魂处产生了这个或那个手指疼痛的〈类似〉感觉。〈这清楚地表明，我们感到手的疼痛，并非因为灵魂在手中，而仅在于它在脑中。〉

197. 心灵具有这样的本性，即仅凭物体的移动就可以从中激发各种感觉。

事实还证明，我们的心灵具有这样的本性，即仅凭一个物体中发生的特定运动，就能驱使它产生各种各样、与上述运动全无相似之处的思想，尤其是那些被称为感觉（sensus）或感知（sensationes）的混乱思想。[1]因为我们看到，无论是口头还是书面的语词，都可以在我们的心灵中激发各种思想和情感。借助同样的纸、笔、墨，倘若笔尖以某种方式划过纸面，它便会写下一些文字，在读者的心灵中激发关于战斗、风暴、狂怒的思想，以及愤慨和悲伤的情感。但若以另一种略有差异但大致相同的方式重新动笔，却会产生关于平静、安宁与愉悦的完全不同的思想，以及爱和幸福等截然相反的情感。也许有人会说，写作或说话并不会在心灵中直接激发任何情感或不同于语词外观的形象，而只会引起各种理解；而灵魂〈在理解了这些词的含义之后〉，便会在自身之中激发各种事物的图像。

① 这里“感觉或感知”的拉丁文为“sensus, sive sensations”，英文译作“feelings or sensations”，法文版则简化为“sentiments”一词。

但是，关于痛苦和兴奋的感觉又如何呢？一把剑刺向我们的身体并将其割破，仅这一运动就会产生疼痛〈，却未向我们表明剑的运动或形状是什么〉。这一疼痛〈的观念〉显然不同于剑或被割之物的位置运动，就像颜色、声音、气味或味道的观念一样。由于我们清楚地看到，疼痛的感觉之所以激发，完全是因我们身体的某部分与其他某物接触而发生了位移，因此可得出如下结论：我们的心灵具有这样的本性，即通过特定的位置运动，它可以体验到其他所有的感觉。

198. 我们借助感官在外部对象中所知觉到的，无外乎形状、大小和运动。

此外，我们并未发现神经之间存在任何差异，这种差异一旦存在，我们便可以判定不同的神经会允许不同的东西从外部感觉器官传导到大脑；但事实上，除了神经本身的位置运动之外，没有什么能进入大脑。[①] 并且我们看到这种位置运动不仅产生兴奋或疼痛的感觉，还产生光和声音的感觉。因为如果有人的眼睛遭受打击，使得打击的振动传到了视网膜，仅此便会令他眼冒金星，而这些金星并不在眼睛之外。如果有人用手指堵住耳朵，他会听到某种震颤的杂音，这纯粹是由困在耳中的空气运动引起的。最后，我们也经常注意到，(存在于物体中的)热和其他可感的性质，以及纯物质事物的形式(例如火的形式)，都是由特定物体的位置运动产生的，而后这些运动又会引发别的物体产生其他位置运动。于是一个物体的不同大小、形状和运动如何在别的物体中产生各种位置运动，便得

① 在《屈光学》中，笛卡尔指出造成不同感觉的原因，是因为脑中神经末端的位置不同，以及神经所传导的运动的不同。见笛卡尔《屈光学》第四讲和第六讲。

以很好地理解。但我们无论如何也不能理解，同样的事物（即大小、形状和运动）如何可能产生本性完全不同于自身的其他事物，正如许多〈哲学家〉认为事物中存在实体形式（formæ substantiales）和实在性质（qualitates reales）一样；也不能理解这些性质或形式此后如何有力去激发其他物体中的位置运动。既然如此，由于我们了解到不同的位置运动足以在灵魂中激起一切感觉，乃是灵魂的本性；我们也从经验中得知，各种各样的感觉实际都是在灵魂中唤起的，所可知觉的只是这样一种从外部感觉器官传递到大脑的运动——那么一个必然的结论就是：对于外界物体中被我们称为光、颜色、气味、味道、声音、热、冷的东西以及其他触觉性质，或者用实体形式［的名称］加以称呼的东西，我们所了解到的不是别的，而仅仅是这些物体的〈大小、形状和各个部分运动〉的不同排布而已，正是它们引发了我们神经的不同运动方式，〈进而在灵魂中激起各式各样的感觉〉。

199. 本文没有遗漏任何自然现象。

因此，通过简单的列举便可以得出结论：我在本文中没有忽略任何自然现象。因为需要列出的自然现象仅包括感官可以察觉的事物。然而除了我业已解释过的各物体的［不同］大小、形状和运动以外，外在于我们的事物中可以被观察的只有光、颜色、气味、味道、声音和触觉性质。而我方才证明了它们不是别的——或至少我们无法在对象中感知到别的——而仅仅是〈物体的〉大小、形状和运动的特定排布。〈因此我已证明，除了我加以解释的事物之外，这个仅能被看见或被感知的可见世界中并无他物。〉

200. 我在本文中使用的原理都是被普遍接受的；这种哲学并不新鲜，而是极为古老且寻常的。

但我还想指出的是，我在此试图以这样一种方式解释物质事物的全部本性，即为了实现该目的，我绝对未曾诉诸亚里士多德和其他所有时代的所有哲学家不能接受的原理。所以这一哲学并不新鲜，而是所有哲学中最古老和最寻常的。当然，我已经考虑了物体的形状、运动和大小，并根据（已被特定的日常经验证实的）机械学法则研究了这些物体碰撞后应发生之事。而谁曾怀疑过物体会被移动，而且会根据它们的大小和形状进行不同的移动呢？谁又会怀疑由于这些物体的碰撞，较大的物体会被分为许多较小的部分并改变其形状呢？这并非得自单一的感觉，而是通过多种感觉观察到：包括视觉、触觉和听觉等；我们也〈非常〉分明地想象并〈清晰地〉理解了这一点。对于〈我们的感官感知到的〉其他性质，例如颜色、声音等，它们不是通过多种感官，而仅由单一感官所察知：因为在我们的心灵中，它们的图像始终是混乱的，我们也不知道它们究竟是什么。

201. 存在不可感知的物体微粒。[①]

我也考虑到了，单个物体中有很多〈太小以至于〉不能被感官

① 法文版标题为："可感知的物体必定是由不可感知的微粒组成的。"另外在拉丁文本中，笛卡尔通常使用"sentio""sense"或"observer"等词来表示"感官知觉"，而用"percipio"或"deprehendo"来表示"理智知觉"。尽管在主流英译本中，"可感知"或"不可感知"会以"perceptible"或"imperceptible"加以表示，但这和当代哲学语境中所指的"可知觉""不可知觉"略有不同。

感知到的微粒，而这对于那些将其感官作为认识事物之度量的人来说，可能难以认同。然而〈在我看来，如果不愿超越所见之物走得更远，于人类理性而言将是巨大的损害。〉倘若一个人稍微考虑一下逐渐增长的物体中每一时刻添加了什么，或者逐渐减少的物体中每一时刻被移除了什么，谁还能怀疑许多物体是如此之微小，以至于我们无法通过感官来感知它们呢？树每天都在生长，但是除非解释为一些物体被添加其中，否则就无法理解它何以变得比以前更大。但是，谁曾凭感官察觉到一天之内被添加到生长的树上的小物体呢？至少，那些接受事物的量是无定限可分的〈哲〉人将不得不承认，其微粒一定可以分割得如此之小，以至于无法被任何感官所察觉。当然，我们不应惊讶于自己无法察觉到极微小的物体，因为我们的神经（要产生感觉，就必须被对象移动，而且其）本身并不特别微小，而是如同细绳那样由许多更小的微粒组成。因此，它们无法被最微小的物体所移动。而且，以我们的感官所感知的较大物体为模型来判断微小物体中发生的事（仅因为太小而无法为我们所感知），要远好于发明一些不知所云、毫不相仿的新东西来加以解释。〈例如所谓"原初质料"（la matière première）、"实体形式"以及一整套人们惯常假设的性质；比起它们试图解释的事物，这些概念更加难以理解。〉我想任何运用理智的人都不会否认这一点。

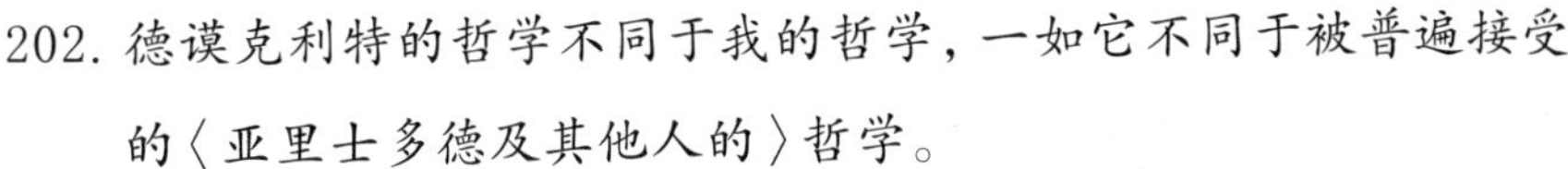

202. 德谟克利特的哲学不同于我的哲学，一如它不同于被普遍接受的〈亚里士多德及其他人的〉哲学。

德谟克利特也设想了一些形状、大小和运动各异的小物体，所有可感知的物体都源于它们的积聚和碰撞。然而，他的哲学方法却被所有人普遍拒绝。拒绝的理由并非因为他设想了一些如此微小以至于无法感知的物体，据说这些物体还有不同的大小、形状和运动；因为如前所述，没人能怀疑确实有许多这样的物体。其之所以遭到拒绝，首先，是因为假设了那些小物体是不可分的，对此我也完全拒绝；其二，是因为他想象这些物体之间有虚空，而我证明这是不可能的；其三，是因为他将重量赋予了这些物体，而据我了解任何物体在单独考虑时都没有重量，重量仅取决于其他物体的位置、运动及其相互关系；最后，是因为他没有表明单个事物是如何仅由小物体的碰撞产生的，或者即便他解释了其中一部分，其给出的原因彼此也并不一致：至少从他传世记载的观点中可以如此判定。迄至目前，我自己的哲学书写是否足够融贯，〈以及是否可以从中推论出足够多的东西，〉我且交由他人去判断。〈因为对形状、大小和运动的考量不仅被德谟克利特，也被亚里士多德和其他所有人所接受；也因为除此之外，我拒绝了德谟克利特的其他一切假定（一如我整体上拒绝了其他人所假定的一切）；显然，相比于其他所有的哲学派系，这一哲学方式与德谟克利特的哲学并没有更加亲近〉。

203. 我们如何了解不可感知的微粒的形状〈、大小〉和运动。

但是我将确定的形状、大小和运动赋予不可感知的物体微粒，就像看到了它们一样，而我承认它们是不可感知的。因此，有些读者也许会问我是如何得知的。我的回答是：首先，从最简单和最广为人知的原理出发（这些原理的知识由天性传授给我们的心灵），对于仅因微小而不可感知的物体，我一般考虑它们在大小、形状和运动方面的主要差异，以及种种碰撞可能产生的可感知的效果。接下来，当我在可感知的事物中注意到一些类似效果时，我判断它们是由不可感知的物体的类似碰撞造成的，特别是在无法设想其他的解释方式之时。为此，人工制品对我颇有帮助，因为我并未发现它们与自然物体之间有什么区别，除了在大部分情况下：人工制品的操作都是由足够大的装置完成的，以至于很容易被感官觉察到，唯其如此才得以被人制造出来；而自然物体的效果，几乎总是取决于某些特别微小以至于无法被察觉的构造。可以肯定的是，机械学中的所有判断（或规则）都属于物理学，机械学也是物理学的一部分或一类〈，因此所有人工制品也是自然物体〉。例如，由一种特定齿轮构成以指示时间的钟，就像从一类特定种子长成并结出相应水果的树那样自然。这就是为什么，当经常思考自动机的人了解了某种机器的用法，并看到了其中某些零件，便很容易由此推测出其他看不见的零件是如何构造的。因此，通过思考自然物体可感知的效果及其相应部分，我尝试探究了它们的原因及那些不可感知的微粒。

204. 关于不可感知的事物，解释它们可能是什么便足够了，即使事实并非如此〈，这就是亚里士多德试图做的全部工作〉。

尽管通过这种方式也许可以理解所有自然事物是如何产生的，但不应由此得出结论说，它们事实上就是如此产生的。就像同一位工匠可以制作两个时钟，两者可以同样好地指示时间，并且从外表来看也完全相似，但内部却由完全不同的小轮组合而成。因此毫无疑问，万物最伟大的造物主（summus rerum opifex）可能以诸多不同方式造就了我们所见的一切事物。的确，我无比愿意承认这一点是真的，而且如果我所写的只是准确呼应了所有自然现象，〈无论这些效果是出自我所解释的原因，还是别人提及的原因，〉我便认为自己功德圆满了。诚然，这也将满足日常生活的需要，因为医学、机械学以及所有其他可以借物理学加以完善的技艺，都只将那些可感并由此列入自然现象的效果作为其目标。〈而如果这些[期望]现象是从上述想象的原因中推出的结果，即便这些原因是错的也将被视为正确，因为就可感的效果而言，可认为结果十分相近。〉为了使人相信他所实现的或想要实现的仅止于此，亚里士多德在其《气象学》第一卷第七章的开头明确断言，他认为当处理感官无法明显察觉的事物时，若能简单地证明这些事情会按其解释的那样发生，便已经提供了充分的理由和证明。

205. 不过至少，我在此做出解释的事似乎拥有道德的确定性。

但为免有损于真理，必须考虑到某些事物在道德上是确定的，即，在一定程度上[确定]以满足日常生活的需要，尽管与上帝的绝对全能相比，它们仍是不确定的。[①] 例如，如果有人想阅读一条用普通拉丁字母写成的讯息，但讯息经过加密因而各字母并非其真实含

① 法文版的开头就“确定性”做了一些额外的补充：“但是为免有损于真理，假使其并不那么确定，我在此区分两种不同的确定性：第一种被称为道德的确定性，也就是说，它足以规范我们的道德，或者像我们通常毫不怀疑的关于生活品行的事情一样确定，尽管我们知道从绝对的意义上讲，它们可能是错的。因此，那些曾去过罗马的人绝不会怀疑这是一座意大利的城市，即便他们所知道的一切可能都是骗局。”至于第二种确定性则被移到了下一条即第 206 条的开头：“另一种确定性，是我们认定一个事物不可能是我们判定之外的任何事物。并且这基于十分确定的形而上学原理，即上帝是至高的善，是一切真理的来源。”

义，他发现消息中任何出现 A 的地方，都应读作 B；而任何出现 B 的地方，都应读作 C；由此每个字母都应当被它在字母表中的下一个字母替换掉。如此便会读出有意义的拉丁词汇，于是他毫不怀疑他所发现的就是这封讯息的真实含义。即使他知道这只是推测，很有可能写讯息的人并未用紧随其后的字母，而是用其他字母替代了原字母，由此在其中隐藏了完全不同的含义。不过这一点如此难以做到〈尤其如果讯息包含了许多词汇〉，以至于似乎并不可信。现在，人们如果注意到多少与磁石、火和全世界构造相关之事，都是从书中寥寥可数的几条原理中推导出来的（即使他们可能认为我对这些原理的假设只是偶然为之，并且毫无根据），也许仍将承认，我几乎不可能在原理错误的情况下，使得如此众多的事物彼此一致。

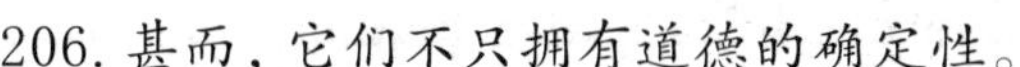
206. 甚而，它们不只拥有道德的确定性。

此外，即使在自然事物中，也有一些是我们认定为绝对确定，而不只在道德上确定的。根据形而上学的基础判断，即上帝是最高的善且绝无欺骗，上帝赋予我们的辨别真假的能力绝不会犯错，只要我们正确使用并在其帮助下分明地感知某物。数学证明具有这种确定性〈，因为我们清楚地看到二加三不可能大于或小于五，一个正方形不可能只有三条边，诸如此类〉；物质事物存在的知识以及所有关于物质事物的明显推论，也都有这种确定性。而我的这些推论同样有可能被纳入绝对确定的事物之列，如果人们考虑到它们是如何经过连续不断的链条，从人类知识的第一原理和最简明的原理中推导出来的。尤其是如果他们充分理解，我们无法感知到外部物体，除非它们在我们的神经中激发了某种位置运动，并且该运动不会被极其遥远的恒星激发，除非它们之中以及〈居于我们和恒星之间的〉整个天界都发生了某种运动。〈由此明显可知，天界必然是流动的，即由彼此分开运动的小微粒组成，或者至少包含了这类微粒。因为我在第三部分第46条所假设的一切，都可以归结为天界是流动的这一点。〉一旦这些事实被接受，其余所有诸事，或至少是我提到的关于世界和地球的最普遍之事，几乎不太可能通过我的解释以外的方式加以理解。

207. 但是，我将自己的所有意见交给教会权威〈以及最为明智之人裁断〉。

但是，考虑到本人无足轻重，我在此不做任何确定的断言，而是将所有意见都交由天主教会的权威以及比我更为明智之人加以裁断。我也不希望任何人相信任何事情，除非有清楚和无可辩驳的理由使他得以确信。[①]

① 法文版的最后一句话为：“我也请求读者完全不要相信本书所写的一切内容，而只是加以审视，并仅仅接受那些理性的力量和明证可能使他们不得不相信的东西。”

本书插图集

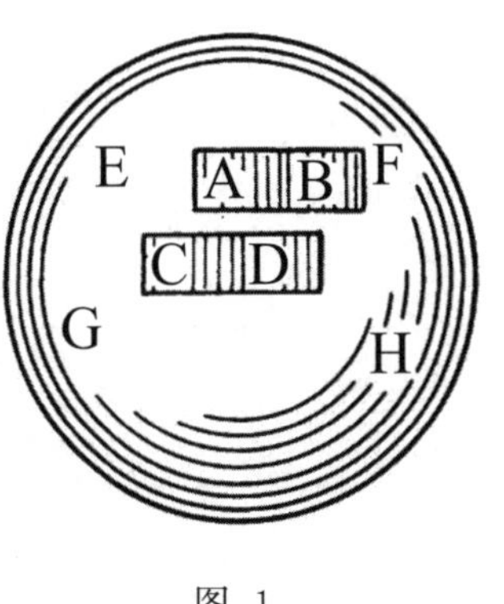

图 1

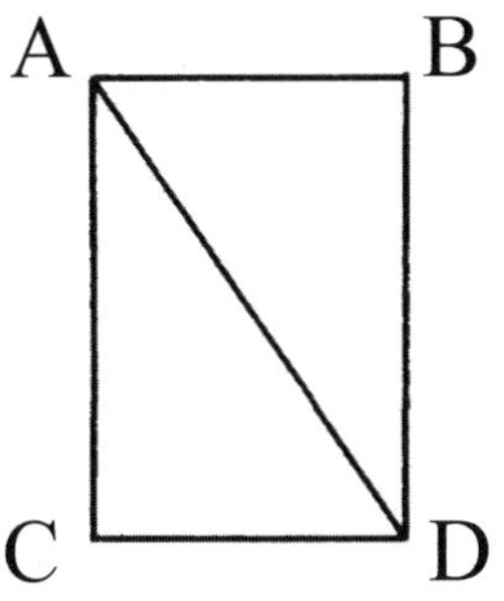

图 2

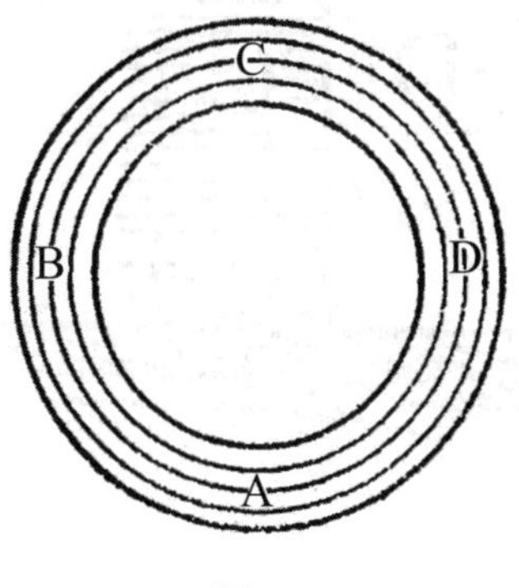

图 3

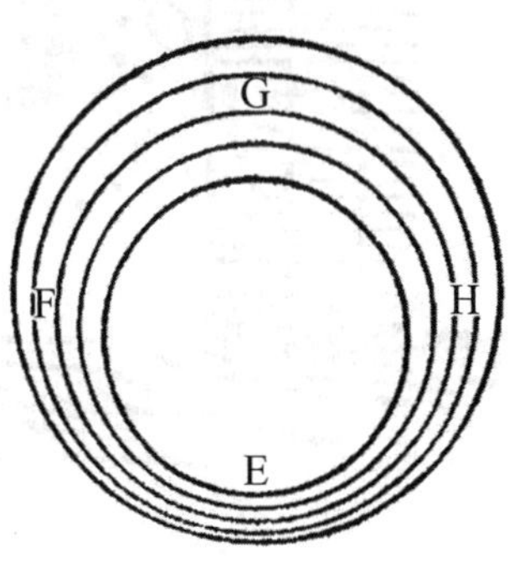

图 4

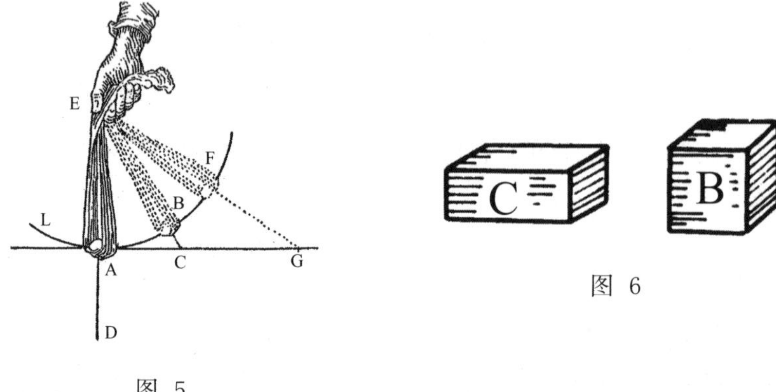

图 5

图 6

图 7

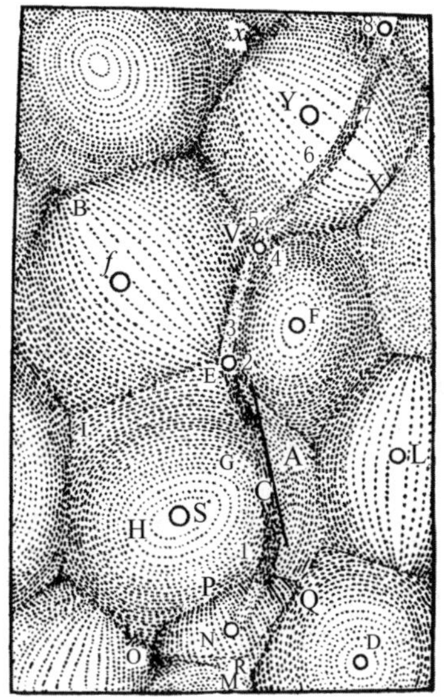

图 8

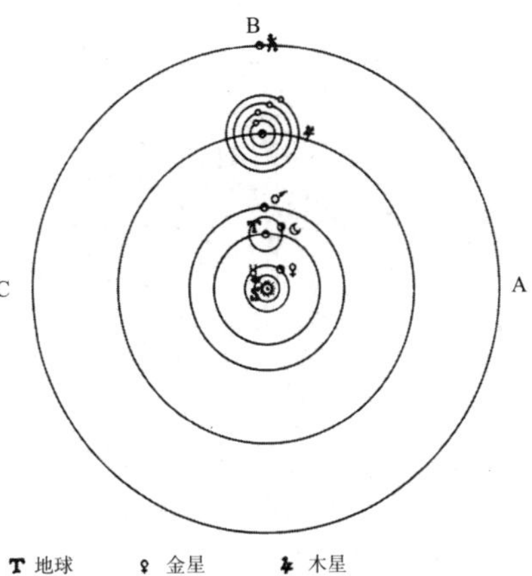

图 9

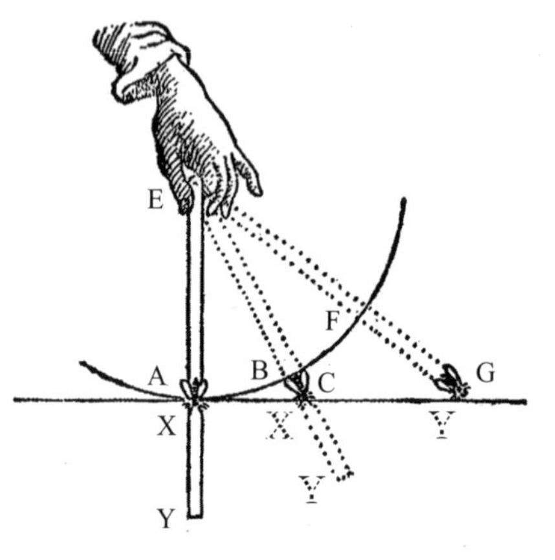

图 10

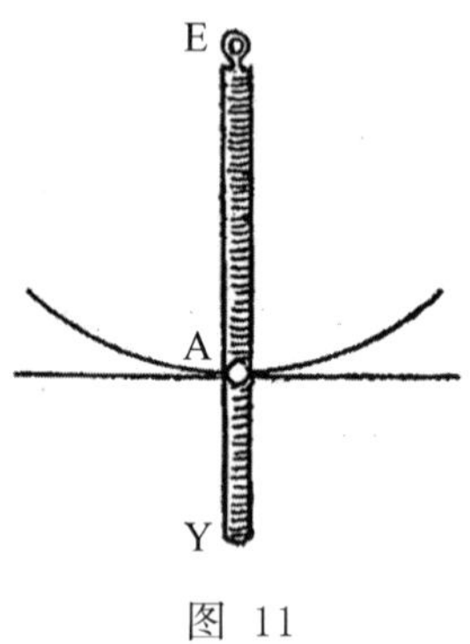

图 11

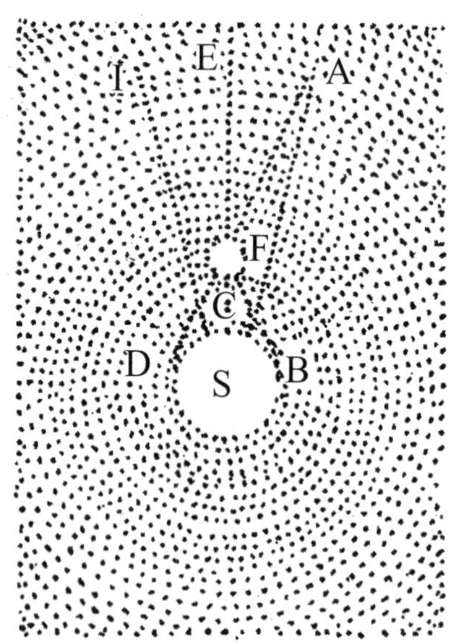

图 12

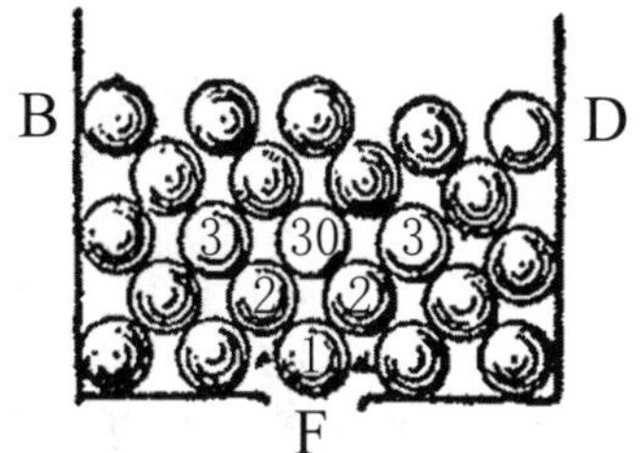

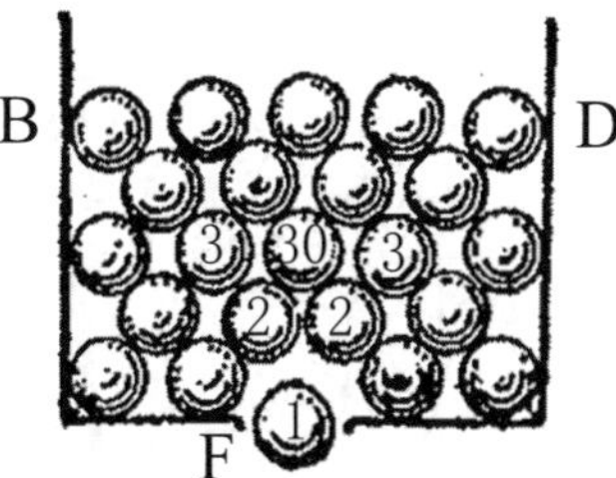

图 13

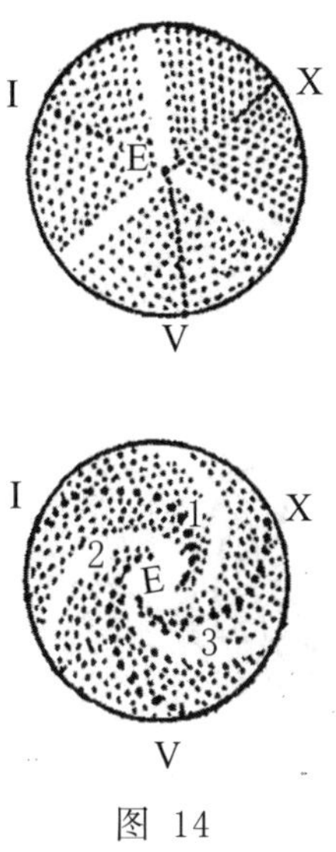

图 14

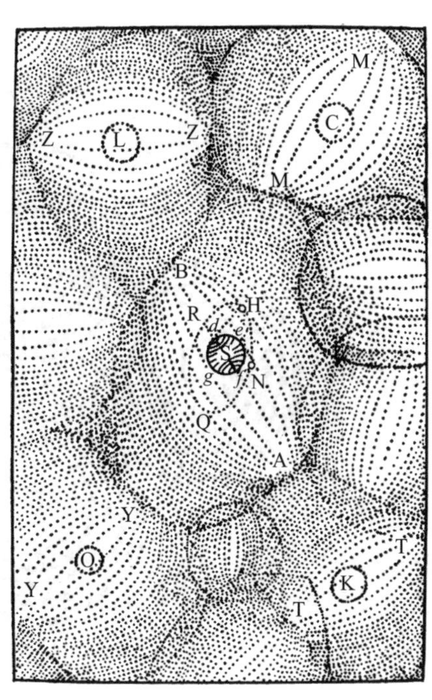

图 15

图 16

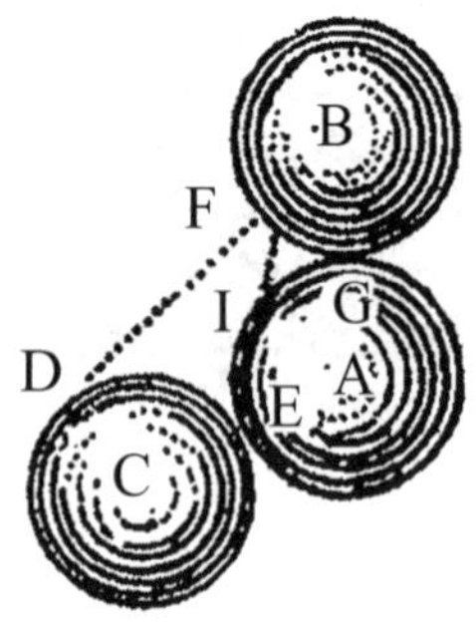

图 17

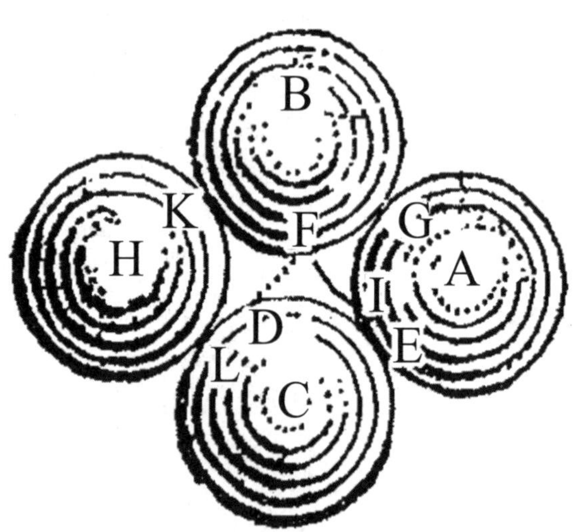

图 18

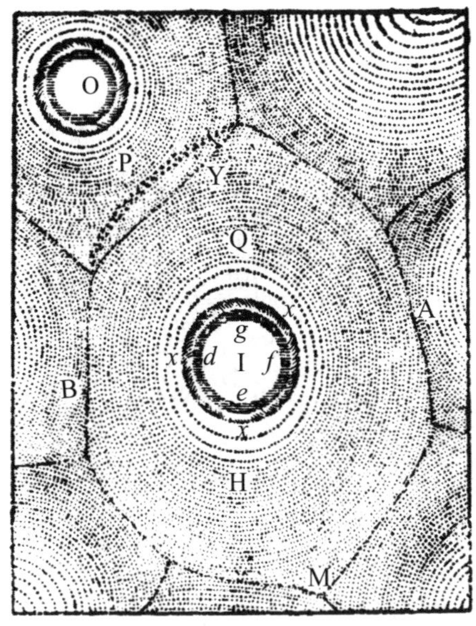

图 19

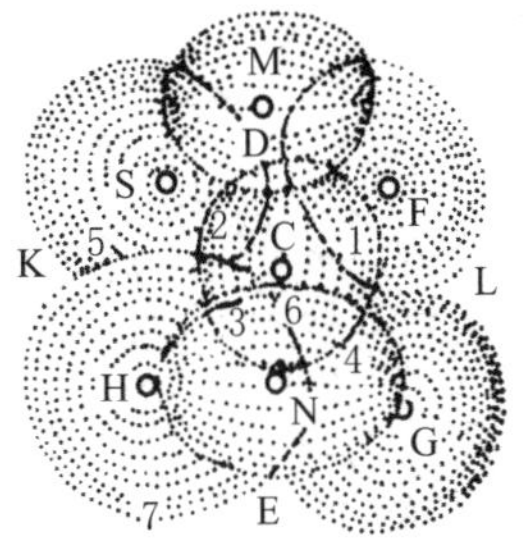

图 20

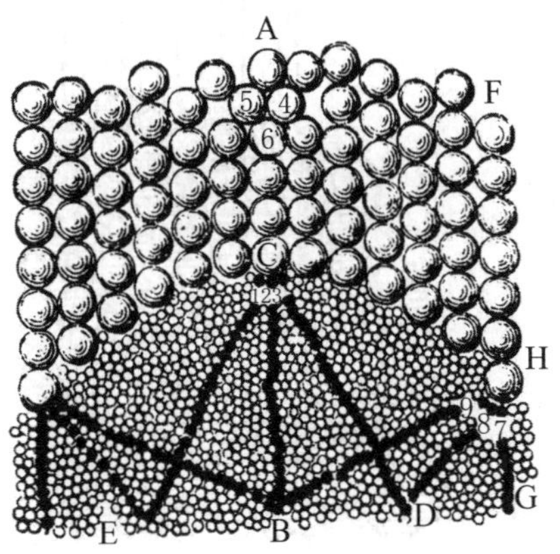

图 21

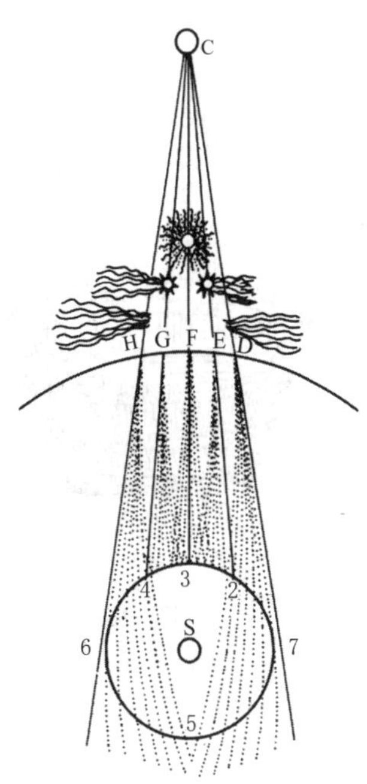

图 22

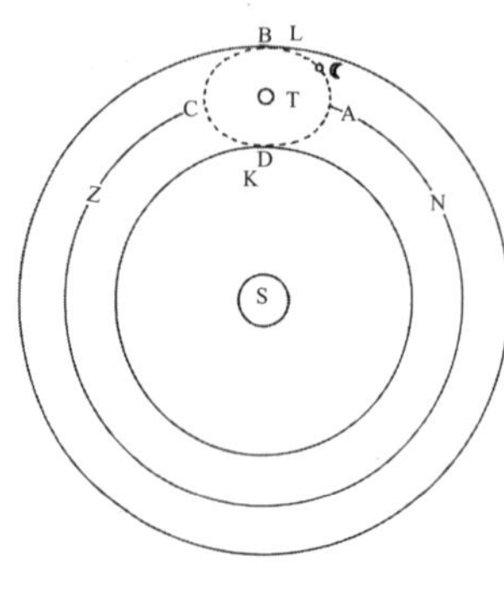

图 23

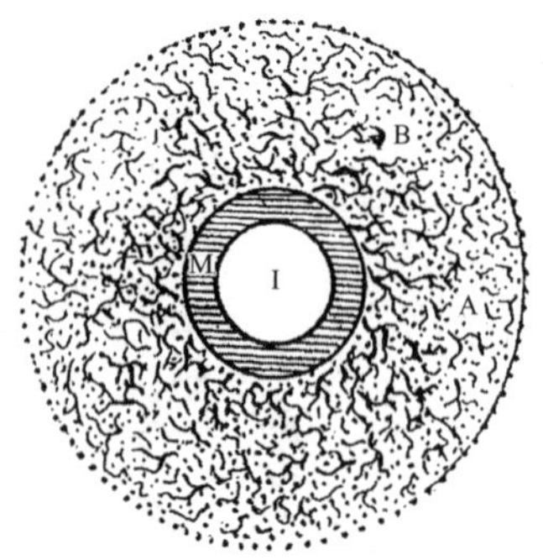

图 24

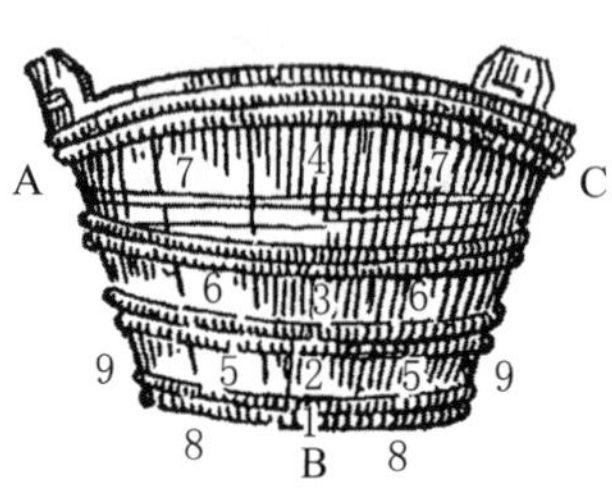

图 25

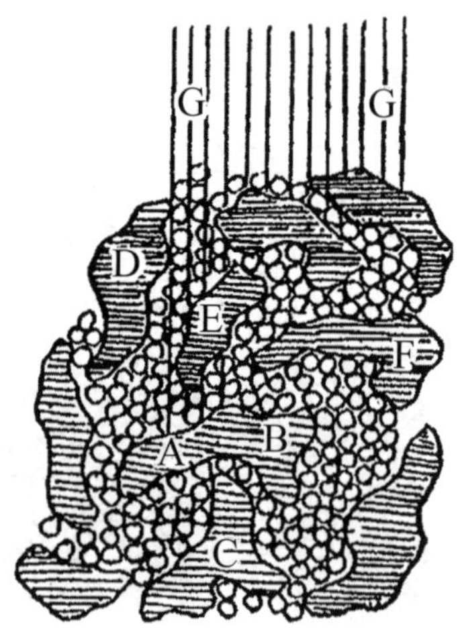

图 26

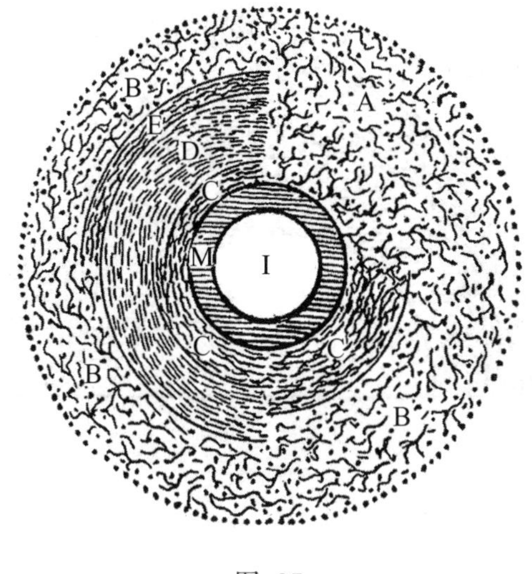

图 27

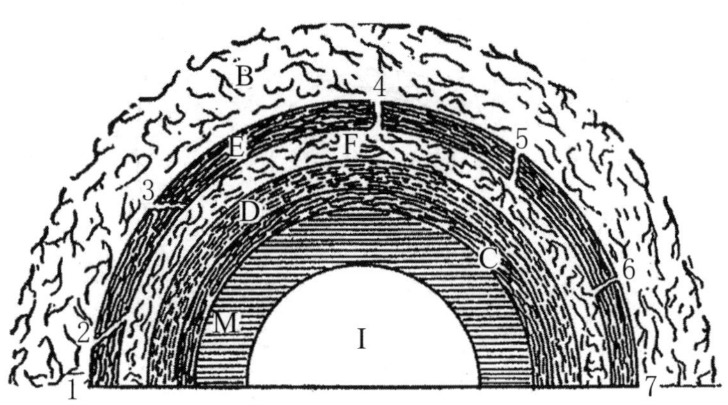

图 28

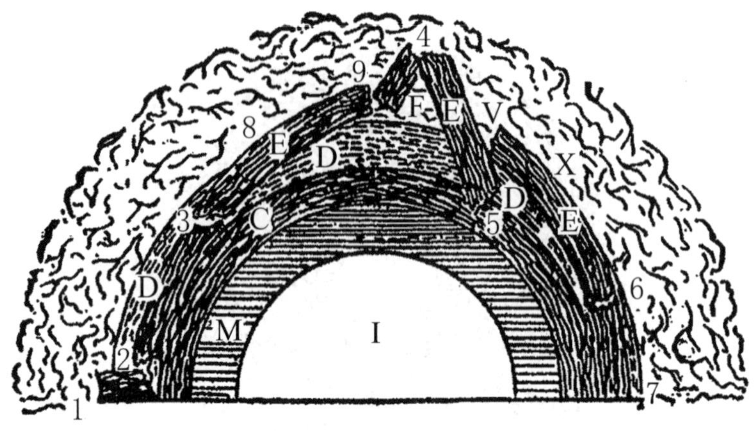

图 29

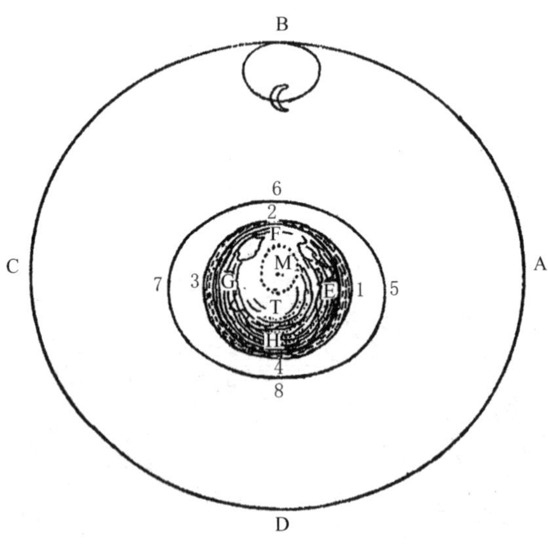

图 30

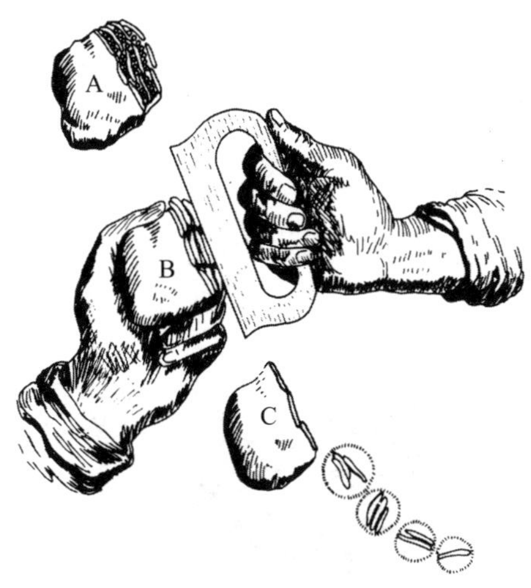

图 31

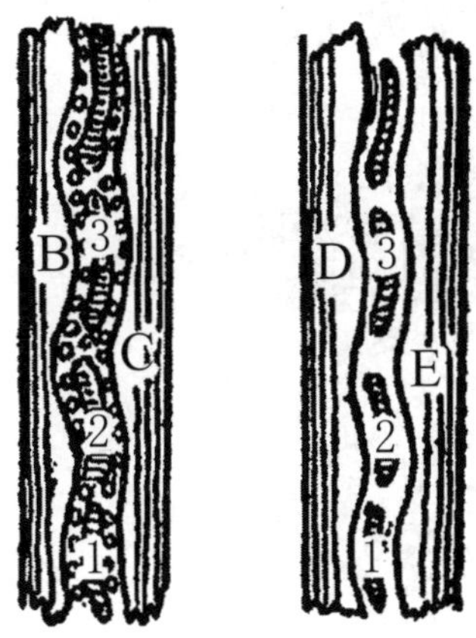

图 32

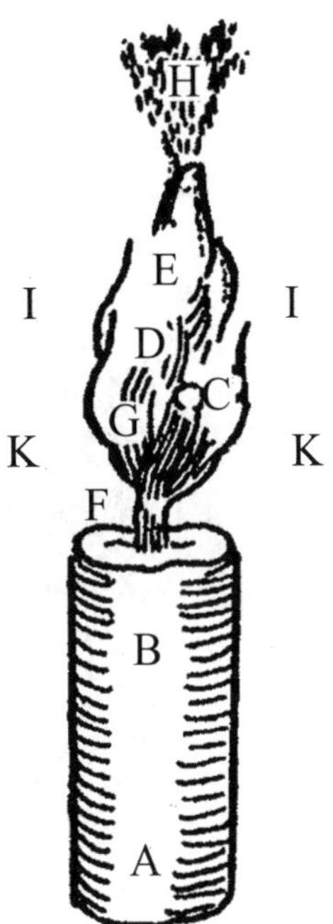

图 33

图 34

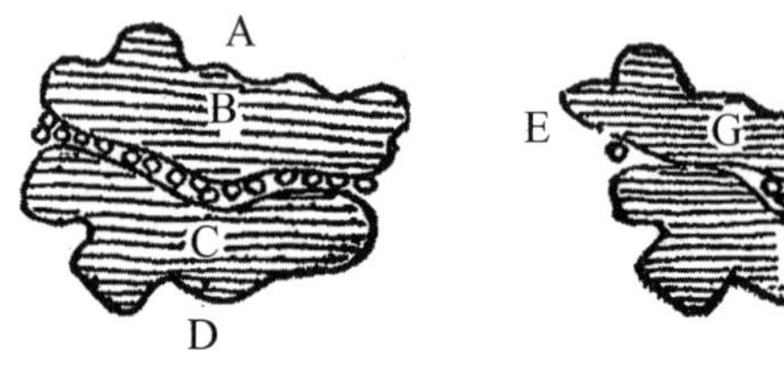

图 35

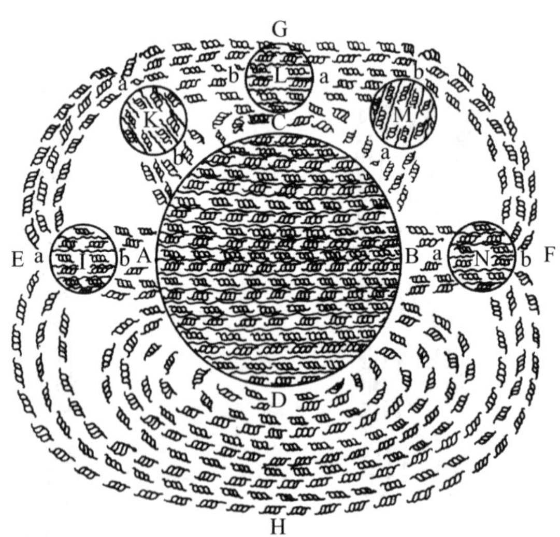

图 36

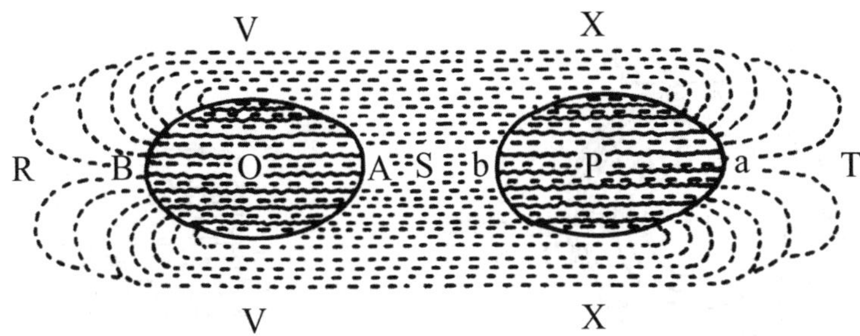

图 37

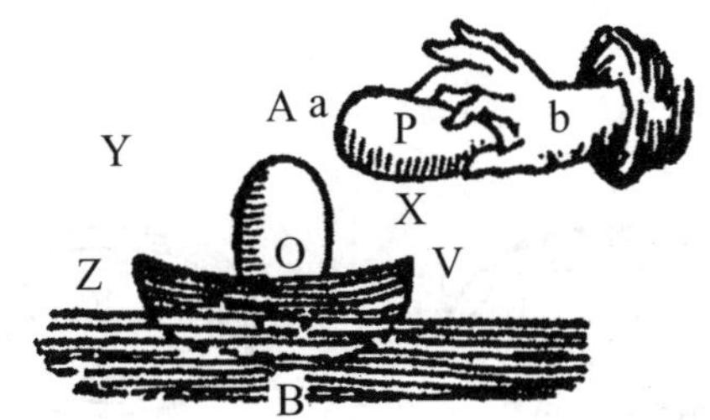

图 38

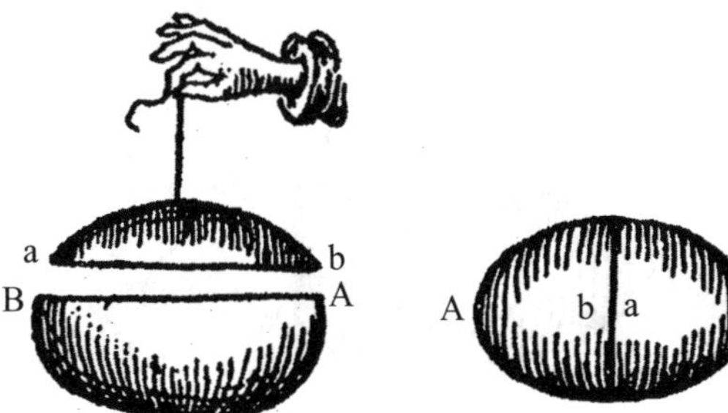

图 39

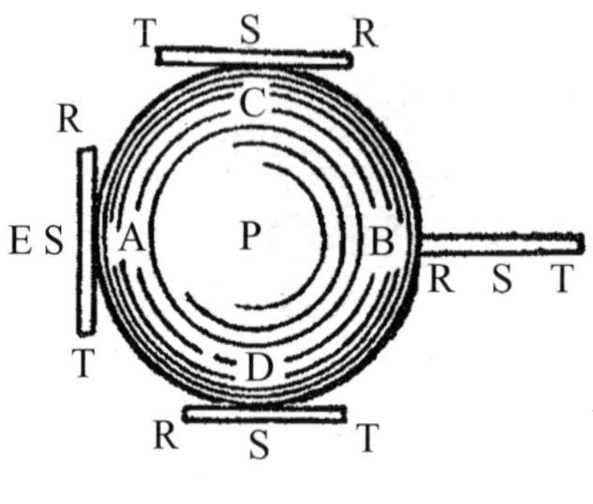

图 40

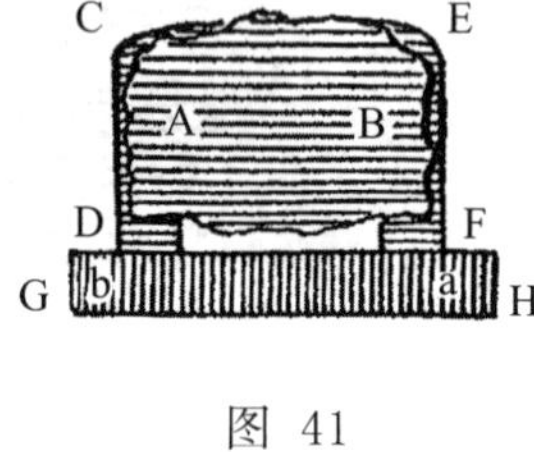

图 41

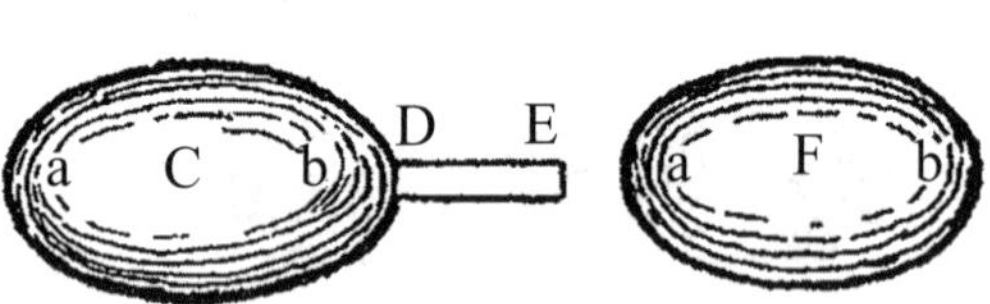

图 42

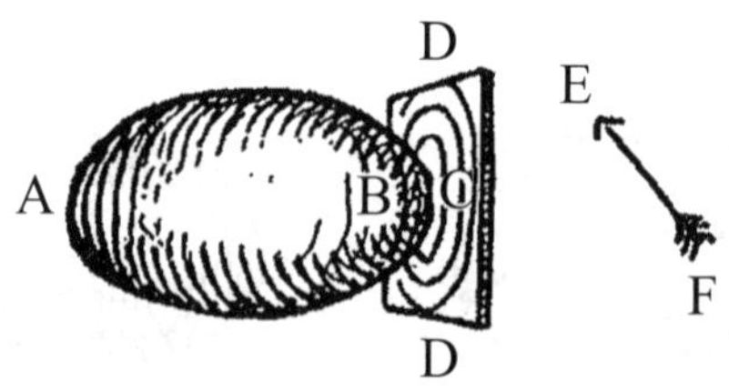

图 43

译　后　记

一提起笛卡尔的著作，国内读者一般会最先想起《谈谈方法》（*Discours de la méthode*）和《第一哲学沉思集》（*Meditationes de prima philosophia*）。前者以平易简洁的文风，成为哲学入门的一部代表作；后者则以宏大缜密的论证，成为哲学体系构建的范本。然而，《哲学原理》（*Principia philosophiæ*）这样一部被笛卡尔寄予厚望的集大成之作，却不被大多数现代学者所了解。它最初以拉丁语写成，出版于1644年。1647年，法文版《哲学原理》问世。《哲学原理》以演绎推理的方式建构了一套严谨细致、层次分明的哲学体系，系统地阐述了笛卡尔的形而上学和自然哲学，第一次对宇宙做出了真正全面的机械论解释，旨在取代之前占统治地位的经院哲学。在形而上学方面，《哲学原理》是对《谈谈方法》和《第一哲学沉思集》的综合；而在自然哲学方面，《哲学原理》则是笛卡尔最重要的著作。可以说，相比于《谈谈方法》和《第一哲学沉思集》，《哲学原理》的意义和价值绝对有过之而无不及。如果不了解《哲学原理》，对笛卡尔哲学的认识会有严重偏差。

在《哲学原理》中，笛卡尔提出了“哲学之树”的著名譬喻：“整个哲学就像一棵树，其树根是形而上学，树干是物理学，从树干里长出的树枝则是所有其他知识分支。这些树枝可以归结为医学、机

械学和伦理学这三个主要分支。”这也构成了《哲学原理》行文结构的缩影。

第一部分：人类认识原理（认识论）		
1.	从普遍怀疑到上帝的论证	1–31 节
2.	两种思想样式：理智的知觉和意志	32–50 节
3.	实体、样式、属性和普遍观念的辨析；做哲学的规则	51–76 节
第二部分：物质事物原理（自然哲学基础）		
1.	物的本性（膨胀、凝聚和稀化、空间、位置、虚空、原子）	1–22 节
2.	简单运动及其定律（惯性原理、碰撞规则）	23–53 节
3.	复杂运动（流体静力学或动力学）	54–64 节
第三部分：天文学和宇宙论		
1.	天界力学通论（托勒密、哥白尼和第谷模型阐释；地球运动理论）	1–42 节
2.	天界物理学（元素理论、涡旋理论、光、太阳黑子、恒星、行星、彗星）	43–157 节
第四部分：地界物理学（气象学、地质学、化学、磁学等）		
1.	地质学（地壳理论）	1–44 节
2.	气	45–47 节
3.	水（包括潮汐）	48–56 节
4.	土（包括炼金术元素、盐和淡水）	57–79 节
5.	火（包括发酵剂、石灰、酒精、硫、小苏打、煤、火药、升华物、油、玻璃）	80–132 节
6.	磁石、铁、钢	133–183 节
7.	补充：琥珀、蜡、树脂中的吸引（＝驳斥隐秘性质）	184–187 节
8.	感官生理学	188–198 节
9.	结论：反思（论文的完整性，自我审查）	199–207 节

《哲学原理》共分为四个部分。第一部分题为“论人类认识原理”，即通常所说的“第一哲学”或“形而上学”；第二部分题为“论物质事物的原理”，系由认识原理推出的自然的基本定律或原理；第三部分题为“论可见的宇宙”，从自然原理出发，讨论了天界、恒星、行星、彗星和整个宇宙是如何构成的；第四部分题为“论地球”，阐述了地球及其周围气、水、火和磁石等物体的本性，以及光、热、重量等性质。事实上，《哲学原理》的内容仅止于“树根”和“树干”部分，甚至“树干”即物理学部分也并不完全，因为他将动植物和人归于地球上“更加特殊的物体”，相关探讨本来也应纳入其中。但是显然，关于人的讨论是个相当棘手的问题，笛卡尔也曾表示，不知自己是否有足够的闲暇（或经验）来考察希望讨论的所有内容，所以在讨论了琥珀等物体中的吸力之后，他以简短的“感官生理学”结束了全书。于是，这部旨在开枝散叶、教化众生的巨著，实际更近于一部现代视角下的物理学著作。只不过，笛卡尔为之附上了一段形而上学的引子，更确切地说，是为物理学加装了一套严谨整饬、首尾分明的思想“骨骼”，由此更完整地勾勒了物理学的研究动机、在哲学中的位置以及未来可能实现的蓝图。

在 17 世纪的欧洲，“哲学”的意义仍然与古希腊时代相似，是关于人类确定性知识的最高统称。而今天分门别类的自然科学，只是其中的枝干部分，只不过在笛卡尔笔下，作为“树干”的物理学和作为“树枝”的医学、机械学等，已然具有了更加重要的地位。他以果实作喻说：“正如人们不是从树根或树干，而是从树枝末端采集果实一样，哲学的主要用处也取决于哲学中只有最后才能学到的那些部分。”这无疑是将传统哲学中的权重次序颠倒了过来：自柏拉图以降备受学术鄙夷的现象界，同时也是笛卡尔哲学之树中的“细枝末节”，愈发成为最为甘美的“果实”。这一旨趣也体现在《哲学原理》的内容结构和篇幅安排上(讨论天界与地界的第三、四部分占了全书的近四分之三):以形而上学为基础,以特定的方法论为手段,笛卡尔最终浓墨重彩加以论述的，实则是关于自然现象的确定无疑的物理知识。正如他在序言中对生平作品的回顾：在《谈谈方法》中，他“简述了逻辑学和一种不完善的伦理学的主要规则”，并以三部专论作为摘取哲学“果实”的初步尝试;在《第一哲学沉思集》中，他担心上述尝试的形而上学的基础不为人理解，便做了系统的解释和澄清；到了最后，当他“认为这些早期作品已经使读者的心灵有充分准备来接受《哲学原理》时”，“便将它也发表出来”。由是观之，《谈谈方法》与《第一哲学沉思集》都是《哲学原理》的准备工作，为后者的体系构建扫清了场地，最终目的则是要推翻千百年来“未取得任何进步”的亚里士多德主义自然哲学，建立一种新的物理学，或如英国哲学史家利昂·罗斯(Leon Roth)所言：“他力图用基于形而上学的物理学来取代基于物理学的形而上学。”可以说，《哲学原理》构成了现代人理解现代早期尤其是17世纪西方主流科学形态的最佳范本。

接下来谈谈《哲学原理》的翻译出版与传播。1647年，在《哲学原理》的拉丁文版由阿姆斯特丹的埃尔泽维尔(Lodewijk 或 Louis Elzevier，约1540-1617)出版后仅三年，由修道院院长克劳德·皮科(Abbe Claude Picot)完成的法文译本便在笛卡尔的亲自背书和审校下问世，成为该书的另一个官方版本。法文版包含大量附加材料和对拉丁文本的一些修订，其中不少内容源于笛卡尔本人。此外，笛卡尔还为法文版撰写了一篇热情洋溢的序言，对《哲学原理》的主旨和内容做了精妙的概括和辩护，译者皮科也对笛卡尔原文的错漏之处有所删改。此后，《哲学原理》拉丁文版于1650、1656、1664、1670、1677年经埃尔泽维尔出版社五次再版，并未做显著改动，此后出版的《哲学原理》基本上是对1677年最终版本的重印。

然而，笛卡尔试图取代亚里士多德主义物理学的雄心勃勃的目标既未在他生前达成，更在他身后遭到彻底抹杀。1663年，天主教会将笛卡尔著作列为禁书。1687年，牛顿的划时代巨著《自然哲学的数学原理》问世，其标题明显是针对笛卡尔的《哲学原理》。在牛顿力学的万丈光芒照耀下，笛卡尔的演绎物理学体系节节败退，最终沦为伏尔泰口中将人引入歧途的形而上学玄想。对《哲学原理》的重新重视大概要到启蒙时代之后的19世纪中叶。1850年，苏格兰哲学家、诗人约翰·维奇（John Veitch）首次将《哲学原理》的部分章节连同《谈谈方法》和《第一哲学沉思集》一道译为英文，该版本作为笛卡尔哲学入门的经典读本，直至1977年仍在重印。类似的，1863年和1870年，由德国学者库诺·费舍尔（Kuno Fischer）和赫尔蒙·冯·基希曼（Julius Hermann von Kirchmann）各自节译的《哲学原理》也先后问世，作为讲授笛卡尔哲学的教材的一部分。然而，无论是对于《哲学原理》，还是对于笛卡尔的其他著作，最具标志性的事件当属19世纪末20世纪初十三卷本《笛卡尔全集》（*Oeuvres de Descartes*）的出版。该全集由法国学者夏尔·亚当（Charles Adam）和保罗·塔内里（Paul Tannery）耗费十余年时间编辑而成（也称“AT本”），收录了当时已知的笛卡尔全部著作及其通信手稿，成为20世纪之后笛卡尔作品翻译和评注的主要参考底

本。当然，拉丁文本（卷八 A，1905）和法文版（卷九 B，1904）的《哲学原理》也收录其中。1908 年，阿图尔·布歇瑙（Artur Buchenau）基于“AT 本”的德译本《哲学原理》问世；1911 年，霍尔丹（E. S. Haldane）和罗斯（G. R. T. Ross）将《哲学原理》的第一部分、第二部分的一半以及第三、四部分的少量内容（主要是条目标题）译成英文，收入了他们的《笛卡尔哲学著作集》（*The Philosophical Works of Descartes*，也称“HR 本”），由此在很长时间里成为西方学者及普通读者了解《哲学原理》的主要途径。这里也必须提到此前中文学界出版的唯一一部单行译本，即 1958 年关文运先生翻译的《哲学原理》。作为我国早期的西方哲学翻译名家，关先生所依据的底稿即 1927 年伦敦“人人丛书”（Everyman）出版的英译本 *The Principles of Philosophy*，实际上正是前述的维奇译本。因此，该版中译本只是节译（只占全书内容的六分之一），由于封面未标明“节译”字样，导致国内许多学者都以为这就是笛卡尔《哲学原理》的全貌。加之关先生对现代早期的科学史概念并无深入辨析，难免出现诸多错讹。事实上，规范的缺乏、频繁的错漏以及篇章的不完整构成了 20 世纪早期译本的通病。

近几十年来，《哲学原理》的译介出现了新的曙光。首先应提到的新译本，当属 1985 年出版的由约翰·科廷厄姆（John Cottingham）、罗伯特·斯图托夫（Robert Stoothoff）和杜格尔·默多克（Dugald Murdoch）合译的三卷本《笛卡尔哲学著作集》（*The Philosophical Writings of Descartes*，也简称“CSM 本”），这也是目前最受欢迎、也最常被引用的笛卡尔英译文集。但遗憾的是，其中（卷一）收录的《哲学原理》同样是节译，第三、四部分的物理学内容大都被略去了。第一部英文全译本的荣誉，应归于1983年米勒夫妇（Valentine R. Miller & Reese P. Miller）英译的《哲学原理》（*Principles of Philosophy*）。该译本参考了“AT本”的拉丁文本和法文版，创造出一种独特的体例，将两者融合在一起：一方面，某些今天看来难以理解的术语（尤其是经院哲学的残留）被标注出来，并以[ ]或脚注的形式加以补充解释；另一方面，在必要的情况下，法文版添加的内容也以{ }的形式直接插入译文中，从而在尽可能保留笛卡尔原意的情况下，方便读者一目了然地知晓文本的原始出处。此外，米勒夫妇的英译还对句法复杂的拉丁文和长难句迭出的法文加以简化，按照现代英语的习惯重新组织了某些语句，使之更加符合现代读者的阅读习惯。这些宝贵的前人经验和翻译体例，亦为本书中译所继承，米勒夫妇的译本也是本书重点参考的第一个现代语言版本。此后，2005年德国学者克里斯蒂安·沃勒斯（Christian Wohlers）编译的拉丁文-德文对照译本《哲学原理》（*Die Prinzipien der Philosophie*），再次将该书的译介史推向高潮，这部基于笛卡尔拉丁文本的译著不以校勘为宗旨，而是尽可能准确严谨地呈现原汁原味的文本。它完全基于“AT本”的拉丁文本翻译，因为译者认为“法文版本充其量只是某种授权翻译”，因而并未打算将两者加以融合。克里斯蒂安·沃勒斯的版本一方面提供了拉丁文和德文的对照，另一方面也尽量免去了衍生性的评论，以免造成对原文的歪曲。相应地，该版本注释多为文献汇编、语义训诂或历史背景的介绍，因而更适合研究型学者阅读。因此，它也成为我们力保中译之准确性的另一部重要底本。当然，《哲学原理》的另一个官方版本法文版也并未被忽视。我们选择了法文《哲学原理》的最新校注版，即

2018 年加尼耶古典出版社（Classiques Garnier）推出的《笛卡尔哲学著作集》卷三中收录的 *Les Principes de la Philosophie*。该版本的最大优点是，它不仅提供了不逊于英译本的详尽注释，而且也将法文版额外添加的部分单独标注，甚至补全了现代法译者对遭到篡改的拉丁原文的翻译。

综上所述，本书中译主要参考的版本如下：

1. 拉丁文本：*Principia philosophiæ*, Apud Ludovicum Elzevirium, 1644。

2. 法文版：*Les Principes de la Philosophie*, in *Œuvres philosophiques*, Tome III, trans. by Claude Picot, ed. by Ferdinand Alquié, Classiques Garnier, 2018。

3. 英译本：*Principles of Philosophy*, trans. by Valentine R. Miller & Reese P. Miller, University of Chicago Press, 1999。

4. 英文节译本：*Principles of Philosophy, The Philosophical Writings of Descartes*, vol. 1, trans. and ed. by John Cottingham, R. Stoothoff, D. Murdoch, Cambridge University Press, 1985。

5. 德译本：*Die Prinzipien der Philosophie*, trans. by Christian Wohlers, Felix Meiner Verlag, 2005。

本书是第一个中文全译本，重点参考了最新的英文、德文、法文全译本，通过与拉丁文本进行部分比照，对部分语句加以重构，使之更加符合中文表达。在对比翻译中可能出现模糊不清之处，我们仍以最权威的“AT 本”为判定依据。体例方面，本书也仿照米勒夫妇译本的做法，在拉丁文本翻译的基础上，以尖括号“〈 〉”的形式插入了法文版的重要补充解释，并以脚注形式将法文版改写的标题或部分正文加以标注；对于笛卡尔未加解释的较为艰涩的术语或表述，译者也以脚注或在正文中添加方括号[ ]的形式加以补充。此外，当正文中提到某幅插图时，我们会在本页或前后页重印此插图，以方便读者阅读，书末也按编号附上了全书所有插图。

本书翻译分工如下：张卜天译全书的前三分之二（前三个部分和第四部分的前二十余个条目），鲁博林译全书的后三分之一（第四部分的其余内容），并根据法文版统校全书，以及添加部分注释。我们很清楚这种体量宏大的复杂翻译难以做到尽善尽美，前代译本出现的部分问题，很可能会为本译本所继承；书中大量早期自然哲学术语的解释，亦限于译者的学识而难免出现错讹。因此，我们十分诚恳地希望各位有志于研究笛卡尔自然哲学及科学观念的同仁，能不吝珠玉以赐教，以使这部重要的经典著作重回其应有地位。

张卜天 鲁博林

清华大学科学史系

2023 年 4 月 9 日

图书在版编目(CIP)数据

哲学原理/(法)笛卡尔著;张卜天,鲁博林译.—北京:商务印书馆,2024
(汉译世界学术名著丛书:120年纪念版:珍藏本:增订本)
ISBN 978-7-100-23806-9

Ⅰ.①哲… Ⅱ.①笛…②张…③鲁… Ⅲ.①哲学理论—法国—近代 Ⅳ.①B565.21

中国国家版本馆 CIP 数据核字(2024)第 078644 号

汉译世界学术名著丛书
(120 年纪念版·珍藏本·增订本)
哲学原理
〔法〕笛卡尔 著
张卜天 鲁博林 译

商 务 印 书 馆 出 版
(北京王府井大街 36 号 邮政编码 100710)
商 务 印 书 馆 发 行
北 京 通 州 皇 家 印 刷 厂 印 刷
ISBN 978-7-100-23806-9

2024 年 5 月第 1 版 开本 710×1000 1/16
2024 年 5 月北京第 1 次印刷 印张 25¾ 插页 1
定价:135.00 元